LES COLOSSES DE CARTHAGE

Ce livre est publié sous la direction de
Claude AZIZA

L'« Entracte » a été imaginé par
Claude AZIZA

Michel PEYRAMAURE

Les colosses de Carthage

ROBERT LAFFONT

Loi n° 49-956 du 16 juillet 1949 sur les publications destinées
à la jeunesse : septembre 1999.

ISBN 2-266-09198-0

PREMIÈRE PARTIE

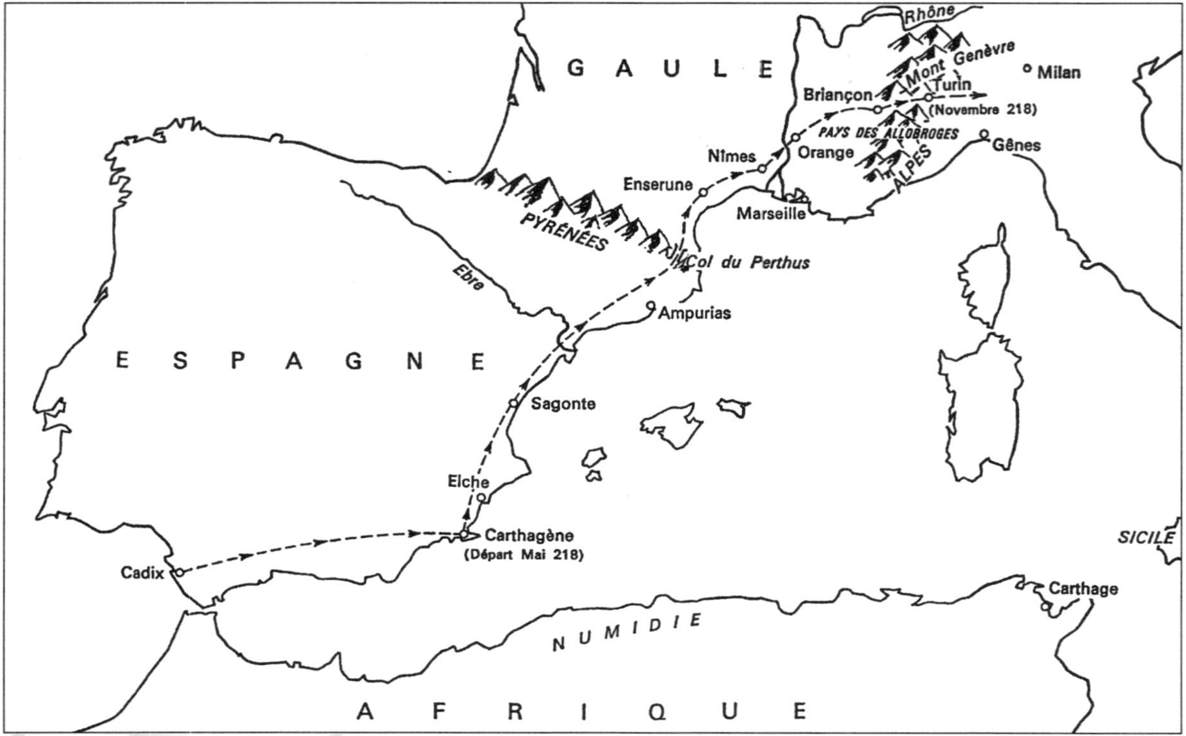

GAULE
Rhône
Mont Genèvre
Milan
Briançon
Turin
(Novembre 218)
PAYS DES ALLOBROGES
Gênes
Nîmes
Orange
ALPES
Enserune
Marseille
PYRÉNÉES
Col du Perthus
Ebre
Ampurias
ESPAGNE
Sagonte
Elche
Carthagène
(Départ Mai 218)
Cadix
SICILE
Carthage
NUMIDIE
AFRIQUE

I

REMOUS DE SANG

Ce qui restait du camp des Carthaginois achevait de se consumer. Sous les remparts d'Elche, les guerriers espagnols attendaient la contre-attaque, la gorge sèche d'inquiétude, l'arme au poing. En face, sur le versant de la colline incendiée, les soldats d'Hamilcar Barca finissaient de se regrouper autour de leur vieux chef debout, immobile au sommet d'un mamelon. Il régnait une chaleur suffocante. Parfois, au milieu de ce qui avait été le cantonnement de l'armée punique, une tente, un chariot chargé de vivres ou de fourrage destiné aux éléphants et aux chevaux, jetaient une lueur fauve avant de s'éteindre dans un crépitement d'enfer. Les flammèches rampaient le long de la steppe d'herbe sèche, contournaient les énormes amas de chair grise qui avaient été le troupeau des mastodontes, orgueil de Carthage ; criblés de flèches et de javelots, les tendons rompus, certains trouvaient encore la force, au milieu des flammes, d'agiter leur trompe et de barrir désespérément.

Hamilcar Barca assiégeait Elche depuis plusieurs jours et comptait sur une rapide reddition. La ville n'était pourvue que d'une faible garnison mal préparée à une guerre de siège. Tenter une sortie eût été, de la part des Espagnols, courir au massacre. Les éléphants, les escadrons de cavaliers numides, les fantassins de la Cohorte Sacrée, bardés de bronze, les refouleraient d'un seul élan et les écraseraient contre leurs propres murailles.

Et pourtant, quelques heures auparavant, dans le petit matin, les portes d'Elche s'étaient ouvertes. Muet de surprise, Hamilcar en avait vu sortir une colonne de chariots attelés de bœufs et chargés, semblait-il, de fagots dont les Espagnols, de toute évidence, tenteraient de faire un rempart. Une petite troupe suivait dans un silence de mort.

— Ces indigènes sont d'une témérité qui frise la folie, murmura Hamilcar. Une charge d'éléphants suffira à les balayer.

Parvenus à un jet de flèches des premières défenses du camp punique, les Espagnols arrêtèrent la marche de leur convoi, firent ranger leurs chariots en ligne, face à l'adversaire, avec entre chacun d'eux une dizaine de guerriers.

De mauvaise grâce, Hamilcar fit prendre à son armée le dispositif de combat en lisière du camp : une ligne d'éléphants montés par quelques vétérans des légions de Sicile, la cavalerie déployée sur les ailes et, sur les arrières, un solide rideau d'infanterie. La disproportion des forces était telle que le général ne prit même pas la peine de haranguer ses hommes. Aucun ne prenait au sérieux cette bravade des Espagnols. Guerriers courageux, qui défendaient jusqu'à la mort leurs terres et leurs villes, ils avaient parfois, lorsqu'ils devinaient que la décision d'une bataille leur échappait, de singulières réactions qui se soldaient par des sacrifices inutiles.

Sur un signe d'Hamilcar Barca, un grondement de tambours de guerre et une fanfare de trompettes donnèrent le signal de la charge des éléphants. Les mastodontes, affolés, s'ébranlèrent dans un galop sourd qui fit trembler le sol, secouant comme des grappes aux reflets métalliques les soldats cramponnés aux fragiles édifices amarrés sur leurs flancs.

À peine le lourd escadron avait-il amorcé sa charge dans un concert de barrissements furieux, qu'Hamilcar regretta d'avoir donné le signal. Des lumières de torches venaient d'éclater derrière les chariots. Avant même que les éléphants ne parviennent jusqu'à eux, ils brûlaient en jetant des gerbes d'étincelles.

— Retournez ! s'écria Hamilcar.

Sa voix se perdit dans le tumulte. D'ailleurs, il était trop tard. Hamilcar n'ignorait pas la terreur panique qui s'empare des éléphants à la vue des flammes, malgré les dressages qui faisaient une large part à cette épreuve. Ce qu'il redoutait ne tarda pas à se produire. Criblés de flèches et de javelots que les Espagnols, avec une rare audace, venaient planter dans leurs flancs, les mastodontes, au paroxysme de la folie, tourbillonnaient sur eux-mêmes, projetant autour d'eux leurs éléphantarques et les soldats brutalement désarçonnés sur lesquels les Espagnols se jetaient comme des loups. Des guerriers s'avançaient jusque sous le ventre des bêtes et, à coups de glaive, coupaient les tendons des monstres qui s'affaissaient avec des barrissements effrayants.

Hamilcar allait donner à ses cavaliers africains l'ordre de charger à leur tour pour dégager les éléphants et leur éviter un massacre général, lorsque sa voix s'étrangla dans sa gorge. Aiguillonnés à mort, les bœufs — traînant derrière eux les chariots transformés en brûlots — venaient à leur tour de s'ébranler en direction du camp, dans un galop désordonné. S'opposer à leur ruée eût été une folie. Quelques flèches, quelques javelots, s'abattirent sans succès sur les attelages qui bousculèrent le faible rideau de fantassins essayant d'arrêter leur élan. Ils s'enfoncèrent dans le camp punique, renversant les tentes, dispersant autour d'eux des brandons enflammés qui répandaient partout l'incendie et la panique.

— Cavaliers ! s'écria Hamilcar, chargez !

Les escadrons d'Afrique foncèrent droit sur les Espagnols acharnés comme des essaims de guêpes après les derniers éléphants. Soudain, une reconnaissance que le général punique avait envoyée aux avant-postes revint à bride abattue. La nouvelle qu'elle apportait acheva de déconcerter Hamilcar : une troupe considérable d'Espagnols venait d'apparaître au sommet d'une colline rocailleuse, au couchant. L'avant-garde, composée de cavaliers, fonçait comme un raz de marée sur le camp.

C'est alors qu'Hamilcar Barca, la rage au cœur, prit la décision qui lui coûtait le plus. Il fit sonner la retraite. Puis il chercha des yeux ses trois enfants qu'il avait eu l'imprudence d'amener avec lui, cette expédition, dans son esprit, ne pouvant que revêtir l'aspect d'une promenade militaire dans une contrée où les troubles avaient repris.

Les yeux brûlés par la fumée, le vieil Hamilcar contemplait le désastre et tentait d'en évaluer l'ampleur. Plus de la moitié de ses effectifs en hommes et en chevaux avaient fondu dans la mêlée. Sur dix éléphants, un seul avait réussi à échapper au carnage : un jeune mâle puissant et courageux. Rendu fou par les glaives plantés dans son ventre jusqu'à la garde, les flancs hérissés de lances et de flèches, sa trompe ensanglantée levée vers le ciel, il tournoyait sur un petit monticule, harcelé par un groupe de guerriers qui tentaient de le rabattre vers la ville.

La main du vieux chef se posa sur l'épaule d'Hannibal, l'aîné de ses fils.

— Pourquoi vous ai-je emmenés avec moi dans cette aventure ? S'il vous arrivait malheur, jamais je ne pourrais me le pardonner. Et comment pourrais-je annoncer au Sénat de Carthage, au suffète Hannon que les glorieuses légions d'Afrique se sont laissé surprendre par une horde d'indigènes armés comme des nègres ?

— Ils défendent leur terre, dit Hannibal. C'est leur force principale et nous sommes impuissants contre elle.

— Leur terre ! bougonna le vieux chef. Cette terre est à Carthage depuis que ses légions y ont débarqué. Les hommes que nous avons en face de nous sont des rebelles.

Une charge de cavaliers espagnols venait de disloquer le dernier carré des Numides. La bataille était bien perdue.

— Venez, dit le général. J'ai un dernier devoir à accomplir vis-à-vis de Carthage : vous sauver. Allons, en selle !

Les trois fils d'Hamilcar Barca se retrouvèrent en un clin d'œil à cheval. Le vieux chef, que venait de rejoindre un groupe de cavaliers africains, fit un signe, poussa un appel rauque et piqua des deux. Il était temps. Les tuniques rouges des guerriers d'Elche se lançaient à leur poursuite. Déjà, les redoutables lances forgées dans les ateliers du *río* Jalon lançaient des éclairs. Sur la crête de la colline, au levant, ondoyaient les crinières rousses des cavales d'Espagne. La vallée grondait de galops féroces et de cris gutturaux. Suivi de ses trois fils et de quelque trente Numides, Hamilcar Barca entraînait à sa suite, comme un énorme écheveau de laine rouge, les deux ailes de la troupe adverse qui venaient de faire leur jonction.

Les Puniques foncèrent droit vers une allée taillée dans la forêt de palmiers derrière laquelle coulait une rivière dont les orages des jours passés avaient gonflé le lit. Pourrait-on traverser sans encombre ? La question ne paraissait pas faire de doute pour Hamilcar. Il ne restait qu'une vingtaine de stades environ lorsque les eaux vertes du rio commencèrent à scintiller sous les feux du matin, à travers les fûts élancés des palmiers. Un doute sécha la gorge d'Hamilcar. La traversée serait plus difficile qu'il ne l'avait présumé. Durant la nuit, le niveau de l'eau s'était considérablement élevé. Il freina l'élan de son cheval, opéra une volte-face et rassembla ses fils autour de lui.

— Nous ne pourrons jamais traverser tous, dit-il. Les Espagnols nous rattraperaient et nous massacreraient jusqu'au dernier. Je vais les arrêter avec les quelques hommes qui nous restent. Hannibal, puisque tu es l'aîné, je te confie le sort de tes frères. Vous allez traverser à la nage pendant que nous bloquerons l'issue de la rivière.

— Père, dit Hannibal. Nous refusons de fuir. Nous combattrons avec toi.

— Et la race des Barca s'éteindra à jamais ! gronda Hamilcar. Fais ce que je t'ordonne. Bonne chance, mes garçons, et que Melkart vous protège.

Avant qu'Hannibal ait eu le temps d'émettre une nouvelle protestation, Hamilcar faisait effectuer à ses

Numides une volte-face qui souleva un tourbillon de poussière fauve et les fit ranger sur deux ailes dont il occupait le centre. Son sabre jaillit de son fourreau tandis que sa voix tonnait comme un chant de mort.

— Ne nous attardons pas, dit Hannibal. Toi, Magon, puisque tu ne sais pas nager, tu t'aideras de ton bouclier.

— Je reste, dit Magon. Je ne puis laisser mon père à la merci de ces Barbares.

Hannibal et Hasdrubal durent lui ôter de force sa cuirasse pour le pousser à l'eau avec son bouclier.

— Commencez à traverser ! s'écria Hannibal.

Il venait d'apercevoir un cavalier espagnol qui, les ayant repérés, fonçait vers eux, le glaive en avant. Hannibal assura la fusée de sa lance au creux de sa paume et attendit. Quand le cavalier fut à sa portée, il décocha le trait. La gorge traversée de part en part, le cavalier bascula de sa monture et vint rouler à ses pieds. Hannibal plongea dans la rivière et rejoignit ses frères en quelques brasses.

Fort heureusement, la rivière n'était pas très large. C'était un de ces *ríos* que les montagnes proches laissent dépérir la plus grande partie de l'année pour les gorger d'eau, brutalement, et leur donner l'apparence d'un troupeau de taureaux en furie. Le courant emporta les fugitifs, les rejeta sur la rive opposée où ils échouèrent sains et saufs. Ils remontèrent la rivière en se dissimulant derrière les roselières. Sur l'autre rive, l'engagement se poursuivait dans une indescriptible confusion.

— Père est perdu, murmura Magon d'une voix blanche. Peut-être est-il mort à l'heure qu'il est.

Hannibal lui intima brutalement l'ordre de se taire.

— Je ne comprends pas ce qui s'est passé, dit-il. Notre agent secret, Critos, nous avait pourtant bien renseignés. Il devait suffire d'une démonstration militaire avec nos éléphants pour que la ville rebelle nous ouvre ses portes. Les Romains ou les Massaliotes ont dû intervenir secrètement, envoyer des armes, peut-être des renforts, soulever les tribus d'alentour. Tout cela n'est pas clair.

Chassés de la Sicile et de la Sardaigne par une République romaine pauvre mais animée d'une ambition dévorante, Carthage s'était rabattue sur ce lointain pays encore barbare : l'Espagne. Ils avaient trouvé une terre peuplée de magnifiques « sauvages blancs » susceptibles de fournir des légions de mercenaires. Le suffète Hannon haussait les épaules quand on lui parlait de l'Espagne, réservoir inépuisable d'argent et de guerriers, mais lointaine, hypothétique, dangereuse, et dans la conquête de laquelle risquait de s'engloutir la richesse de Carthage. D'ailleurs, Rome prendrait ombrage de cette volonté de conquête des vaincus de la veille. Pour la jeune République, Carthage devait se suffire des immensités de l'Afrique. L'Espagne ? Rome y possédait déjà quelques comptoirs qu'elle partageait avec ses alliés massaliotes. Hannon ne voulait pas risquer une nouvelle guerre avec Rome. Contre la puissante famille des Barca, contre la population de Carthage qui ne rêvait que de revanche, Hannon dressait le barrage de sa propre puissance. Il n'avait pas pu empêcher que les légions des Barca prennent position sur la terre d'Espagne ; par contre, il se promettait de faire en sorte que cette guerre de conquête demeurât larvée.

Comme tous les Carthaginois, Hannibal était fasciné par l'Espagne, cet Occident fabuleux aux cités légendaires que les anciens navigateurs puniques avaient visitées et dont ils avaient rapporté des récits captivants.

Assis dans la vase du fleuve, sans perdre une péripétie du combat qui se livrait sur l'autre rive, Hannibal se remémorait la scène qu'il avait vécue quelques années auparavant, le jour où le grand Hamilcar Barca avait quitté Carthage pour l'Espagne.

Le temple de Melkart se dressait dans la pure lumière de l'été africain. La statue du dieu favori des Barca s'estompait dans les vapeurs d'encens qui montaient des vasques de bronze ornées de scènes de combats. Durant toute la cérémonie, Hamilcar avait paru pénétré par les puissances mystérieuses qui hantaient le temple. Le rite accompli, il avait pris Hannibal par la main, l'avait conduit jusqu'aux degrés de l'autel où fumait encore le sang d'un taureau noir.

— Tu aimerais me suivre en Espagne ? avait demandé le général.

Le bras d'Hannibal avait entouré la ceinture cloutée de bronze d'Hamilcar.

— Emmène-moi, père. Je t'en supplie !

— Le moment n'est pas encore venu. Mais bientôt un messager viendra te chercher. En attendant, sois un bon fils et un bon frère. Profite de l'enseignement de ton précepteur, Socyle le Troyen, et cesse de toujours paraître en savoir plus long que lui…

Une main s'était posée sur l'épaule de Barca. Hannibal avait reconnu Hasdrubal le Beau, gendre du général, un jeune capitaine d'une éclatante beauté. Sous le cimier empanaché de plumes d'autruches multicolores, le visage basané par le soleil du désert se parait d'énormes boucles d'oreilles d'or et de perles.

— Venez, avait dit Hasdrubal. Le peuple vous attend pour vous acclamer.

Hamilcar avait lissé sa barbe ointe d'huile odorante. Les yeux levés vers l'image du dieu, il avait dit :

— Mon fils, avant mon départ, fais un serment. Sur les entrailles de ce taureau, promets-moi que jamais tu ne deviendras l'ami des Romains.

Hannibal avait prononcé le serment. La main dans celle du général, il avait débouché dans l'implacable lumière du parvis. Au son des trompes, ils avaient descendu l'immense escalier, vers la marée humaine qui les acclamait. Il se souvenait de l'odeur des roses et des mimosas répandus à foison sous leurs pas, du claquement profond des voiles dans la brise du large, du contact, sur sa joue, d'une barbe imprégnée d'odeurs.

Sur l'autre rive du *río*, le combat tirait à sa fin. Les cavaliers d'Hamilcar, dont la plupart combattaient sans leurs chevaux abattus sous eux, s'étaient regroupés autour de leur chef. Lentement, insensiblement, malgré de brusques et terribles sursauts qui les projetaient en avant, ils décrochaient vers la rivière. De leur poste d'observation, les trois fugitifs apercevaient, dominant la mêlée, Hamilcar, debout sur son cheval, sa vieille armure de cuir hérissée de flèches, jetant sa monture dans tous les sens pour porter secours à ceux de ses soldats qui se trouvaient en difficulté. À lui seul il garnissait l'espace que délimitait le cercle toujours plus étroit des Numides. « Un lion en cage », songea Hannibal. Un vieux lion rendu furieux par ses blessures et qui, griffes et crocs en avant, bondissait aux quatre coins de sa prison.

Soudain, une accalmie se fit sur le lieu de la bataille. Les Espagnols marquèrent un temps d'arrêt alors que le cercle des Puniques se trouvait à une dizaine de coudées des roselières qui marquaient les limites de la rivière.

— Les Espagnols se retirent ! s'écria Hasdrubal.

— Non, dit Hannibal. Ils se regroupent pour revenir à la charge. Ils ont perdu beaucoup de guerriers et veulent en finir au plus vite.

Les tuniques pourpres se retirèrent sous les premiers couverts de la palmeraie. Un homme qui paraissait être leur chef, un colosse casqué de cuir, leur adressait un discours animé d'une froide colère. Quand il eut achevé, il se détacha de sa troupe, s'avança vers Hamilcar et, dans un punique incertain, lui réclama son glaive. La réponse ne se fit pas attendre. Les Numides s'écartèrent, livrant passage au vieux général fou de colère et de douleur, qui galopa, le glaive en avant, droit sur le géant. Les deux troupes se heurtèrent de nouveau dans un cliquetis d'armes et un concert de vociférations et de cris de mort.

— C'est la fin, murmura Hannibal. Pas un n'en réchappera.

Le combat tourna court. Lorsque le cheval d'Hamilcar s'abattit, un javelot planté dans son poitrail, les trois enfants poussèrent un même cri. Le vieux chef roula sur le sol, chercha son arme qui lui avait échappé. Les mains vides, face à la meute qui le harcelait, il était seul, seul et nu, sa vieille carapace de cuir barbouillée de sang, des flèches piquées dans tous les sens, des cuisses à l'encolure. C'était là le chef prestigieux qui avait dompté la horde des mercenaires dans l'arrière-pays de Carthage, qui avait tenu en échec les armées romaines dans les montagnes de Sicile, qui avait conquis l'Espagne. Une dépouille misérable, une glorieuse défroque à peine animée d'un souffle de vie mais tendue encore vers l'espoir d'un prodige.

La gorge sèche, les trois fugitifs virent le vieux lion se redresser, tourner le dos à ses assaillants, s'enfoncer lentement dans la rivière. Il tendit les bras, poussa un cri déchirant :

— Hannibal !

Derrière lui, du bord de la rivière, trois javelots partirent en même temps. Deux d'entre eux se plantèrent dans le dos d'Hamilcar. Il poussa un rugissement de rage et de douleur, s'écroula dans une gerbe d'eau. La rivière engloutit son corps et l'emporta.

Hannibal resta de longues secondes sans pouvoir parler, la langue paralysée. Hasdrubal et Magon paraissaient inconscients.

— Jamais nous n'oublierons ce qui vient de se produire, dit sourdement Hannibal. N'ayons pas de remords. Notre présence auprès de notre père n'aurait rien changé. Maintenant notre devoir est de consacrer notre existence à le venger.

Hannibal parcourut du regard la rive opposée. Les Espagnols paraissaient embarrassés de leur victoire. Ils allaient d'un cadavre à un autre, les retournaient, les examinaient. Leurs pertes avaient été énormes.

— Nous attendrons que la nuit soit tombée, dit Hannibal. Nous partirons alors pour Alicante rejoindre Hasdrubal le Beau.

Le plus difficile fut pour les trois Barca de s'arracher à leur cachette. Ils ne pouvaient détacher leur regard de cette eau où tournoyaient en remous de sang les dernières lueurs du couchant, de cette haute palmeraie où s'affolait la brise du soir, de ce rivage où gisaient les guerriers morts, de ce ciel tragique où, déjà, tournoyaient les vautours.

Les danseuses sacrées au visage recouvert d'un masque d'argile peinte s'étaient retirées. Autour du vieux chef allongé dans un cercueil de bois rugueux, le prêtre de Melkart avait disposé les humbles vaisselles, les bijoux de pacotille, les statuettes qui accompagneraient le mort à travers les ténèbres. Le couvercle refermé, l'officiant se retira à reculons, tête baissée. En passant près du trépied, il activa d'un coup d'éventail le brasier où fumait l'encens.

L'aube était fraîche. Au-dessus du cap Nao, la mer et le ciel se confondaient dans une brume rose. Un navire était à l'ancre, à une encablure de la grève. Le vent de terre ne tarderait pas à descendre de la montagne. Alors, toutes voiles déployées, le vaisseau prendrait sa course vers les rivages d'Afrique, emportant, enduit de résine odoriférante, le corps d'Hamilcar Barca.

Transis de froid, le cœur serré, les trois fils du général suivirent jusqu'au rivage la dépouille portée par quatre colosses de la Cohorte Sacrée, cuirassés de bronze. Triste et profond comme un adieu, un barrissement traversa le silence du matin. Les trois fils d'Hamilcar virent alors s'avancer, précédé par Bostar, le maître des éléphants, et monté par Khasil, son éléphantarque, une montagne de chair caparaçonnée de blanc en signe de deuil. C'était Baal, l'éléphant préféré d'Hamilcar, le compagnon des jours de bataille et des promenades triomphales, le mastodonte au cuir couturé d'une vingtaine de blessures. Baal saluait une dernière fois son vieux maître. Depuis qu'il avait respiré l'odeur de la mort, il refusait de manger et de dormir. Sans relâche, le jour et la nuit, il se balançait d'une jambe sur l'autre, tirait sur sa chaîne avec des barrits lamentables. Les coups de fouet de Bostar, les caresses de Khasil n'y faisaient rien.

Hasdrubal le Beau tourna la tête vers la montagne.

— Le vent se lève, dit-il. Le navire va pouvoir prendre la mer.

Il ne détacha son regard de l'horizon que lorsque le navire eut disparu. La veille, l'armée l'avait élu, par acclamations, général à la place d'Hamilcar. C'était désormais sur ses épaules que reposaient les destinées de Carthage en Espagne, Hannibal étant trop jeune pour prendre le commandement. Il passa son bras autour de l'épaule d'Hannibal, le serra contre lui.

— Je vais avoir la tâche difficile. Toi et tes frères, vous m'aiderez à l'accomplir. À nous quatre, nous finirons bien par ramener à la raison ces peuplades que Rome et Massalia soulèvent contre nous. La terre d'Espagne deviendra une nouvelle Afrique et les Barca y régneront.

Hasdrubal se tourna vers sa suite. Drapés dans leurs manteaux de laine ou leurs burnous, la plupart des chefs du corps expéditionnaire étaient là : Maharbal, chef de la cavalerie, Bostar, maître des éléphants, Imilcon, commandant des mercenaires ibériques, Muttinès, l'Africain, qui avait la haute main sur la cavalerie du désert.

— Vous m'avez désigné pour être votre chef, dit Hasdrubal le Beau. Vous n'aurez pas à vous en repentir. Mais sachez que votre véritable chef, c'est Hannibal Barca. La maturité venue, il nous surpassera tous par son intelligence et son courage. Il sera le plus grand capitaine de l'histoire de Carthage. Que Melkart, Tanit, Hadad, Eshmoun et tous les dieux de l'Afrique veillent sur sa destinée !

La main d'Hannibal se contracta dans celle d'Hasdrubal. Il savait gré au jeune chef de s'effacer ainsi derrière lui. Hasdrubal avait eu une autre attention qui avait touché le jeune Barca : il lui avait remis la vieille cotte de cuir, toute couturée d'entailles, qu'Hamilcar portait encore lorsque des éclaireurs l'avaient retrouvé sur la grève, près d'Elche.

— Tu porteras cette cuirasse dans toutes les batailles, lui avait dit Hasdrubal. Ne t'en défais jamais !

Il avait ajouté :

— Maintenant, le roi Oristo et tous ses Barbares, traîtres à notre loi, vont connaître le poids de ma colère.

Debout sur la grève, face au large, Baal continuait à pleurer le chef mort.

— Rentrons, dit Hasdrubal.

Ils se mirent en selle. Hasdrubal paraissait transfiguré, auréolé d'un sourd rayonnement.

— Hannibal, dit-il, désormais cette terre est ma terre. J'ai oublié Carthage et ne veux plus y revenir. Ce qu'elle m'a donné, je le lui ai rendu au centuple. Nous sommes quittes. Ma terre, c'est celle où je vis, où je me bats, où j'édifie mon œuvre. Jamais je ne quitterai l'Espagne.

Ses yeux se portèrent sur les lointaines sierras qui se creusaient sous les dures clartés du matin.

— Hannibal, notre royaume ira des Pyrénées aux Colonnes d'Hercule, des rivages de la Lusitanie aux îles Baléares. L'emplacement de notre capitale est déjà choisi. Il est occupé par une modeste bourgade : Mastia. C'est là que nous construirons Carthagène : la nouvelle Carthage.

— Avais-tu parlé à mon père de tes projets ?

— Ton père ? Seules l'occupaient ses idées de revanche. Pour lui, l'Espagne n'était qu'une place forte à opposer à Rome. C'est de là qu'il voulait partir pour aller attaquer les Romains dans leur pays. Un projet chimérique...

Ce projet, Hannibal en avait entendu parler à mots couverts par Hamilcar. Le vieux chef avait décidé d'envahir le territoire romain en passant par les Alpes. Les éléphants de Bostar suivraient l'armée. Hannibal n'y croyait pas davantage qu'Hasdrubal. Les éléphants étaient, sur terrain normal, difficiles à manœuvrer. Qu'en serait-il dans les vallées alpestres, à travers les territoires peuplés de tribus barbares ?

Durant quelques instants, des images héroïques traversèrent l'esprit d'Hannibal. Il imaginait Baal menant sa harde sur les sommets, à travers neiges et glaciers. Baal paraissait danser sur les cimes, voler en se servant en guise d'ailes de ses immenses oreilles tailladées de cicatrices. Hannibal ne put s'empêcher de sourire. Puis, comme il arrivait en vue du camp, ces images se brouillèrent dans son esprit.

II

UN COFFRET DE CÈDRE

Trois cavaliers se présentèrent au débouché des pistes du Sud. Couverts de poussière, ils montaient des chevaux fourbus, à la robe blanche d'écume. Carthagène leur ouvrit ses portes. La ville était silencieuse, comme morte. Par petits groupes, des habitants discutaient sur les places. Par la voie principale, bordée de riches monuments, les trois cavaliers parvinrent au vaste palais construit par Hasdrubal le Beau. Ils mirent pied à terre. L'un d'eux, le plus âgé, qui portait une courte barbe brune très frisée, s'avança de quelques pas vers le milieu de la place et cracha à terre avec une expression de colère et de mépris. Entourée d'un cordon d'Africains de la Cohorte Sacrée, une grande croix se dressait, portant le corps d'un supplicié, encore agité de frissons.

— Bereto ! murmura entre ses dents le cavalier. Agonise lentement et longtemps. Et que Melkart te rejette aux enfers à jamais !

Les trois cavaliers s'engouffrèrent dans le palais. Un officier s'avança vers eux, les bras écartés. Le cavalier à la barbe brune rejeta sur ses épaules les pans de son manteau de cheval, découvrant une cotte de cuir ornée d'une tête de lion.

— Les dieux soient loués, murmura l'officier. Hannibal ! Hasdrubal ! Magon ! J'ai cru que vous n'arriveriez jamais...

— Mon bon Maharbal ! dit Hannibal en le serrant contre sa poitrine. Il ne nous était pas possible de faire plus vite. Nous avons chevauché toute la nuit. Où se trouve Hasdrubal ?

Maharbal tendit le bras vers un bâtiment d'où montait un concert de voix de femmes qui se lamentaient. Les trois Barca pénétrèrent dans une sorte de crypte noyée d'encens. Hasdrubal le Beau gisait sur une dalle taillée à l'exacte dimension de son corps. La lividité de son visage contrastait avec le ton roux de la pierre. Il paraissait vidé de son sang. Revêtu d'une cuirasse d'argent fin ornée de motifs turdetains d'une merveilleuse délicatesse, son glaive au côté, son diadème aux énormes cabochons entre ses mains, Hasdrubal le Beau avait retrouvé sa jeunesse passée, sa majesté des années glorieuses où l'Espagne se refusait à lui.

— Bereto, murmura de nouveau Hannibal. Qui l'eût cru ?

— Hasdrubal avait pleine confiance en ce serviteur, malgré ses airs de fauve mal apprivoisé. C'est par défi qu'Hasdrubal le gardait auprès de lui. Il me disait souvent : « Le jour où Bereto sera devenu doux et obéissant comme un agneau, l'Espagne sera à ma merci. »

Le regard d'Hannibal se porta sur une forme enveloppée de vêtements de deuil. Il reconnut Nora, l'épouse espagnole d'Hasdrubal. Nora aimait sincèrement son époux. Sa peine n'était pas feinte.

Hannibal sentit la colère monter en lui.

— Chienne de terre ! dit-il à voix basse. Elle nous dévore et nous ne pouvons nous empêcher de l'aimer. L'Espagne, c'est Nora, mais c'est aussi Bereto. C'est l'amour et c'est la haine, la fidélité et le parjure. Par le sang des taureaux consacrés, si l'armée de Carthage me désigne comme son chef, je promets de ne jamais être dupe de ma conquête.

Dès que le bûcher où se consumait le corps d'Hasdrubal eut libéré sa dernière fumée, Hannibal et ses deux frères se tournèrent vers l'armée. Le vent, qui avait attisé le foyer sur la crête de la colline, soulevait les pans de leur manteau de laine pourpre. C'était une armée colossale. La fleur des combattants de Sicile, de Sardaigne, d'Afrique et d'Espagne était massée en rangs compacts autour de la Cohorte Sacrée cuirassée de bronze. Montés par les « Indiens », les éléphants occupaient les premières lignes, sur deux rangées impressionnantes. Baal, monté par Bostar, se détachait du groupe, majestueux, avec ses défenses dorées et sa carapace de métal où jouaient des reflets. Les ailes étaient occupées par les cavaleries africaine et espagnole. Des masses d'infanterie se tassaient sur les arrières : Libyens, Espagnols et Baléares, immobiles comme des statues sous leurs enseignes.

La gorge serrée, les trois Barca contemplaient leur armée déployée sous le ciel bas de l'hiver, face à la mer houleuse, à la grève balayée par le vent aigre où s'alignaient une centaine de navires. Le silence était si profond, entre deux sautes de vent, que l'on pouvait entendre craquer les derniers tisons du bûcher.

Lentement, accompagné d'une délégation d'officiers des différents corps de troupe, le vieux Maharbal poussait son cheval sur la pente. Il apportait aux trois Barca le jugement de l'armée.

— Désormais, dit-il en souriant à travers sa barbe grise, le monde a les yeux fixés sur toi, Hannibal Barca. Carthage va gronder de joie et Rome de colère. L'armée vient de te porter au commandement suprême.

L'officier se retourna vers l'armée, tira son glaive et, d'une voix puissante, lui jeta les paroles qu'elle attendait :

— Hannibal Barca est notre chef désormais. Gloire à lui !

Un grondement de joie roula sur les pentes de la colline. Les bras écartés, dans l'attitude de la bonne déesse Tanit, Hannibal s'avança de quelques pas et se laissa envelopper par les cris et les chants de guerre qui montaient de la plaine.

De grosses gouttes de pluie se mirent à tomber des nuées qui montaient de la mer. Dans quelques instants, l'averse éteindrait les dernières braises du bûcher funèbre et entraînerait les cendres sur les pentes de la colline, jusqu'aux murailles de la nouvelle Carthage.

Hasdrubal l'avait voulu ainsi.

Maharbal déposa le coffret de cèdre aux ferrures solides, aux serrures compliquées, sur le guéridon, à portée de la main d'Hannibal, qui rentrait d'une tournée d'inspection en compagnie de ses frères Hasdrubal et Magon.

— Éloigne tes esclaves, dit le vieil officier. J'ai à vous entretenir, toi et tes frères, de secrets importants.

— Si j'en juge d'après l'aspect de ce coffre, dit Hannibal, qui était d'humeur joyeuse, ces secrets devaient être lourds à porter.

— Ils l'étaient, répondit Maharbal. C'est pourquoi il faut que je vous les confie.

Hannibal renvoya ses esclaves, fit poster quatre sentinelles autour de sa tente.

— Nous t'écoutons, dit-il en ôtant ses vêtements.

— Te souviens-tu du serment que tu prêtas à ton père alors qu'il s'embarquait pour l'Espagne ?

— Comment ne m'en souviendrais-je pas ?

Maharbal soupira.

— Je craignais que la colonisation de l'Espagne ne t'ait fait oublier la raison de notre présence sur cette terre étrangère.

Hannibal baissa les yeux.

— Tu n'avais pas tort, avoua-t-il. Ce pays est si attachant et sa pacification longue et difficile... Je ne renie pas mon serment : les Romains ne sont pas mes amis et ne le seront jamais. Mais, où veux-tu en venir ?

Maharbal sourit. Dans ces instants où l'irritation contractait son visage, Hannibal ressemblait trait pour trait à son père : les mêmes yeux vifs, perçants, mobiles, le même nez droit et fort, la même constitution athlétique aussi, due à la vie rude et saine des camps et aux longues chevauchées. Mais, alors qu'Hamilcar, semblait-il, n'avait jamais connu de véritable jeunesse, Hannibal en rayonnait. Ses frères faisaient piètre figure à ses côtés : Magon prématurément grandi, dégingandé, Hasdrubal, chétif et chafouin.

— Ce coffre, dit Maharbal à voix basse, contient des documents appartenant à ton père. Personne en dehors de moi, pas même Hasdrubal le Beau, n'en a eu connaissance. Ils concernent l'invasion de l'Italie.

— Par les Alpes, ajouta Magon d'un ton ironique.

Maharbal sourit malicieusement.

— Il me plaît que cette idée vous paraisse cocasse. Personne, à part moi, ne saurait la prendre au sérieux. Les Romains eux-mêmes la trouveraient stupide.

— Je ne suis pas éloigné de partager ce jugement, dit Hannibal.

Il s'attabla avec ses frères à un guéridon voisin que les esclaves venaient de garnir de fromage et de fruits. Tandis qu'ils se sustentaient, Maharbal, en grand mystère, ouvrait le coffre et commençait à déployer divers documents : des notes, des plans, des dessins.

— À supposer, dit Maharbal d'un ton réfléchi, que l'invasion de l'Italie soit décidée, comment procéderions-nous ?

Les trois Barca se consultèrent d'un regard.

— Sans conteste par la mer, répondit Hannibal. Les chantiers navals qu'Hasdrubal a installés à Carthagène sont en pleine activité.

Maharbal secoua la tête. Hannibal oubliait qu'il s'agissait de navires de commerce. Il faudrait des années pour construire une flotte de guerre. Et comment la dissimuler aux Romains, si l'on tenait à ne pas leur donner l'éveil ? Cette flotte construite, par où attaquerait-on ?

— Nous partirions des bases d'Afrique, suggéra Hasdrubal. Nous pourrions débarquer en Italie du Sud, et…

— Impossible, coupa Hannibal. Tous les ports nous sont fermés. De plus, le trajet est trop long, d'Espagne à Carthage, pour une armée aussi considérable. Il suffirait d'une forte tempête pour l'anéantir, ou d'une bataille malheureuse contre la flotte romaine.

Tel était bien l'avis de Maharbal. Il interrogea Magon du regard.

— Moi, dit le jeune Barca, je choisirais les côtes de Ligurie. Nous pourrions trouver de solides appuis pour débarquer. Les Gaulois des plaines de Lombardie nous prêteraient main-forte.

— C'est trop risqué, dit Hannibal. Nous aurions à traverser des eaux infestées de navires ennemis.

Maharbal hocha gravement la tête.

— Reste la route de terre, dit-il.

Il y eut un lourd silence. Hannibal se leva de table, prit une grappe de raisin qu'il se mit à déguster d'un air méditatif.

— Je n'y crois pas, dit-il.

Maharbal parut saisi d'une fièvre subite.

— Ton père y croyait ! Durant des années nous avons mis au point ce projet. Nous avons passé des journées et des nuits entières à écouter les rapports d'agents secrets envoyés en Italie par toutes les voies possibles. Par dizaines, déguisés en marchands, ils ont sillonné les routes de Ligurie et les pistes des Alpes. Beaucoup sont morts dans les neiges des cimes, d'autres ont été capturés par les Barbares de la montagne et ne sont jamais revenus. À l'heure où je vous parle, ils sont plusieurs dizaines entre Carthagène et Rome : à Sagonte, à Barcelone, à Ensérune, à Nîmes et au-delà des Alpes. Leur chef est Carthalo.

— Carthalo ? s'étonnèrent d'une même voix les trois Barca.

Comment eussent-ils pu soupçonner que ce jeune officier de cavalerie, d'une valeur exceptionnelle, commandât le réseau de renseignements mis au point par Hamilcar ?

— Il a risqué sa vie à maintes reprises pour notre cause, ajouta Maharbal. En ce moment même, il est investi d'une mission de confiance : rechercher les motifs de la disparition de notre agent à Sagonte : Critos. Il y a là un mystère qu'il faut à tout prix éclaircir.

Tous les documents ramenés par les agents de Carthalo figuraient dans le coffret de cèdre. Les doigts fébriles de Maharbal déployaient des cartes :

— Voici le sud de la Gaule, la vallée du Rhône, les Alpes. Ici, c'est la Ligurie. Et voici le Latium. Ce cercle indique l'emplacement de Rome.

— Rome..., murmura Magon en se mordant les lèvres.

Son index suivit une ligne sinueuse : le Tibre.

Hasdrubal fit la moue.

— Que prouvent tous ces documents ? Qu'on peut aller à Rome par voie de terre. D'autres l'avaient découvert avant nous. Y faire passer une armée avec armes et bagages, y compris les éléphants, il faudrait être fou pour croire que cela soit possible !

La colère contracta le visage du vieux soldat.

— Souviens-toi d'Alexandre ! Il a pu conduire ses armées jusqu'en Bactriane parce qu'il croyait à l'impossible. Par Melkart, qu'un nouvel Alexandre se lève et j'irai lui offrir mon glaive, bien que je sois un vieux guerrier tout juste bon à servir de pâture aux vautours.

— Cesse de t'agiter ! s'écria Hannibal. Dis-nous plutôt quelle est la route que mon père a choisie.

Maharbal, encore vibrant de colère, s'essuya le visage d'un revers de poignet.

— Hamilcar avait prévu, après avoir passé le Rhône, de suivre le littoral.

— C'était une erreur, dit Hannibal. Les Massaliotes lui auraient coupé la route.

— C'est pourquoi il a ensuite pensé à la route des Alpes, à travers le pays des Helvètes.

— Le trajet est beaucoup trop long et périlleux, rétorqua Hannibal. Il faudrait prendre plus au sud à travers les territoires des Allobroges.

Maharbal se redressa, l'air triomphant.

— C'est la solution à laquelle ton père pensait aussi. Il serait heureux de t'entendre. Voici le trajet qu'il avait retenu, peu de temps avant sa mort.

Maharbal déploya une carte longue de deux coudées. Les sommets des Alpes la hérissaient comme les vagues de la mer. De minuscules ébauches figuraient les villages des différentes tribus. À des signes particuliers, on devinait dans quelles dispositions elles étaient vis-à-vis de Carthage.

— C'est un relevé bien incomplet, reconnut Maharbal. Mais nous allons nous attacher à le mettre au point. Il y faudra des années.

— Des années..., bougonna Hannibal. Si nous retenons ce projet, nous l'exécuterons dans les mois qui viennent.

Il se leva, en proie à une sourde agitation. Sa silhouette puissante s'encadra dans l'entrée de la tente. Le soleil était déjà haut dans le ciel. Au-delà du camp, sur la pente de la colline où, quelques jours auparavant, s'était consumé le corps d'Hasdrubal, paissait un troupeau de chèvres. Le camp était calme. Du quartier des éléphants venaient des odeurs puissantes et des barrissements. Dans un espace clos de claies de roseaux, des cavaliers africains, torse nu, manœuvraient.

— Il faudra agir vite mais avec prudence, dit-il en se retournant. Désormais, je prends en main ce projet d'invasion de Rome. Nous l'étudierons ensemble et, dès que possible, nous le mettrons à exécution. Mais, auparavant, nous devons pacifier ce pays de l'Èbre aux Colonnes d'Hercule. Aucune ville ne doit échapper à notre contrôle.

— Tu oublies Sagonte, dit Magon.

Hamilcar, dans le traité de paix avec Rome, avait omis de mentionner Sagonte. La ville, qui se prévalait de ses origines grecques pour prétendre à l'indépendance, n'eût d'ailleurs pas admis l'autorité de Carthage. En fait, elle était l'alliée de Rome et de Massalia.

— Je n'oublie pas Sagonte, répliqua Hannibal. Nous nous tiendrons en rapports étroits avec Carthalo. Rien de ce qui s'y passe ne doit nous demeurer étranger. Et tout d'abord, il faudra retrouver ce Critos. Je n'aime guère les mystères. Sagonte se pliera à notre loi ou sera abattue…

Hannibal s'interrompit brusquement. Un tumulte s'élevait dans la direction du quartier des éléphants. Maharbal et les trois Barca se précipitèrent au-dehors. Un soldat arrivait en courant. Il criait en agitant les bras :

— Prévenez le général ! Baal est devenu fou. Il vient d'écraser un Indien…

III

LE QUARTIER DES ÉLÉPHANTS

On était parvenu, non sans mal, à refouler Baal vers le marécage. Planté sur le bord, les pattes enfoncées jusqu'au genou dans l'eau verte et fétide, il paraissait s'être calmé. Des javelots restaient plantés dans ses flancs et, avec sa trompe, il tentait vainement de les arracher. De temps à autre, il faisait mine de charger, la trompe levée et les défenses menaçantes, tout en poussant des barrissements épouvantables. Les quelque vingt éléphantarques mêlés aux Libyens qui s'étaient déployés en demi-cercle devant lui, la lance prête à frapper, reculaient alors d'un seul mouvement.

— Où est l'Indien responsable de Baal ? demanda Hannibal.

Bostar jeta à ses pieds un adolescent grelottant de peur, le dos zébré de traces de coups.

— Le voici. Il se nomme Khasil. Je l'ai fait fouetter devant mes hommes. Il n'a que ce qu'il mérite.

Hannibal fronça le sourcil. Il appréciait à leur juste valeur les qualités du maître des éléphants mais ne l'aimait pas. Hamilcar l'avait désigné pour occuper ce poste parce que aucun homme, dans toute l'Afrique, ne connaissait les éléphants mieux que Bostar. Il avait vécu son enfance au milieu d'eux, sur les rives de l'oued Draa, à les chasser, les élever, les dresser, de façon à faire de ces brutes des bêtes de combat intelligentes et dociles. D'un éléphant sauvage, en moins d'un mois, Bostar faisait un agneau. Au contact permanent de ces mastodontes, il était devenu cet être rude, brutal, difficile à comprendre et à vivre et que personne n'aimait. Son aspect physique ajoutait à sa mauvaise réputation. De petite taille, massif et trapu, le visage affligé d'une grotesque dissymétrie à la suite d'un coup de défense, il rappelait ces masques de démons grimaçants qui hantent les cryptes de Carthage et accompagnent les morts dans leur long voyage. Bostar aimait les éléphants d'une véritable passion, ce qui ne l'empêchait pas de les traiter avec une rudesse qui le faisait parfois taxer de cruauté.

Hannibal aida Khasil à se remettre debout. Puis, blême de colère, il se tourna vers le maître des éléphants :

— Je n'aime pas que mes officiers exercent eux-mêmes leur justice. Avant de châtier Khasil, il fallait prendre mon avis. Tu me répondras de cette faute.

— Khasil a refusé d'obéir, répondit Bostar. Depuis la mort de notre vénéré seigneur, Hamilcar Barca, Baal n'est plus le même. Il a refusé de manger pendant plusieurs jours. Il passait des nuits à barrir à la lune et à se balancer au bout de sa chaîne. Personne ne pouvait l'approcher, tant son caractère s'était aigri. Ce n'est que lorsque Hasdrubal en a fait son éléphant de parade qu'il a retrouvé un peu de son appétit et de son humeur normale. Mais quand il a compris que son nouveau maître venait de disparaître, il est devenu furieux. Nous l'avons solidement entravé, mais il est parvenu à rompre ses chaînes et il a tué un Indien. Seul, Khasil pouvait encore l'approcher. Je lui ai ordonné d'abattre la bête d'un coup de poinçon dans le cervelet. Il a refusé.

— Khasil a eu raison de refuser, dit Hannibal. Baal est l'éléphant d'Hamilcar. Mon père y tenait comme à son glaive.

Hannibal gardait en mémoire l'image de son père pénétrant dans Carthage, à la fin de la guerre des Mercenaires, par la grande porte de Théveste. Il était monté sur Baal. Autour de la selle pendaient des trophées pris aux mercenaires. Pour le général punique, Baal était un vieux compagnon de guerre, le plus fidèle, le plus intelligent, le plus puissant. Il n'avait jamais accepté de s'en séparer.

L'œil du maître du troupeau s'alluma de colère. Son visage blêmit sous la crasse qui le recouvrait d'un enduit répugnant.

— Pour moi, Baal est un éléphant comme tous les autres de mon troupeau. Attendre pour l'abattre, c'était risquer un nouvel accident.

— Baal n'est pas un éléphant ordinaire, insista Hannibal. Je te rends responsable, Bostar, de sa vie et des mauvais traitements qui lui seraient infligés. S'il lui arrivait malheur, je ne te le pardonnerais pas.

Le général posa sa main sur l'épaule de Khasil.

— Tu n'as rien à craindre, dit-il. Mon propre médecin, Yaton, va prendre soin de toi. Penses-tu que Baal retrouvera son calme et acceptera de nouveau sa nourriture ?

— Oui, seigneur, murmura Khasil, je le crois.

— Faites transporter cet Indien dans ma tente, dit Hannibal, et dites à Yaton de s'occuper de lui.

Encadré par ses deux frères, Hannibal s'avança vers Baal. L'éléphant recula en secouant la tête, ses immenses oreilles battant avec colère contre son garrot. Un barrit s'étranglait dans sa gorge. Durant quelques instants, le général et le mastodonte restèrent à s'observer. Prêts à riposter à la moindre charge, Magon et Hasdrubal avaient sorti leurs glaives. Bostar eut un sourire narquois : c'était là une parade dérisoire. Qu'il prenne la fantaisie à Baal de charger et les trois hommes seraient balayés comme des tiges d'ajoncs secs.

— Quelle bête magnifique ! murmura Hannibal en reculant de quelques pas. Magon, Hasdrubal, vous souvenez-vous ? Lorsque nous étions enfants, nous rêvions de posséder Baal pour nous seuls. L'orgueil, la joie nous inondaient quand Hamilcar nous autorisait à monter dans son palanquin pour une promenade par la route d'Utique ou à travers les jardins de Megara. La nuit, je me levais en secret pour aller lui porter quelque sucrerie. Je restais une partie de la nuit à lui parler doucement, à caresser sa trompe. Je devais pour cela soudoyer l'éléphantarque, mais je ne le regrettais pas. J'avais l'impression, durant de longues minutes, de posséder Baal.

Il respira largement, contempla l'éléphant qui effectuait en face de lui une danse de colère :

— ... et maintenant, Baal m'appartient.

— Il a tué un homme, dit Magon, ne l'oublie pas. Peut-être en tuera-t-il d'autres avant que l'on ne parvienne à le maîtriser.

— Si l'on y parvient jamais, ajouta Hasdrubal.

Hannibal ne parut pas entendre. Il ferma les yeux. Une image lui apparut : Les portes de Rome s'ouvraient devant lui. Juché sur l'encolure de Baal caparaçonné de plaques de bronze, d'étoffes somptueuses qui ruisselaient de ses flancs, ses défenses dorées étincelant sous le soleil du Latium, il s'engageait sur la voie triomphale qui mène au Capitole. Et la foule romaine, muette de stupeur et de respect, s'écartait devant lui…

Pour Hannibal et ses frères, l'année s'acheva dans l'inquiétude. À la nouvelle de la mort d'Hasdrubal le Beau, de nombreuses peuplades d'Espagne secouaient le joug. Des villes faisaient sécession. Les garnisons puniques laissées à Salamanque, Tolède, Toro, avaient été anéanties. Des tribus entières descendaient de la montagne, sortaient des replis de la meseta. Des rois déchus retrouvaient leur couronne. Avant le printemps, de véritables armées seraient sur pied de guerre. Pour comble de malchance, l'hiver n'en finissait plus. Les guerriers d'Afrique tremblaient dans leurs burnous, autour de maigres feux.

Cet hiver, Hannibal le passa à étudier les cartes et les plans que contenait le coffret de cèdre, à lire les rapports des agents.

Il ne quittait son palais ou sa tente que pour se rendre au quartier des éléphants. L'accès de colère n'avait été pour Baal qu'un feu de paille. Grâce aux soins dont l'entourait Khasil, il était redevenu le mastodonte débonnaire et majestueux qu'il était auparavant. Baal avait accepté Hannibal ; il avait reporté sur lui l'affection qu'il vouait à ses précédents maîtres, avec plus d'intensité, semblait-il. Aux témoignages d'affection de son maître, il répondait par des prévenances qu'il ne manifestait ni à Hamilcar ni à Hasdrubal — ces deux derniers ne voyaient en lui qu'une bête de prix qu'il convenait de ménager.

Lorsqu'il se rendait dans le quartier des éléphants, Hannibal avait toujours les poches bourrées de friandises. Baal tendait sa trompe vers son maître, lui soufflait sa joie au visage, l'aidait à se hisser sur son garrot, tendait ensuite sa trompe à Khasil qui suivait le même chemin.

— Où veux-tu aller, seigneur ? demandait Khasil.

— Où tu voudras, répondait Hannibal. Mais ne t'éloigne pas trop du camp. Les alentours ne sont pas sûrs.

Ils contournaient le vaste marécage fangeux situé entre le camp et la montagne. Au rythme souple et profond de sa monture, Hannibal mettait de l'ordre dans ses pensées et Khasil s'attachait à respecter son silence. Lorsque Hannibal paraissait disposé à la conversation, l'Indien lui contait des histoires de son pays : il était originaire, non des Indes (on appelait les éléphantarques des « Indiens » parce que les meilleurs dresseurs d'éléphants venaient de ces terres lointaines) mais d'Afrique ; sa patrie se situait aux confins de la Numidie, en bordure du grand désert, loin vers l'occident, au pays des éléphants sauvages. À quelques mois près, Khasil avait l'âge d'Hannibal. Ils s'entendaient à merveille. Lorsqu'ils se trouvaient installés sur le garrot de Baal, en face des solitudes de la montagne ou de la mer, il n'y avait plus de général ni d'éléphantarque, mais deux jeunes hommes qui partageaient la même affection et le même plaisir.

Un jour qu'ils s'étaient avancés vers le nord par les pistes du littoral, Hannibal dit à Khasil :

— Bientôt nous partirons pour un long voyage. C'est cette direction que nous prendrons. Droit vers le nord…

Khasil avait de la peine à comprendre. Pour lui, le seul voyage, le grand voyage, était celui qui le conduirait sur sa terre d'Afrique. Il interrogeait Hannibal qui secouait la tête :

— Je ne puis t'en dire davantage pour le moment, Khasil. C'est un secret que je ne puis révéler à personne, pas même à Baal !

Khasil se mit à rire.

— Quand retournerons-nous en Afrique, seigneur ?

— L'Afrique ? soupira Hannibal. Y retournerons-nous jamais ? Elle est si lointaine dans mon souvenir que j'ai peine à retrouver le visage de ma mère et des vieux serviteurs du palais. Même le suffète Hannon s'efface dans ma mémoire. Je ne le vois plus que semblable à un vieil épouvantail à corbeaux, sans voix, sans visage. Il me semble n'avoir vécu à Carthage qu'en rêve et que toute mon existence s'est déroulée sur cette terre d'Espagne.

Hannibal se redressa, respira profondément.

— Allons, dit-il, fais avancer Baal. Tout cela n'a aucune importance. Le passé ne compte guère.

Ce jour-là, Baal se comportait d'une façon singulière. Son allure manquait de régularité. Sans raison, il poussait de petits barrits en levant sa trompe vers la montagne d'où soufflait un vent tiède qui sentait la terre humide. Parfois, sans que Khasil l'y eût invité, il prenait le trot. L'Indien et son maître devaient se cramponner au garrot pour ne pas être désarçonnés.

— Mais qu'a-t-il donc aujourd'hui ? s'enquit Hannibal.

L'Indien sourit.

— Seigneur, le printemps approche et Baal le devine. Comme moi, il est impatient de revoir le tell et la savane de l'oued Draa. Il n'a rien oublié, lui. Ici, seigneur, ce n'est pas une terre pour les éléphants.

Cela, Hannibal ne l'ignorait pas. Tous les éléphants de l'armée punique éprouvaient les mêmes tourments, surtout à l'approche de la belle saison. Mais il y avait autre chose.

— C'est la saison des amours, seigneur, ajoutait Khasil. Baal réclame une femelle. Nous allons l'accoupler avec Mhadia : c'est sa préférée. D'ici à deux ans, un nouvel éléphanteau viendra enrichir ton troupeau. Baal est dans la force de l'âge. Il peut engendrer encore durant de nombreuses années. Il n'a pas tout à fait cent ans. Je l'ai vu là, dans l'ourlet de ses oreilles. C'est marqué comme dans un livre.

Lorsque Khasil parlait des éléphants, il était intarissable. Pour Baal, il éprouvait plus que de l'affection : une véritable vénération. Aux yeux de ce petit homme sec, brun et vif, Baal était le roi des éléphants. Ses congénères lui obéissaient. Khasil assurait qu'il avait pu observer, entre lui et le reste de la harde, des conciliabules au cours desquels des barrissements modulés, des mouvements de trompe et d'oreille tenaient lieu de paroles. Il fallait voir les vieux mâles accourir autour de lui quand il sonnait le rassemblement par des barrits aussi éclatants que des coups de trompette à l'heure du bain, dans l'eau verte du marécage.

— Baal est tout-puissant, disait Khasil. Plus puissant que Bostar. Bostar est jaloux de lui, seigneur, parce que les éléphants lui obéissent moins facilement qu'à Baal.

Hannibal riait de bon cœur.

— J'aime t'entendre rire, seigneur, disait Khasil. C'est la preuve que tu es heureux.

— C'est vrai, avouait Hannibal. Dès que je suis avec toi et avec Baal, il semble qu'il n'y ait plus de problèmes, que tout soit simple, qu'il n'y ait qu'à se laisser porter entre ciel et terre. J'ai parfois l'impression que ces promenades ne finiront jamais, qu'elles nous conduiront au cœur de l'Afrique, dans une contrée sans Espagnols, sans Romains, sans suffète…

Une mystérieuse fumée dans la montagne, le lointain panache de poussière montant sous le galop d'un cheval, l'appel d'une trompe sous les remparts, une voile sur la mer, et les dures réalités de la conquête pressaient de nouveau Hannibal. Il sortait de son rêve comme d'un sommeil brutalement interrompu.

— C'est assez pour aujourd'hui, Khasil. Retournons au camp.

De longs vols d'oiseaux migrateurs revenant des rivages d'Afrique traversèrent le ciel de Carthagène. C'est le temps que choisit Hannibal pour procéder aux sacrifices destinés à se concilier la faveur des dieux de Carthage avant de se lancer dans la campagne de pacification des tribus barbares.

Un matin de mars où les vents soufflaient une odeur d'aventure et de guerre, l'armée se mit en marche avec les éléphants dans trois directions à la fois. Durant tout l'été, dans la chaleur écrasante de la meseta, elles sillonnèrent l'intérieur, faisant front aux tribus guerrières qui combattaient par petits groupes acharnés, mettant le siège devant les villes aux remparts de terre et de bois, livrant bataille à des armées de Barbares.

Sur toutes les routes de la conquête, les éléphants semaient la terreur. Les Espagnols les redoutaient comme s'ils eussent été des dieux. Le seul spectacle d'une dizaine de mastodontes galopant dans un roulement de tonnerre, leurs oreilles immenses largement écartées, leurs cuirasses hérissées de dards jetant des éclairs, suffisait à les faire reculer.

Hannibal prit Salamanque au milieu de l'été. Les hommes s'étant rendus, ce sont les femmes qui défendirent la ville. Au soir de la bataille, la fille du chef Imilcon vint ployer le genou devant le vainqueur sur les rives du *río* Tormès. Elle se nommait Imilcée. Hannibal décida d'en faire son épouse. À l'annonce de cette nouvelle, une immense clameur de paix courut sur toute l'Espagne. Par ce geste, Hannibal, comme naguère Hasdrubal le Beau, laissait entendre que désormais pour lui, l'Espagne passait avant Carthage.

Restait à régler le sort de Sagonte.

IV

LE SIGNE DE LA LOUVE

Le plan de la ville s'étalait au milieu de la table. Des murailles bien dessinées enveloppant une cité assise entre une haute colline et le *río* Palencia. Carthalo, le Libyen, avait passé deux mois, installé dans le quartier juif : un véritable dédale de ruelles où il était facile de se dissimuler. Il avait mis à profit son séjour pour effectuer un relevé minutieux de la cité qu'il venait de soumettre à Hannibal, et surtout pour réorganiser le réseau de renseignements dirigé par Critos. Le Grec avait brusquement disparu, de même que tous les agents de Carthage. Un homme puissant et mystérieux, tapi dans l'ombre, régnait sur la cité par la terreur. Tout ce que Carthalo avait pu apprendre, c'est qu'il se nommait Brutius. Il était pratiquement impossible de l'approcher. Carthalo s'y était essayé à plusieurs reprises sans succès et en prenant de tels risques qu'il avait dû abandonner.

Carthalo était bien mieux renseigné sur l'état d'esprit des Sagontins. Leur chef, qui se nommait Alcon, ne cachait nullement sa sympathie pour les Romains, bien qu'il proclamât son souci de veiller à l'indépendance de sa cité.

Ce seul mot d'indépendance faisait sursauter Hannibal.

— Une cité qui ouvre ses portes aux Romains et aux Massaliotes, qui traque les Carthaginois, n'est pas une cité indépendante !

Carthalo avait assisté au supplice de matelots puniques dont le navire s'était échoué à proximité de la ville. Alcon leur avait fait couper les mains comme à des espions. Alcon ou, peut-être, Brutius.

La petite guerre que Sagonte menait contre la peuplade des Turbolètes, voisine de son territoire, devait fournir à Hannibal un *casus belli* idéal. Les Turbolètes étaient prêts à passer à l'action. En soutenant ses alliés, Hannibal ne faisait qu'honorer les clauses d'un contrat.

— Si Rome intervient, dit Hasdrubal, c'est la guerre. Jamais le Sénat de Carthage ne l'acceptera.

— Ta prudence t'honore, répliqua Hannibal. Mais Rome n'interviendra pas. Elle est trop occupée en Illyrie. La conquête de Sagonte est pour nous une nécessité. Entreprendre une expédition contre Rome en laissant derrière nous un port où la République pourrait tout à son aise débarquer ses légions serait la pire des imprudences.

Hannibal se retourna vers Carthalo :

— Combien de temps nous faudrait-il pour enlever Sagonte ?

Un mince sourire crispa le visage du jeune chef africain :

— Cinq mois au moins si les dieux sont avec nous. Sinon…

Une semaine plus tard, les Turbolètes entraient en guerre une nouvelle fois contre Sagonte. Dès qu'Hannibal eut appris cette nouvelle qui le comblait d'aise, il fit sonner le rassemblement général de son armée. Monté sur Baal — lequel paraissait très fier de ses défenses repeintes d'or liquide et du somptueux tapis qui, de chaque côté de ses flancs, retombait jusqu'à terre — Hannibal harangua ses hommes. Puis il procéda aux sacrifices. Ceux-ci durèrent des heures. Des flaques de sang ruisselaient sur les marches de l'autel dressé en plein air sur l'horizon de la montagne, à quelques stades de Carthagène. Une âcre odeur se répandait sur l'armée, mêlée aux fumées épaisses montant des bûchers où les prêtres jetaient les entrailles des victimes, les bons morceaux devant servir au gigantesque festin qui terminerait la journée.

Au crépuscule, alors que l'on procédait aux derniers apprêts du festin, Hannibal longea, en compagnie de sa jeune épouse, Imilcée, les grandes avenues du camp. Une cassolette de bronze fumait au bord du palanquin qui se balançait sur l'échine de Baal. Imilcée paraissait soucieuse.

— Qu'as-tu, ma bien-aimée ? demanda Hannibal.

— Tu vas quitter Carthagène, mon doux seigneur. Peut-être pour plusieurs mois. Laisse-moi te suivre.

Hannibal secoua la tête.

— C'est impossible. Durant des mois, nous allons vivre une vie rude et dangereuse. Nous aurons à souffrir du froid, de la faim, à combattre…

— J'ai souvent suivi mon père dans ses expéditions. Je sais me rendre utile et la guerre ne m'effraie pas.

Hannibal faillit se mettre en colère. Mais son regard rencontra celui d'Imilcée : il y flottait une brume lumineuse d'une telle suavité qu'il se sentit remué.

— N'insiste pas, dit-il. Ton père commettait une faute contre les lois de la guerre en t'emmenant avec lui. J'aurais dû le châtier. C'est grâce à toi s'il ne l'a pas été. Ne m'en demande pas davantage.

Au matin du départ, c'est une vivante statue de la résignation que le général avait à ses côtés, au moment où les avant-gardes et les éléphants prenaient la piste du nord en direction de Sagonte. C'est à peine si Imilcée répondit à son salut lorsque, du haut de son éléphant, sa cape rouge écartée sur la vieille cotte de cuir d'Hamilcar, Hannibal agita la main en sa direction.

Comme il fallait s'y attendre, Sagonte avait fermé ses portes dès que l'armée punique s'était déployée à l'horizon.

Bien assise au bord du *río* Palencia, avec ses remparts et ses tours de pierre ocre hérissées d'épieux de bois, ses chemins de ronde garnis d'hommes d'armes, elle paraissait narguer l'armée d'Hannibal. Carthalo avait raison : le siège serait long et difficile : Sagonte était défendue par un système de retranchements dû au génie militaire des Romains.

Le chef des Turbolètes, Nuncio, salua Hannibal en libérateur et lui présenta ses troupes : des Barbares indisciplinés, mal équipés mais d'un courage à toute épreuve. Puis il demanda, comme une insigne faveur, le droit de visiter le quartier des éléphants.

À peine Hannibal avait-il commencé à organiser son camp qu'une ambassade de Sagontins lui était signalée. Le général se porta au-devant d'elle avec quelques officiers. Il blêmit de colère en constatant que le chef des Sagontins, Alcon, était entouré de Romains. C'était un gros homme à demi infirme, d'aspect assez repoussant, drapé dans une riche tunique massaliote, mais dont les yeux pétillaient d'intelligence.

— Ainsi c'est toi, Hannibal, fils d'Hamilcar Barca, dit Alcon. Comme tu es jeune ! Ton père et moi étions de vieux amis.

— J'étais impatient de te connaître, répondit Hannibal. Tout enfant, à Carthage, j'entendais vanter tes exploits.

— Le temps a passé, soupira Alcon. Aujourd'hui, je ne suis même plus capable de monter à cheval.

Hannibal lui offrit de l'accompagner jusqu'au camp pour se reposer. Le vieillard secoua ses bajoues rongées d'une lèpre qui mettait sa chair à vif. Sous ses lourdes paupières, son regard brilla de malice.

— J'ai toujours vécu debout, dit-il. C'est ainsi que je mourrai. C'est ainsi que je veux m'entretenir avec toi.

Il désigna le groupe qui l'accompagnait.

— Ces gens qui me font escorte sont des Romains. Tu n'ignores pas les relations amicales qui nous lient à Rome. Dans les veines de nombreux habitants de ma cité coule un sang romain. Ton père le savait, Hannibal. Il avait reconnu notre droit à l'indépendance. Pourquoi le remettre en question ?

Le visage du chef punique se durcit.

— J'ignore si mon père te portait autant d'amitié que tu le prétends. Mais je sais qu'il n'eût pas accepté de gaieté de cœur de te recevoir entouré de Romains. Comment oses-tu parler d'indépendance ? Alcon, je vénère la mémoire de mon père. Il avait promis son assistance à Nuncio. Je respecte ses engagements et les honore.

Une ombre de tristesse flotta sur le visage ravagé du vieux chef.

— Lorsque j'ai rencontré ton père pour la dernière fois, il portait cette cuirasse que tu as revêtue aujourd'hui. Mais il n'y avait pas cette tête de lion.

— Je l'ai fait ajouter ! répondit sèchement Hannibal.

Il poursuivit :

— Écoute bien, Alcon : je ne consentirai à retirer mes forces de Sagonte que lorsque j'aurai reçu ta reddition et que tu auras accepté de signer la paix avec Nuncio. Les temps ont changé. Carthage n'est plus à genoux devant Rome. Désormais, c'est de l'Espagne que Carthage tient sa puissance. Ce pays tout entier vivra sous la loi punique. Y compris Sagonte.

— C'est ton dernier mot ? demanda Alcon d'une voix blanche.

— Non, répliqua Hannibal. Tu abrites dans ton palais un homme du nom de Brutius. Dis-lui de ma part que, tôt ou tard, nous finirons par le démasquer et par le châtier pour tous les crimes qu'il a commis contre les nôtres.

Alcon blêmit, baissa les yeux.

— J'ignore qui est cet homme, dit-il.

L'entrevue terminée, Hannibal partit avec Khasil et Baal à travers la campagne, accompagné d'une escorte de Numides. Les Turbolètes de Nuncio avaient tout saccagé. Une tristesse infinie montait des villages incendiés, des champs piétinés par des hardes de chevaux, des vergers dont les arbres avaient été coupés à ras de terre. Khasil partageait l'humeur de son maître et se taisait. Seul, Baal paraissait indifférent à ces images de désolation : il s'arrêtait quand bon lui semblait pour cueillir quelques pousses, repartait au petit trot, aspirait de la poussière avec sa trompe et la rejetait sur ses flancs, agitait joyeusement ses grandes oreilles.

De retour au camp, Hannibal aperçut un petit corps de cavaliers qui, du haut d'une crête, paraissait l'observer. Ce n'étaient ni des Turbolètes, ni des soldats de Sagonte. Hannibal leur fit donner la chasse par son escorte, mais les mystérieux cavaliers avaient une avance trop importante. Ils s'évanouirent dans la montagne.

— Approche, dit Hannibal.

C'était un garçon de dix-huit ans environ, fils d'un armurier de Carthagène. Il se nommait Rubio. Vêtu d'une simple tunique de laine verte serrée à la taille, chaussé de sandales d'alfa, il paraissait très maître de lui. Carthalo lui renouvela ses dernières recommandations. Rubio, une fois dans Sagonte, devrait prendre garde aux Romains, ne pas errer trop longtemps autour des magasins de vivres qui devaient être bien gardés, chercher à en savoir davantage sur Brutius, être attentif aux réactions des habitants. Hannibal lui fit répéter les noms de quelques Sagontins favorables à Carthage.

— C'est bien, dit Hannibal. Tu partiras ce soir. Tu profiteras de la diversion que nous allons occasionner pour te glisser dans les retranchements et, de là, dans les égouts. Que Melkart veille sur toi.

La vie de siège avait débuté, lente, monotone, décevante. Hannibal s'y installait à contrecœur. Il était fait pour emporter des batailles et non pour rester cloué devant des villes obstinées dans leur résistance. Quelques jours s'étaient à peine passés qu'il sentait un certain relâchement dans son armée. Il dut, afin que ses hommes ne perdent pas dans l'inaction le meilleur de leurs vertus guerrières, leur faire attaquer les retranchements ennemis, organiser des expéditions dans l'arrière-pays, multiplier les manœuvres, faire charger les éléphants sous les yeux des Sagontins. Lui-même, en compagnie de Maharbal, s'acharnait à la tâche. Chaque matin, ils ouvraient le coffret de cèdre, dressaient des plans, alignaient des chiffres. À peine s'ils prenaient le temps, au milieu du jour, de déjeuner d'un morceau de pain accompagné d'un oignon, de quelques olives et d'un gobelet d'eau.

Les mystérieux cavaliers étaient reparus à diverses reprises en des points différents de la montagne sans que l'on pût parvenir à les rattraper. Pour Hannibal, cela tournait à l'obsession.

Un matin, des fourrageurs tombèrent par hasard sur eux alors que leurs chevaux s'abreuvaient dans une mare, près d'un village abandonné. Les escorteurs piquèrent des deux vers le bas-fond. Les cavaliers eurent tout juste le temps de sauter sur leurs montures. Un seul resta sur place après avoir, au moment de sauter en selle, basculé par-dessus le garrot. À leur grande stupeur, les fourrageurs constatèrent qu'il s'agissait d'une femme jeune et jolie, malgré sa grossière tenue de guerrier. Elle eut un mouvement de colère en considérant les pointes de javelots dardées contre sa poitrine.

Les hommes la firent remonter à cheval et la conduisirent à la tente d'Hannibal.

Le général se redressa si brusquement qu'il faillit renverser la table sur laquelle il écrivait. Il n'en croyait pas ses yeux.

— Toi, Imilcée ! Que fais-tu ici ?

— Pardonne-moi, dit-elle. Il fallait que je te suive. Les quelques jours qui ont suivi ton départ m'ont paru si longs que je n'ai pu résister au désir de te revoir. Depuis que j'ai rejoint Sagonte, je tourne autour de toi, cherchant à t'apercevoir.

— C'était donc toi !

— Ne m'accueille pas comme un visiteur importun, je t'en conjure ! Garde-moi dans ton camp. Je te promets de ne jamais rien faire qui soit contraire à ta volonté. Je ne serai près de toi que lorsque tu le jugeras bon.

— C'est bien, répondit Hannibal. Je vais te faire donner un logement convenable, des servantes et des gardes du corps. Mais je te préviens : tu vas mener une vie rude, dangereuse, monotone. La guerre que je mène n'est pas un divertissement pour les femmes.

— Merci, seigneur, dit Imilcée. Tu combles mes vœux les plus chers.

Il ne se passait guère de jour qu'un observateur venu de Barcelone, d'Ensérune, de la Gaule narbonnaise, des Alpes ou même d'Italie, ne se présentât au camp d'Hannibal, porteur d'une moisson plus ou moins abondante de renseignements. Hannibal l'interrogeait des heures durant, essayant de le confondre, le récompensant lorsque ses observations étaient précieuses. Au fur et à mesure que les documents s'amassaient, que se précisaient les détails de cette expédition, Hannibal se persuadait que c'était pure folie que de l'entreprendre. Il imaginait mal ses éléphants traversant le Rhône sur un radeau, franchissant les champs de neige des Alpes, piétinant dans les immenses marécages de la Gaule cisalpine. Renoncer ? Il n'y fallait pas songer. Ce projet, pour insensé qu'il pût paraître, faisait désormais partie de sa vie. Il l'attendait à son réveil et ne le quittait plus jusqu'au soir. La nuit, il lui arrivait de se lever, se souvenant, à travers son sommeil, d'avoir omis de noter un détail. Et lorsqu'il se levait, dans le petit matin d'hiver, qu'il contemplait en face du camp les murs de Sagonte toujours debout, toujours hérissés de lances, il se sentait comme pris au piège et, de nouveau, sa résolution chancelait.

Que devenait Rubio ? Malgré sa promesse, il n'avait pas encore donné de ses nouvelles. Carthalo se portait garant de la valeur de cet agent qu'il avait lui-même formé. Hannibal se montrait plus réservé. Il n'avait pas tort. Un matin, les factionnaires postés à peu de distance des retranchements virent soudain sortir de la brume un bourricot qui paraissait lourdement chargé. Les hommes, l'ayant capturé, constatèrent qu'il portait, lié sur son échine, un cadavre. C'était Rubio. Il portait sur la poitrine, imprimée au fer rouge, l'image d'une louve.

— J'avais le pressentiment de son échec, dit Hannibal. Ce garçon a dû commettre quelque imprudence.

Il montra du doigt le signe de la louve.

— Que penses-tu que cela puisse signifier ?

— Ce sont des Romains qui ont tué Rubio, dit Carthalo. Et je jurerais que Brutius n'est pas étranger à ce forfait, de même qu'il a dû faire disparaître Critos.

Il ajouta à voix basse :

— Seigneur, laisse-moi pénétrer dans Sagonte. Je saurai venger Rubio et te communiquer des renseignements utiles.

— Tu es le seul sur qui je puisse compter, désormais, répondit Hannibal. Le sort de notre armée est entre tes mains.

Hannibal déplia la petite dépêche rédigée en signes conventionnels et la déchiffra. La veille, la population de Sagonte s'était portée en masse sous les murailles du palais d'Alcon pour crier sa faim. Depuis des semaines les vivres faisaient défaut.

La famine s'était installée dans la ville. La colère de la population se retournait contre les Romains dont elle exigeait le départ. Des notables parlaient de reddition. Sur les remparts on voyait les gardes tomber d'inanition.

— C'est la fin, dit Maharbal. Carthalo a fait du bon travail. Mais Brutius ?

— Il n'en parle pas, dit Hannibal. J'en viens à me demander si ce personnage existe vraiment, s'il n'a pas été créé de toutes pièces, comme un épouvantail.

— Il doit rester deux pigeons à Carthalo, ajouta Maharbal. Peut-être, d'ici la reddition, aura-t-il découvert qui est Brutius.

— À condition qu'il ne soit pas contraint de les manger pour survivre…

Ce troisième message de Carthalo coïncidait avec le retour d'Hannibal d'une tournée d'inspection des frontières de l'Èbre qui marquait la limite de l'influence de Carthage et de Rome. Tout était calme dans ce secteur. Au retour, il avait conduit ses éléphants par la montagne dominant la plaine littorale. Cette expédition lui avait permis d'éprouver la résistance des pachydermes sur les pistes redoutables escaladant les sommets dont certains étaient couverts de neige. Le résultat était décevant. Bostar, Khasil et les autres Indiens se demandaient si le seigneur Hannibal avait toute sa raison. Il recherchait les difficultés, choisissait entre deux chemins le plus difficile, s'engageait sur une pente neigeuse au lieu de prendre par des endroits dégagés.

Bostar lui dit vertement son fait, le jour où une femelle grosse de cinq mois roula dans un précipice au fond duquel on dut l'achever. Il s'agissait de Mhadia, la meilleure femelle du troupeau, la favorite de Baal. Hannibal écouta Bostar sans sourciller, puis il les prit à part, lui et Khasil :

— Vous comprendrez d'ici peu la raison de cette attitude qui vous paraît étrange. Mais je vous ordonne de ne souffler mot à personne de ce crochet à travers la montagne.

Bostar et Khasil se le tinrent pour dit. Cet accident fut le seul qui marqua cette dangereuse promenade. Mais Hannibal restait songeur : il avait mis, pour franchir cette distance, deux fois plus de temps qu'il n'avait prévu. Et il avait prévu largement ! Du moins en retirait-il de précieux enseignements, la certitude que les éléphants pouvaient traverser une montagne.

Une autre expérience, durant ce même trajet, s'était révélée décevante : le passage d'un affluent de l'Èbre. Gonflé par les neiges du printemps, le fleuve coulait à pleins bords. Il avait fallu confectionner des radeaux avec des troncs d'arbre, y faire monter les éléphants, les guider par un système de cordages. Malgré le peu d'empressement qu'il montrait, Baal accepta de précéder ses congénères pour leur inspirer confiance. Il faillit être emporté par le courant. L'un des radeaux chavira. D'autres se disloquèrent en rencontrant l'autre rive. Un pachyderme devint comme fou et broya l'échine de son éléphantarque. On faillit le faire abattre, mais une course dans la campagne le radoucit.

De la berge, Hannibal et Magon ne perdaient aucun détail de l'opération dont ils minutaient les moindres détails à l'aide d'un sablier, notant avec soin chaque observation. Lors du retour, la même opération fut renouvelée avec davantage de succès. Hannibal ne se tenait plus de joie. Un seul radeau sur une dizaine avait chaviré. L'éléphant en avait été quitte pour un bain glacé.

— Désormais, dit Hannibal, la route de Rome nous est ouverte. Notre expédition nous coûtera plus cher que je ne pensais, elle demandera plus de temps que prévu, mais elle réussira.

Sagonte devait succomber quelques jours plus tard. Un dernier message de Carthalo annonçait une reddition imminente. La moitié de la population avait péri à la suite de la famine et d'une épidémie. Ceux qui restaient ne pouvaient opposer qu'une résistance dérisoire.

Hannibal n'éprouva aucun débordement de joie à cette nouvelle. Sagonte lui appartenait depuis des mois bien qu'elle se refusât. Hannibal souffrait des misères de cette courageuse cité. Au silence de mort qui planait sur ses remparts répondait son propre silence.

Il pénétra dans la ville un matin d'avril qui sentait la mort. Entouré par la Cohorte Sacrée, le général s'avança dans un silence terrifiant jusqu'au cœur de la cité. De loin, il distingua au milieu d'une vaste place une sorte de montagne autour de laquelle étaient groupés les derniers survivants. Ils avaient amené là toutes leurs richesses, les avaient entassées, prêts à y mettre le feu et à se jeter eux-mêmes dans la fournaise. Hannibal fit arrêter son escorte. Il aperçut, sortant d'une demeure, un homme barbu, d'une maigreur effrayante, qui s'avança vers lui la main levée.

— Tu ne me reconnais pas, seigneur ?

— Carthalo ! s'écria Hannibal en sautant à bas de sa monture. Je te croyais mort.

— Je ne vaux guère mieux.

Carthalo montra la montagne d'objets de toute sorte édifiée au milieu de la place, et qui flambait avec des craquements sinistres.

— Toutes les richesses de Sagonte sont là, dit-il.

Alcon vivait encore lorsque Hannibal parvint jusqu'à lui. Il venait de se passer une épée à travers le corps.

— Tu as gagné, Hannibal. C'est une grande victoire. Ce n'est pas une belle victoire.

— J'ai le cœur serré, Alcon, quand je songe aux souffrances de ton peuple. Mais tu l'as voulu. Tu étais romain avant d'être espagnol.

Hannibal ajouta :

— Peux-tu me dire maintenant qui est Brutius ?

Alcon renversa doucement la tête en arrière. Seuls ses yeux paraissaient vivre encore.

— Brutius ? répondit Carthalo, à la place d'Alcon. Je sais peu de chose sur lui. C'est un agent des Romains. Il a vécu à Sagonte durant une partie du siège, puis il a disparu. Il a juré ta perte, Hannibal. J'ai encore appris qu'il porte une louve de bronze attachée au cou. Où est-il à l'heure présente ? Je l'ignore.

— Il est à Ensérune, dit Hannibal, songeur.

V

L'OR DE CARTHAGE

Le suffète Hannon s'était dressé lentement pour prendre la parole. Il avait revêtu sa longue robe noire constellée de joyaux. Le signe de Tanit pendait à son oreille droite. Durant quelques instants il demeura immobile et muet, balayant de son regard glacé l'assistance d'où montaient déjà des murmures hostiles. Sous son nez recourbé frémissaient les lèvres minces d'où allaient tomber des paroles terribles. Hannon jouait dans cette ultime bataille à la fois sa renommée et l'avenir de Carthage.

Lorsque l'assemblée des Cent-Juges qui constituaient le Sénat de Carthage eut fait silence, Hannon commença :

— Au nom des dieux, arbitres et garants des traités, je vous ai prévenus, suppliés, de ne pas envoyer aux armées le fils d'Hamilcar. Ni les mânes, ni le sang d'un tel homme ne demeurent en repos. Non, jamais, tant qu'il restera quelqu'un de la race ou du nom des Barca, on ne respectera les traités conclus avec Rome.

Un murmure s'éleva du fond de la salle du Conseil, déferla le long du péristyle aux piliers massifs, vint se briser comme une vague au pied de la tribune. Hannon demeura imperturbable. Il reprit :

— Hannibal ! Ce jeune homme est dévoré par la passion du pouvoir et ne voit qu'un moyen d'y accéder : faire que les guerres naissent des guerres, vivre entouré d'armes et de légions. Voilà celui que vous avez envoyé à l'armée portant ainsi au feu son aliment !

Une voix éclata au milieu de l'assemblée :

— Traître ! Tu rends ton pays responsable des conflits entre Rome et Carthage.

— C'est vous ! reprit avec force le suffète, l'index tendu vers la foule. C'est vous qui avez nourri cet incendie qui aujourd'hui nous dévore. Vos armées ont investi Sagonte que le traité leur interdit d'approcher. Bientôt Carthage sera investie à son tour par les légions romaines et elles seront menées par ces mêmes dieux qui les ont aidées dans la dernière guerre à venger les traités violés.

Un frisson de stupeur passa sur l'assistance. Le souvenir des armées romaines de Regulus, des hordes mercenaires de Spendius et de Mathô était dans toutes les mémoires. Hannon en profita pour rappeler que Rome avait tout fait pour empêcher ce conflit. Aujourd'hui, alors que Sagonte agonisait, qu'Hannibal s'apprêtait à jeter les derniers défenseurs sous les pas de ses éléphants, une députation romaine attendait, là, derrière les portes du Conseil. Que réclamait-elle ? Une nouvelle humiliation pour Carthage ? Non ! Elle demandait la destitution d'un seul homme : Hannibal.

— N'oubliez pas ! s'écria le suffète, les îles Ægates, le mont Éryx et tous les autres désastres que vous avez essuyés pendant vingt-quatre ans, sur terre et sur mer !

On entendit tonner une voix :

— Et toi, Hannon, souviens-toi de Bomilcar, l'amiral incapable, ton ami, qui a causé notre défaite en Sicile et que tu as protégé alors qu'il devait mourir sur la croix !

À son tour, Hannon parut ébranlé, mais il se reprit vite. Penché en avant, frémissant de colère, pareil à une flamme noire, il gronda :

— Les dieux et les hommes nous ont vaincus. Le sort de la guerre a donné la victoire au parti qui combattait pour la justice.

Une tempête secoua l'assistance. Un jeune conseiller tenta d'escalader la tribune. Les gardes le repoussèrent. Hannon continuait à vociférer :

— C'est contre Carthage, aujourd'hui, qu'Hannibal fait avancer ses machines de guerre. Ce sont les murs de Carthage que battent ses béliers ! Puisse ma prophétie être démentie : les ruines de Carthage retomberont sur nos têtes. Cette guerre entreprise contre les Sagontins, c'est contre les Romains que nous devrons la soutenir.

Le Conseil n'était qu'un cri. Il fallut l'intervention du doyen des Juges pour que se rétablît un calme précaire.

— Je sais, poursuivit Hannon, que l'hostilité que je porte à Hamilcar peut me rendre suspect quand je prononce un réquisitoire contre le fils. Mais, à la mort d'Hamilcar, je me suis réjoui…

Une explosion de colère secoua la salle. Malgré le tumulte, le suffète poursuivit :

— Oui, je me suis réjoui. S'il avait vécu, nous serions déjà en guerre contre Rome. Aujourd'hui, ce jeune homme, Hannibal, je le déteste, je le hais comme étant une furie et un ferment de guerre. Non seulement il faut le livrer en expiation de la violation du traité, mais, si personne ne le réclamait, il faudrait le déporter aux dernières limites du monde, le reléguer en un lieu d'où son nom et sa renommée ne puissent arriver jusqu'à nous, ni troubler le repos de la patrie.

Un conseiller se leva au premier rang :

— Les députés des Romains n'auraient pas mieux parlé ! Tes coffres, Hannon, sont pleins de l'or de Rome !

Hannon fit un geste dédaigneux de la main. L'insulte ne le touchait pas.

— Un mot encore, dit-il. Je vote pour l'envoi d'une ambassade à Rome, afin de donner satisfaction au Sénat, et d'une autre vers Hannibal, lui donnant l'ordre de lever le siège de Sagonte et de se livrer lui-même aux Romains, conformément aux articles du traité. Une troisième, enfin, destinée à restituer aux Sagontins ce qui leur a été volé. J'en ai terminé.

Dans le tumulte, Hannon redescendit à pas lents de la tribune. Son visage ne traduisait aucun sentiment. Il ne se faisait aucune illusion sur le sort qui serait réservé à la députation romaine conduite par Valerius Flaccus. La guerre était imminente. Tous ses efforts pour l'éviter auraient été vains. Derrière lui, une voix murmura : « Tu es allé trop loin, Hannon. » C'était la voix d'un ami. Hannon haussa les épaules. Carthage avait choisi son destin. Tant pis pour Carthage !

Hannon jeta un coup d'œil au-dehors. Toute la plèbe était là, entassée sous le soleil torride. Il en montait des cris de haine à son adresse.

La délégation romaine était conduite par un certain Valerius Flaccus, personnage rond et rose, presque chauve, mais qui imposait par ses yeux froids et ses attitudes pleines d'une onctueuse majesté. Il était accompagné d'une dizaine d'officiers sobrement vêtus comme lui-même de la toge blanche.

À peine Valerius avait-il déplié le rouleau sur lequel il avait résumé ses griefs contre les fauteurs de guerre, qu'un rire fusa des dernières travées, ricocha sur la houle des têtes, s'enfla, devint un seul rire, énorme, inextinguible. On ne savait pas exactement pourquoi, mais on riait. Le chef de la députation, blême comme son vêtement, replia son rouleau et fit mine de se retirer. Le suffète le rattrapa.

— Je vous en prie, dit-il. Patientez.

— Patienter, répliqua amèrement Valerius, alors que je connais d'avance la réponse...

Il consentit à monter jusqu'à la tribune sous les huées. Là, face à la foule, il attendit. Dès qu'il put parler, il déclara d'une voix ferme en soulevant le devant de sa toge :

— Citoyens de Carthage, je vous apporte en mon giron la paix et la guerre. Que choisissez-vous ?

Un conseiller s'avança jusqu'au pied de la tribune et s'écria :

— Mais toi, Romain, qu'offres-tu ?

Valerius promena lentement son regard sur l'assistance. Il ne vit partout que visages hostiles, bouches prêtes à l'injure, poings prêts à se tendre. Son regard se posa intensément sur le suffète qui détourna les yeux.

— Vous ne voulez pas de la paix ! s'écria-t-il. Que pourrais-je vous offrir d'autre que la guerre ?

L'assemblée se tendit dans le même cri vers le député. Debout, elle clama :

— Nous l'acceptons !

En débarquant sur le sol d'Espagne, Valerius Flaccus ne se faisait aucune illusion : l'accueil qu'il avait reçu de Carthage, il allait en faire de nouveau l'expérience chez ces tribus espagnoles du nord de l'Èbre, soumises en principe à Rome, mais à ce point sollicitées par Hannibal, abreuvées de l'or de Carthage que les Romains y faisaient presque figure d'ennemis.

C'est dans la région de Terragone qu'il apprit que Sagonte était au bord de la reddition. La nuit, il s'éveillait avec des sueurs froides : les béliers de Carthage battaient les murailles de la ville ; la terre grondait sous la charge féroce des éléphants... Il avait de la peine à se rendormir.

Les quelques cavaliers espagnols qui avaient accepté de convoyer les Romains dans leur chemin vers les tribus du Nord les abandonnèrent avant la frontière, sans explication. Les Barbares les chassèrent avec des insultes : Rome avait trahi les Sagontins en ne venant pas à leur secours ; et maintenant ils demandaient l'alliance des Espagnols !

La nuit suivante, dans les environs de Barcelone, ville fondée par le premier des Barca à avoir foulé le sol d'Espagne, on vola leurs chevaux. Ils durent payer des bourricots à prix d'or pour poursuivre leur mission. Demandaient-ils asile à une tribu ? On les houspillait comme des vagabonds. S'enquéraient-ils de leur chemin ? On prenait plaisir à les égarer. Les régions qu'ils traversaient regorgeaient pourtant des bienfaits de Rome. La République avait construit des routes, des aqueducs, des temples, installé des comptoirs. Aujourd'hui, les Romains faisaient figure de parias. Ils avaient dû se replier sur Ampurias, dernière cité où le nom de Rome ne fût pas exécré.

La ville vivait dans la fièvre. Le gouverneur dit à Valerius :

— Sagonte vient de tomber. Hannibal s'apprête à envahir toute l'Espagne jusqu'aux Pyrénées.

— Si ce n'était que cela, soupira Valerius. C'est vers l'Italie qu'Hannibal va diriger ses armées.

— En passant par les Alpes ! plaisanta le gouverneur.

— Bien sûr que non ! dit Valerius. Aucune armée n'a franchi ces montagnes et ne les franchira jamais. Hannibal passera par le littoral. Ma mission consiste à prêcher aux tribus gauloises la résistance contre les Carthaginois.

— Autant renoncer tout de suite ! L'or de Carthage coule à flots sur les chemins de la Gaule depuis la chute de Sagonte. De plus, le Punique a placé partout des observateurs. Seule, Ensérune a conservé une certaine autonomie. Les Ibères y ont fondé une colonie prospère et puissante. Si tu persistes dans ton projet, tu trouveras là-bas un ancien officier de Rome dont le rôle est de déjouer les plans d'Hannibal. Il se nomme Brutius...

— C'est curieux, dit Valerius, ce nom m'est inconnu.

Valerius se retrouva sur la route avec seulement cinq de ses compagnons et un petit corps de volontaires espagnols qui acceptèrent de leur servir d'escorte. Le pays n'était pas sûr. Des pillards suivaient Valerius et les siens comme des loups, prêts à les dépouiller. C'est ce qui se produisit à une journée de marche d'Ampurias. Le matin, Valerius constata que les volontaires avaient disparu avec leurs montures, non sans avoir au préalable égorgé le factionnaire. Les quatre officiers qui accompagnaient Valerius décidèrent de rebrousser chemin. Valerius ne fit rien pour les retenir. Après avoir poursuivi seul sa route pendant une heure, il constata que deux de ses officiers, pris de remords, étaient de retour. C'est à peine si Valerius parut s'apercevoir de leur présence.

— Je ne vous en aurais pas voulu, leur dit-il le soir, au campement, d'avoir préféré la honte à une mort inutile. Nous échouerons sûrement, mais nous n'avons pas le droit de nous arrêter en cours de route. Nous avons à racheter le poids des fautes commises par Rome contre les Sagontins. C'est une mission de choix.

Ils avaient depuis trois jours quitté Ampurias et cheminaient par les routes difficiles de la côte, toujours suivis à distance par de mystérieux cavaliers, quand, un après-midi, au fort de la chaleur, ils aperçurent un village de pêcheurs qui paraissait paisible. Ils s'y dirigèrent afin de se procurer de l'eau et des vivres. Un garçonnet à demi nu s'avança vers eux et prit sans mot dire la bride du cheval de Valerius. Ils traversèrent ainsi tout le village sans rencontrer âme qui vive, hormis des poules, des porcs noirs et quelques chiens efflanqués endormis dans le sable à l'ombre des palissades de joncs.

Les trois Romains parvinrent ainsi au bord de la plage où des barques aux couleurs vives dormaient sur les galets. Debout, à l'ombre des oliviers et des amandiers, toute la population du village était là, en compagnie d'une cinquantaine de guerriers en armes, aux mines patibulaires.

— Cette fois, dit l'un des officiers, nous sommes perdus. Adieu, Rome !

— Gardez votre sang-froid et laissez-moi faire, dit Valerius.

Le député descendit de cheval, épousseta machinalement sa tunique et s'avança vers un homme qui paraissait être le chef : un robuste vieillard au nez violemment coloré et aux moustaches broussailleuses.

— Nous t'attendions, dit le chef dans une langue qui tenait de l'espagnol et du romain. Voilà trois jours que nos hommes te suivent. Que viens-tu chercher dans nos parages ?

— C'est Rome qui m'envoie, répondit Valerius.

Le vieux chef eut un sourire ironique :

— Rome… Il n'y a plus que vous en fait de Romains à des dizaines de milles à la ronde. Tous ont fui comme des rats dès qu'ils ont appris que Sagonte était tombée. L'Espagne est perdue pour Rome. Tu ferais mieux de retourner chez toi, étranger, et de t'apprêter à faire front aux légions d'Hannibal.

— Cette guerre est perdue d'avance pour Carthage, rétorqua Valerius. Rome ne peut être vaincue. Lorsque l'armée punique se présentera, interdisez-lui le passage et Rome se souviendra de votre fidélité.

À l'exorde du député succéda un silence de plomb. Valerius entendit pleurer un enfant. Soudain, le chef gaulois fit claquer la main sur son genou et, plié en deux, éclata d'un rire énorme. Son accès d'hilarité gagna la foule, puis les guerriers.

— Notre présence est inutile, dit Valerius. Allons-nous-en !

Ils s'apprêtaient à rejoindre leurs montures quand le chef arrêta Valerius d'un geste.

— Rome ne nous apporte que des promesses, dit-il. Mais Carthage est généreuse.

Il fit un signe et deux guerriers déposèrent à ses pieds un coffre dont le chef ouvrit le couvercle de la pointe de sa sandale…

— Regarde, Romain : l'or de Carthage... Donne-nous l'équivalent, et peut-être alors pourrons-nous traiter avec toi.

Il parcourut d'un regard dédaigneux le groupe des trois ambassadeurs vêtus de tuniques poussiéreuses et dont les bagages se réduisaient à un maigre balluchon accroché au pommeau de leur selle. Puis, plongeant à pleines mains dans le coffre, il fit ruisseler sur sa tête, sa poitrine, ses membres, avec un rire puissant, une pluie de pièces d'or.

Les trois Romains se retirèrent à reculons. Lorsqu'ils parvinrent à l'endroit où ils avaient laissé leurs montures, ils constatèrent avec stupéfaction qu'elles avaient disparu.

— Montez, dit le paysan.

Les trois vagabonds ne se firent pas prier. Ils se tassèrent tant bien que mal au fond de la carriole qui sentait le moût de raisin dont le bois était imprégné.

— Ensérune, dit l'un d'eux, est-ce loin encore ?

Le charretier montra la direction du couchant. Une colline revêtue de lumière dorée se détachait de la plaine d'où montaient des brumes et des fumées. Derrière, s'étirait un fond bleu de montagne.

— Nous y serons bientôt, dit le charretier.

— Ton dévouement recevra sa récompense, dit le vagabond. Nous sommes des sujets de Rome envoyés en députation à Carthage puis en Espagne. Nous avons été dépouillés en cours de route.

Le paysan cracha du haut de son attelage, piqua son bœuf et murmura d'un air ironique :

— Et moi, mes seigneurs, je suis le roi des Gaules et voici mon char de parade...

VI

DANS LES MURAILLES D'ENSÉRUNE

La joie d'Hannibal ne connaissait pas de limites. Les premiers jours de printemps comblaient ses vœux. Il lui naquit un enfant mâle, de robuste constitution, qu'il baptisa Hamilcar. Toute l'armée put le contempler un matin de mars, petite tache frêle brandie à bout de bras du haut des remparts de Sagonte lézardés par les machines de Maharbal. Hannibal fit proclamer partout que cet enfant était le fruit de l'union entre Carthage et l'Espagne qui, désormais, ne faisaient qu'une seule et même nation…

À quelques jours de là, une autre nouvelle se répandit sur le littoral : Carthage tout entière se dressait derrière Hannibal dans la guerre contre Rome et envoyait en renforts des hommes, des munitions et des éléphants.

Une troisième nouvelle mit un comble au bonheur d'Hannibal : une ambassade romaine, conduite par Valerius Flaccus auprès des tribus du nord de l'Èbre, avait sombré dans le ridicule. Les députés avaient été contraints de se réfugier à Ensérune.

Ensérune…

Ce nom suffisait à jeter une ombre sur les perspectives lumineuses qui s'ouvraient devant Hannibal. Cette cité, comme Sagonte, professait une souveraine indépendance. En fait, elle était, comme naguère Sagonte, placée sous l'autorité de l'homme à la louve de bronze, le sinistre et mystérieux Brutius.

L'agonie de Sagonte consommée, Hannibal avait interrogé des Phocéens et des Romains : tous avaient entendu parler de Brutius mais personne ne l'avait jamais vu ; quant à Critos, sans doute enlevé par Brutius, personne ne le connaissait.

Brutius possédait à Ensérune un repaire inexpugnable. Il paraissait doué d'un flair infaillible qui le mettait à tout coup sur la piste des agents d'Hannibal. Le nom de Critos menait directement à un piège tramé par Brutius. Carthalo, à Sagonte, avait failli en faire l'expérience à ses dépens. Cette activité secrète portait ses fruits. La route de l'invasion, qui passait par le territoire des Volces, dont la ville principale était Ensérune, se trouvait barrée. Comment, dans ces conditions, lancer une expédition à travers la Gaule narbonnaise ? Hannibal ignorait tout, et pour cause, des dispositions des tribus barbares de cette région à son égard : aucun de ses agents n'en revenait vivant. Un seul aurait pu percer le secret d'Ensérune : Carthalo. Mais Hannibal hésitait à risquer la vie de cet officier, peut-être en pure perte. Il soumit néanmoins son idée au jeune chef africain.

— Brutius…, murmura Carthalo. J'ai fait la promesse de me venger sur lui de la mort de Rubio que j'aimais comme un frère. Laisse-moi partir pour Ensérune, seigneur.

Carthalo défit le devant de sa tunique de laine rouge, découvrant sa poitrine mince mais musclée.

— Il y a une place libre, ici, pour la louve de bronze. J'aurai ce bijou avec la tête de Brutius.

— Je te donnerai autant d'hommes qu'il te faudra, dit Hannibal. Des chevaux, de l'or, autant que tes coffres pourront en contenir. Mais il faut que Brutius disparaisse. Tu n'as pas le droit d'échouer.

Carthalo hocha la tête. Son visage couleur d'ambre se plissa d'un mince sourire.

— La mort de Brutius sera ma seule récompense. Je partirai seul et sans armes pour ne pas donner l'éveil.

— Tâche d'obtenir des nouvelles de Critos. J'ai le pressentiment qu'il est encore vivant et que Brutius le garde dans ses geôles en guise de monnaie d'échange. Il sait combien je tenais à cet agent.

Carthalo opina.

— Je partirai demain, dit-il. Ordonne qu'un navire léger soit prêt avant l'aube. De préférence un navire gaulois à voile rectangulaire, avec un bon équipage. Si le vent est favorable, je ne mettrai pas quatre jours pour atteindre la côte près d'Ensérune.

— Je veillerai personnellement aux préparatifs, dit Hannibal.

Il serra Carthalo contre sa poitrine.

— Désormais, le sort de notre expédition et l'avenir même de Carthage sont entre tes mains.

Son voyage achevé, le navire, tiré au sec sur l'« arène » d'une plage solitaire, reposait comme un poisson mort, avec ses yeux vert et rouge peints à l'avant de la coque. Carthalo congédia l'équipage et le navire reprit la mer. Quand il se retourna vers l'immensité déserte des marécages, le cœur du Libyen se serra d'une vague angoisse. Un sentiment d'impuissance l'assaillit, qu'il eut du mal à chasser. Seul, il s'apprêtait à affronter non pas un homme mais un monstre, non pas une ville mais une nation tout entière : Rome. Seul, nu, désarmé, avec seulement quelques grammes d'or dans sa ceinture. Il s'ébroua et se jeta dans le désert qui s'ouvrait sous ses pas.

La citadelle d'Ensérune se dressait au-dessus d'une immense étendue de marais envahis de jonchaies et de roselières profondes. Des barques de pêcheurs en sillonnaient les canaux. De loin, elle apparaissait comme une montagne. De près, on distinguait les lacis de chemins qu'empruntaient des caravanes de muletiers. Des soldats montaient la garde dans des guérites creusées au cœur d'un tuf tendre et doré. D'un bord à l'autre du plateau, des cyprès dressaient leurs flammes noires au-dessus des murailles et des falaises envahies par les cactées.

Après s'en être rapproché sans être vu, Carthalo tourna délibérément le dos à la citadelle et, d'une manière ostensible, se dirigea vers un village de pêcheurs composé de quelques huttes de roseaux écrasées contre le sol, à l'abri des tamaris. Lorsqu'il fut certain d'avoir été aperçu d'un groupe d'enfants qui jouaient près des claies où séchait le poisson, il déroba une barque, se lança d'un coup de talon au milieu du marécage et, quand il jugea que l'eau était suffisamment profonde pour qu'un homme pût s'y noyer, il s'y laissa couler.

Comme Carthalo l'avait prévu, les enfants donnèrent l'alarme. Quelques instants plus tard, les pêcheurs retiraient de l'eau un homme sans connaissance mais qui respirait encore. Ils le ramenèrent sur la berge où des femmes le déshabillèrent pour lui frotter le corps avec des herbes.

Carthalo ouvrit les yeux et se mit à gémir.

— Tu souffres ? dit un grand diable de pêcheur.

Le faux noyé hocha la tête.

— Pourquoi t'es-tu jeté à l'eau ? Tu parais pourtant sain d'esprit.

Quand il eut repris son souffle, Carthalo raconta une histoire inventée de toutes pièces. Installé depuis peu comme marchand d'étoffes à Ensérune, il venait d'être ruiné par son associé.

— Si ton associé t'a volé, dit le pêcheur, tu as d'autres moyens de te venger de lui.

— Me venger ! s'exclama Carthalo. Comment n'y avais-je pas songé ? C'est le bon sens qui t'inspire. Écoute : dès ce soir, avant que la ville ne ferme ses portes, tu m'aideras à m'y introduire, en cachette. Pour que ma vengeance soit réussie, personne ne doit se douter de ma présence.

— Il y a des risques, dit le pêcheur en se grattant la joue. Je ne sais ce qui se passe, mais tout le monde devient méfiant depuis quelque temps à Ensérune. Les gardes contrôlent tous les chargements.

Carthalo sortit une pièce d'or de sa ceinture.

— C'est bon, dit le pêcheur. Repose-toi en attendant le départ.

La carriole s'avança sur le mauvais chemin creusé de fondrières qui menait à la citadelle. Le pêcheur avait aménagé un double fond où le faux noyé avait pris place. Par-dessus, il avait entassé sa pêche du jour, arrosée abondamment pour lui garder sa fraîcheur. Dans sa cachette, Carthalo pestait contre le ruissellement nauséabond qui le trempait des pieds à la tête. Le voyage lui parut durer une éternité. Et pourtant, lorsque l'attelage s'arrêta et que Carthalo put jeter un coup d'œil au-dehors, la nuit n'était pas tout à fait tombée. Il se trouvait entre deux buissons de lentisques épais et noirs. Par une échappée, le couchant inondait la plaine.

— Où sommes-nous ? demanda Carthalo. Je suis tout désorienté.

— Veux-tu que je t'accompagne jusqu'à ta demeure ?

— Inutile. Je finirai bien par la retrouver.

Le pêcheur expliqua qu'ils se trouvaient derrière le temple voué à une déesse de l'Eau, dans un petit jardin public.

— Dans quelle direction se trouve le palais de Brutius ?

La stupéfaction se peignit sur les traits du pêcheur. Il fit quelques pas à reculons comme si le regard du Libyen allait le transformer en statue. Puis, sans un mot, il sauta sur le timon de sa charrette, piqua ses bœufs et disparut.

Carthalo parcourut rapidement du regard les alentours. Le temple dominait le jardin de ses colonnes puissantes sur la base desquelles des enfants étaient assis, en train de jouer aux osselets. Au niveau des dernières marches s'ouvrait une entrée fort étroite qui devait communiquer avec une citerne sur laquelle le temple était construit. Une rumeur montait des pentes du « pech » où s'étageaient des maisons basses peuplées d'une humanité misérable. Des fumées montaient des toits de joncs tressés et de branchages. Le palais du gouverneur où demeurait Brutius devait se trouver au nord de l'acropole.

Pour Carthalo, le plus urgent était de découvrir une cachette pour la nuit. Il se glissa dans le fourré de lentisques, le plus loin, le plus profond qu'il put. À peine était-il tapi dans l'ombre, qu'il entendit des appels stridents, la sonorité aiguë d'un sifflet de bronze, un piétinement sourd. Le buisson de lentisques s'ouvrit brusquement, à quelques pas. Le souffle coupé, Carthalo vit une forme humaine s'avancer vers lui en rampant.

Les augures étaient favorables. Dans les entrailles du taureau noir, le prêtre à la tête rasée avait lu les signes fastes qu'attendait Hannibal. La protection de Melkart s'étendait aux armées d'Afrique. La voie des victoires était tracée. Lorsque le chef punique se retrouva sur les marches du temple, face à la population de Cadix frémissante d'impatience, il se dit qu'une page venait de s'envoler au livre du temps, qu'il convenait à présent d'entrer de plain-pied dans la guerre. Il possédait une armée formidable, une harde d'éléphants capable de semer la terreur dans toute l'Italie, des chefs jeunes et courageux, une machine de guerre qui allait faire trembler le monde.

Dans un silence de pierre, Cadix attendait ses paroles.

— Rome, dit Hannibal, nous a imposé la guerre. Rome sera écrasée par la volonté de Melkart, dieu de Carthage, et par nos armées. L'oracle a parlé. Les signes sont favorables. Désormais nos deux nations sont liées dans la guerre comme elles le furent dans la paix. Ensemble, nous dominerons le monde.

Hannibal fit un signe. Enveloppée d'une longue cape rouge, Imilcée surgit de derrière la rangée des chefs d'armée. Elle était accompagnée de son père,

Imilcon, radieux dans sa cuirasse d'argent aux incrustations de pierres précieuses, qui ruisselait de mille feux au soleil.

Imilcée se rangea près d'Hannibal. Lentement, elle écarta ses voiles, et le petit Hamilcar, qu'elle portait sur le bras, apparut. Un tonnerre de joie roula jusqu'aux marches du temple.

Immobile, retenant son souffle, Carthalo regardait l'homme ramper vers lui. Il n'était plus qu'à deux coudées lorsqu'il s'arrêta, respirant avec effort, comme s'il venait de courir longtemps. Sans l'apercevoir, il tourna le dos à Carthalo, s'allongea à ras de terre et demeura immobile. Dans le jardin, le piétinement se rapprochait. Le Libyen distingua un ballet de mollets bottés de jambières de cuir aux clous de bronze, de manches de javelots, de fourreaux de cuivre. Il songea qu'il devait s'agir d'une patrouille lancée à la poursuite de l'homme qui venait de se réfugier près de lui — sans doute un voleur. Les soldats parurent hésiter. L'un d'eux écarta les arbustes, mais l'ombre était si épaisse qu'il ne distingua rien. Avec une intense sensation de soulagement, Carthalo constata que les soldats, après s'être concertés, prenaient une autre direction.

À peine le bruit de leurs pas s'était-il étouffé que les arbustes s'écartaient de nouveau. Un visage d'enfant se montra.

— Ils sont partis, dit-il. Tu peux sortir. Nous leur avons indiqué une fausse piste.

— C'est très aimable à vous, dit Carthalo.

Le voleur se retourna, dévisagea le jeune Africain avec une expression de terreur sourde.

— Que fais-tu là ? demanda-t-il.

— Ce que tu y fais toi-même. Je me cache. Les gardes ne sont pas mes amis. Je préfère ce domicile à celui qu'ils m'offriraient de bon cœur s'ils me prenaient. Tu es un voleur, n'est-ce pas ?

L'homme opina. Que d'histoires pour une cruche de vin dérobée chez l'aubergiste ! Il avait tout juste eu le temps de déguerpir avant l'arrivée de la patrouille.

— Je me nomme Pailhès, dit le voleur. Et voici Marco, mon neveu. Un bon petit, plein d'indulgence pour le vieil ivrogne que je suis.

Marco, voyant le tour amical que prenait l'entretien, se glissa jusqu'aux deux hommes. C'était un garçon au visage éveillé.

— Comment te nommes-tu ?

— Carthalo. Mais ne répète jamais mon nom à personne, sinon tu mettrais ma vie en danger. Par contre, si tu promets de ne pas me trahir, tu n'auras pas affaire à un ingrat.

Marco leva une main et cracha à terre.

— J'ai faim, avoua Carthalo.

— Et moi, dit Pailhès, je meurs de soif. Je n'ai pas pu encore tremper mes lèvres dans le vin de l'aubergiste.

Carthalo tendit une pièce d'or à Marco.

— Tu vas sortir et nous procurer du pain et du fromage pour nous trois. Ne crains rien : c'est de la bonne et franche monnaie du pays.

— Tu y ajouteras du vin, dit Pailhès.

Il porta la pièce à ses dents pour en éprouver l'aloi.

— Quel festin nous pourrions nous offrir, mes amis !

Marco se faufila comme une couleuvre jusqu'à l'air libre. Les deux hommes restèrent un moment à se considérer du coin de l'œil, en silence, non sans un certain reste de méfiance de part et d'autre. Pailhès pouvait avoir une trentaine d'années. Il avait un regard intelligent, mais son visage envahi d'une barbe broussailleuse était littéralement cuit par le vin. Il demanda d'une voix hésitante :

— Cet argent… tu l'as volé ?

— Non. Il est bien à moi.

— Tu… tu en as beaucoup ?

— Énormément. Et je ne demande qu'à le partager.

— Ce n'est pas naturel. Tu as de l'argent et tu te caches. Carthalo… Ce n'est pas un nom du pays et tu parles avec un léger accent.

— Je suis libyen et je sers dans les armées de Carthage.

— Un Carthaginois à Ensérune ! s'exclama Pailhès. Il y a des mois que nous n'avons pas vu le bout du pan de la robe de l'un de tes compatriotes. Depuis…

— Depuis ?

— Depuis qu'un certain personnage, un Romain, est venu s'installer ici comme en terre conquise.

— Brutius ?

Le voleur détourna la tête.

— Ne prononce jamais ce nom, dit-il d'une voix étouffée. Il porte malheur.

Pailhès fit un signe mystérieux, prononça une suite de paroles sans queue ni tête, sans doute pour conjurer le sort.

— Je suis ici pour tuer Brutius, dit tranquillement Carthalo.

— Es-tu fou ou cherches-tu à me provoquer ? Adieu !

Carthalo rattrapa le voleur par le fond de sa tunique. Il ne lui voulait aucun mal ; il jouissait de toute sa raison. Pourquoi Pailhès n'accepterait-il pas de l'aider dans sa mission ? Il ne le regretterait pas.

— Qu'est-ce qui me prouve ta bonne foi ? demanda Pailhès d'un ton méfiant.

Carthalo écarta un pan de sa tunique, montra la face interne de son bras droit où, malgré l'ombre de plus en plus épaisse, on distinguait l'image d'une femme aux bras écartés : Tanit, la bonne déesse.

Ceux qui portent ce signe ne peuvent faillir à leur parole.

— C'est bon, grommela l'ivrogne. Tu peux compter sur moi. Après tout, ma vie ne vaut pas grand-chose. Autant la risquer sur un coup de dés. Je n'ai qu'une misérable sentine que j'occupe avec ma mère. Tu y seras en sécurité. Quant à obtenir la tête de... de l'homme dont tu viens de prononcer le nom, autant y renoncer. Il est inapprochable.

Lorsque Marco reparut, la blouse gonflée de victuailles, brandissant une gourde d'argile capsulée de cire rouge, Pailhès ne put retenir un gémissement de plaisir. Tandis qu'ils se sustentaient, Carthalo demanda des nouvelles de Critos. Ni Marco ni Pailhès n'avaient entendu ce nom. Peut-être se trouvait-il dans les geôles du Romain : elles regorgeaient de prisonniers.

Pailhès avait bu la moitié de la gourde d'argile que Carthalo reboucha sagement. L'ivrogne ne broncha pas.

— Maintenant, conduis-moi chez toi, dit le Libyen.

Marco partit en éclaireur. Le jardin du temple était baigné de lune. Des senteurs balsamiques descendaient des pins parasols, flottaient sur les bosquets de lentisque. Au loin, par-delà les remparts massifs qui limitaient les dépendances du temple de l'Eau, le marécage prolongeait à l'infini son étendue liquide.

— Je ne me sens jamais à l'aise dans ces parages, dit Pailhès en s'enfonçant la tête dans les épaules.

— C'est donc un endroit dangereux ?

— Non, dit l'ivrogne, mais toute cette eau, là-dessous, me donne la nausée…

Pailhès n'avait pas menti : sa demeure était une sentine infecte. Le purin y coulait à ruisseaux au milieu de la pièce unique, large de quatre pas sur quatre. De la porcherie attenante montaient des odeurs puissantes et des grognements maussades. On voyait le ciel à travers la claie de roseaux pourris qui constituaient le toit. Dans un coin, sur un tas de genêts secs, se tassait une forme allongée.

— Ma mère, dit Pailhès. Tu n'as rien à craindre : elle est sourde et n'y voit guère. Tu pourras dormir là.

Il désignait de la pointe de sa sandale une autre couche peu engageante, de l'autre côté de la pièce. Lui-même s'allongea sur une sorte de balcon qui donnait sur le vide.

Il était tôt lorsque la fraîcheur du matin éveilla Carthalo. La grande cité bourdonnait déjà d'activité. Des muletiers, des charretiers longeaient en caravanes la route qui menait au marécage, et plus loin, à Narbonne. Leurs appels se mêlaient au roucoulement des colombes sacrées dans le jardin d'un temple tout proche, aux cris des porteurs d'eau, à la rumeur légère d'un marché.

— Tiens, dit Pailhès, mange !

Il tendit à son hôte les reliefs du repas de la veille. Marco, qui venait d'arriver, participa aux agapes.

— Que comptes-tu faire ? demanda le voleur.

— Rester ici le temps nécessaire, répondit Carthalo. Vous deux, vous vous promènerez à travers la ville, et surtout autour du palais de Brutius. Informez-vous des moyens qu'il y a d'y pénétrer et de s'y dissimuler. Il me faut un plan complet des dispositifs de défense et des voies d'accès, ainsi que les horaires et les itinéraires des patrouilles. Tâchez également de savoir à quelle heure Brutius quitte sa tanière et quand il y rentre. Vous me le décrirez. J'ai besoin de connaître l'aspect physique du personnage.

— C'est impossible, dit Pailhès. Nul n'a jamais vu celui dont tu parles, hormis son entourage. Il ne quitte jamais ses appartements.

Le visage de Carthalo s'assombrit.

— Au moins, connais-tu un serviteur du palais qui accepterait de m'aider ? Je me montrerai généreux.

— Je ne connais personne, maugréa Pailhès. D'ailleurs, ne compte plus sur moi : c'est trop dangereux.

Marco se glissa jusqu'au grabat où Carthalo achevait son maigre repas.

— Moi, dit-il, je connais quelqu'un qui pourra t'aider. Le fils d'un cuisinier. De temps en temps, quand j'ai faim, il me conduit jusqu'aux cuisines par une issue que nous sommes seuls à connaître.

— Tu accepterais de m'aider, Marco ?

— À une condition : tu me parleras des éléphants. On dit qu'ils sont grands comme… comme un temple !

Carthalo se mit à rire.

— On dit aussi, poursuivit Marco, qu'ils ont un bras à la place du nez et des dents longues deux fois comme mon bras, qui leur sortent de la bouche.

— Demain, promit Carthalo, je te raconterai les prouesses du roi des éléphants : Baal, qui a combattu jadis contre les mercenaires de Spendius et de Mathô. Tu le verras bientôt ici même. Mon maître, Hannibal

Barca, doit le conduire jusqu'à Ensérune, et plus loin encore, avec un immense troupeau. Si tu m'aides dans ma mission, je te promets de te faire effectuer une promenade en sa compagnie à travers la ville.

— Que faut-il que je fasse ?

— Comment s'appelle ton camarade ?

— Bizo.

— Peut-on avoir confiance en lui ?

Marco opina. Ils restèrent un long moment à parler, tandis que Pailhès manifestait sa mauvaise humeur en gourmandant sa mère. Il finit par éclater :

— Marco… Bizo… Ce sont des gosses ! Si tu leur laisses la bride sur le cou, ils commettront quelque bêtise qui compromettra ton plan et t'enverra dans les geôles du gouverneur où je te suivrai sûrement. Tu peux compter sur moi, Carthalo.

Toute la matinée, le jeune Libyen resta en tête à tête avec la vieille et le pourceau. Le soleil du printemps chauffait le toit de la tanière et faisait bourdonner des essaims de grosses mouches bleues. Des relents de cuisine annoncèrent le milieu du jour. Sur la terrasse attenante à la sentine, la vieille préparait à tâtons une inquiétante cuisine. Elle poussa sous le nez de son hôte une écuelle de terre noire à demi remplie d'une soupe liquide dans laquelle nageaient des morceaux de poisson bouilli, dont le pourceau se régala. Pour tromper son impatience et sa faim, Carthalo essaya de dormir. Il sommeillait à moitié lorsqu'il entendit, comme du fond d'un puits, une voix qui grondait :

— Carthalo ! Debout !

Hannibal se dressa en entendant approcher les pas de ses frères. Ils s'assirent en face de lui, dans sa chambre, au premier étage du palais qu'Hasdrubal avait fait construire à Carthagène et qui dominait la mer. Hannibal resta debout. Il paraissait soucieux.

— Qu'est-ce donc qui te tourmente ? demanda Hasdrubal.

— Parle, dit Magon.

Hannibal se dressa en face de ses deux frères.

— D'ici à quelques jours, lorsque l'Èbre aura amorcé sa décrue, je quitterai Carthagène pour rejoindre le gros de l'armée à Sagonte.

Hasdrubal se leva lentement.

— Tu veux dire que tu partirais seul, que tu nous laisserais en Espagne ? Et tu as cru que nous accepterions ?

— Imaginez que cette expédition échoue, répliqua Hannibal, que mon armée périsse corps et biens. Si nous sommes ensemble, c'est la fin de Carthage. Il ne restera plus un Barca pour défendre notre pays et notre nom. Toi, Hasdrubal, tu dois rester en Espagne. Tu portes un nom vénéré de la population. Quant à toi, Magon, tu conduiras à Carthage le corps de mercenaires ibériques que nous lui destinons, et tu reviendras en Espagne avec des légions africaines. Cet échange permettra une saine émulation entre nos deux peuples. Ensuite, si le besoin s'en fait sentir, tu me rejoindras en Italie.

Les trois Barca s'observèrent en silence. La corne d'un navire cinglant vers l'Afrique répondit au barrissement d'un éléphant au fond d'une cour du palais.

— Je proteste, dit Magon. Il n'est pas juste que tu t'engages seul dans cette aventure. Laisse Maharbal commander les divisions d'Espagne ; envoie Muttinès, ou Imilcon à Carthage. Nous voulons être avec toi quand tu franchiras les Alpes et que tu pénétreras en Italie.

— Magon a raison, ajouta Hasdrubal. Cette expédition doit être notre œuvre à tous les trois. Nous avons toujours vécu ensemble, combattu ensemble. Pourquoi nous séparer aujourd'hui ? À moins que…

Hannibal fit un pas vers son frère.

— Que veux-tu dire ?

Hasdrubal baissa les yeux. Magon tourna les talons, se posta devant la baie qui donnait sur la cour des éléphants.

— Vous pensez que je cherche à m'attribuer tout le bénéfice de cette expédition, dit amèrement Hannibal. Êtes-vous assez niais pour croire que je cours après la gloire ? Si je n'écoutais que mon cœur, je descendrais vers le sud avec Imilcée et mon fils. Nous nous installerions dans notre villa, près de Cadix et nous y passerions le restant de nos jours dans la paix.

D'un geste fébrile, il arracha à la muraille où elle était accrochée la vieille cotte de cuir d'Hamilcar, qui ne le quittait jamais, le glaive et le bouclier de bronze, insignes de la puissance de Carthage, et les jeta sur le sol.

— Si l'un de vous se croit plus apte que moi à assumer la responsabilité de cette expédition, qu'il revête ces attributs de mon autorité !

Hasdrubal s'éloigna, tête basse, sans mot dire. Magon se détourna lentement de la fenêtre. Sous l'œil de Baal et de Bostar, Khasil procédait au dressage par le feu d'un éléphanteau affolé.

— Pardonne-moi, mon frère, dit-il. Tu es meilleur que nous, plus lucide et plus généreux. Nous t'obéirons.

Les deux Barca s'embrassèrent.

— Où est Hasdrubal ? demanda Magon.

Ils se penchèrent à la baie donnant sur la cour d'honneur. La silhouette d'Hasdrubal se dessina dans le soleil aveuglant qui se réverbérait sur les dalles. Il paraissait se fondre dans cette incandescence.

— Je le connais bien, dit Magon. Il va s'enivrer comme le dernier de nos mercenaires. Toute la nuit, il va errer de bouge en bouge. Demain, il viendra te présenter ses excuses et implorer ton pardon.

Le soir qui précédait le départ d'Hannibal pour Sagonte, deux observateurs se présentèrent à Carthagène. Ils avaient la langue arrachée et portaient sur la poitrine, marqué au fer rouge, le signe de la louve.

La voix qui tombait du ciel avait frappé Carthalo à travers son sommeil. Il sursauta, bondit dans l'encoignure opposée.

— Ne crains rien, poursuivit la voix accompagnée d'un gros éclat de rire. C'est moi, Pailhès. Tu as le sommeil léger, compagnon !

Pailhès et Marco ramenaient des nouvelles favorables. L'ivrogne ne manqua pas de s'arroser le gosier d'une giclée de vin avant de faire son rapport. Marco avait pu obtenir de Bizo qu'il le conduise jusqu'aux cuisines où tous dormaient, sauf les matous et les chiens occupés à récurer les plats. Marco avait pris son temps pour manger, malgré les recommandations de Bizo qui le pressait d'en terminer avant qu'on ne le surprenne. En vidant son écuelle, Marco ne perdait rien de ce qui se passait dans la cour et dans la grande avenue qui menait au palais du gouverneur. En même temps, il parlait à mots couverts de Carthalo et des éléphants qui allaient passer par Ensérune. Bizo ouvrait des yeux ronds ; son imagination peuplait la campagne autour de la ville de monstres hauts comme des tours, caparaçonnés de cuirasses de bronze, portant contre leurs flancs des grappes de guerriers d'Afrique au visage couleur d'olive.

Il n'avait pas fallu longtemps à Marco pour convaincre Bizo d'aider le chef libyen à s'introduire dans le palais afin de débarrasser Ensérune du monstre qui la terrorisait. Ce monstre, Bizo l'avait aperçu une fois, une seule, alors qu'il descendait du palanquin, porté par quatre chevaux noirs, qui le promenait parfois à travers la ville. Il avait été déçu : il s'attendait à voir apparaître un géant et n'avait aperçu qu'un personnage somme toute assez ordinaire.

Sur la manière dont Carthalo pourrait s'introduire dans la place, les deux jeunes Volces avaient longuement discuté. Si longuement que la présence de Pailhès, qui attendait de l'autre côté des remparts, avait paru suspecte et qu'on l'avait prié avec rudesse d'aller jouer de la flûte et étaler ailleurs le spectacle de sa fainéantise. La cachette la plus sûre, selon Bizo, était le grenier à foin situé au-dessus de l'écurie, à condition que Carthalo ne s'y éternisât pas. En raison du séjour de députés romains conduits par un certain Valerius Flaccus, les mesures de surveillance avaient été renforcées.

Marco ajouta d'un ton important et mystérieux qui amusa le Libyen :

— Bizo nous attendra ce soir au fond du jardin, à l'endroit habituel. J'imiterai le chant du rossignol et il nous répondra par le cri de la chouette.

Pailhès, lui, se contenta de vider sur le sol le contenu d'un couffin de jonc qu'il avait apporté sur la tête jusqu'à son domicile.

— Des tuiles... Des tessons de poteries... Tu te moques de moi ? murmura Carthalo.

Pailhès tria quelques morceaux de terre cuite sur lesquels il avait griffonné des signes cabalistiques, de lui seul compréhensibles. Ignorant l'écriture, c'est par des graffiti qu'il avait traduit ses observations concernant le plan du palais, la fréquence des patrouilles, les différents fournisseurs admis à pénétrer dans la forteresse.

— Bon travail, dit le Libyen. Vous allez vous remettre en campagne. Cette fois-ci, c'est toi, Pailhès, qui vas t'introduire dans le palais par le même chemin. Deux précautions valent mieux qu'une. Tu pousseras jusqu'aux écuries.

Pailhès se gratta furieusement la barbe. Ce Libyen était fou ! Pailhès préférait ne plus toucher de sa vie à un gobelet de vin plutôt que de se lancer dans une pareille aventure. Il ne ressortirait jamais vivant du palais, à supposer qu'il pût y pénétrer.

Marco hocha tristement la tête.

— On m'avait donc trompé sur ton compte en prétendant que tu étais un fameux soldat avant de commencer à boire. Tout ce qu'on a dit de tes prouesses était donc faux ?

Carthalo dut s'interposer pour que Pailhès, devenu furieux, n'arrachât pas les oreilles du petit Volce.

— Par tous les dieux d'Ensérune, rugit-il, j'irai chez Brutius ! Mais tu auras ma mort sur la conscience, maudit Libyen !

Carthalo sourit.

— J'ai confiance, dit-il. Pars et reviens-nous vite.

Pailhès, accompagné de Marco, avait quitté la sentine depuis quelques minutes lorsque le Libyen entendit une voix joyeuse qui l'interpellait. C'était Marco.

— Carthalo ! Les légions de Carthage viennent de franchir l'Èbre. Hannibal s'avance vers Ensérune avec ses éléphants !

Gorgé par les neiges fondantes, l'Èbre roulait des limons, charriait à pleins bords des branchages, débordait dans la plaine. Tenter de faire franchir le fleuve dans ces conditions par les éléphants eût été la pire des folies. Hannibal ne s'y hasarda point. Il préféra, quoi qu'il lui en coûtât, patienter quelques jours.

À quelques milles, plus au sud, l'armée attendait l'ordre de marche. Bien reposée, après un hivernage paisible, dotée d'armes et d'équipements flambant neufs, toutes soldes payées, elle était prête au combat. Hannibal sentait peser derrière lui ses cent mille hommes, sa prodigieuse harde d'éléphants conduits par Bostar, avec Baal comme chef de file.

Il avait fallu des jours à Hannibal pour parvenir à trier, dans l'immense troupeau que l'on avait regroupé à Sagonte, une centaine de bêtes jugées aptes à suivre l'expédition. La plupart, Hannibal ne l'ignorait pas, étaient condamnées. À supposer que la moitié de la harde pût arriver au pied des Alpes, combien en resterait-il une fois les sommets franchis ? Bostar, la mine sombre, secondait Hannibal, Khasil donnait des avis judicieux. Tel éléphant était capricieux et sujet à des colères imprévisibles ; tel autre était difficile sur le choix de la nourriture ; celui-ci n'était qu'imparfaitement remis d'une blessure à une patte contractée au cours d'une équipée en montagne ; celui-là était fragile de la poitrine. En fait, hormis Baal et quelques mâles adultes que l'on entourait des soins les plus attentifs, il n'y avait guère de pachyderme dont Bostar ou Khasil eussent pu affirmer avec certitude qu'il affronterait victorieusement les épreuves qui l'attendaient. En fait, ces montagnes de chair se révélaient d'une étonnante fragilité, d'une résistance à la fatigue et à la douleur assez médiocre. De plus, le troupeau de cent têtes, laborieusement sélectionné, que Baal dominait de son autorité incontestée, paraissait animé d'un singulier pressentiment.

— C'est le printemps qui les rend nerveux, prétendait Bostar.

Khasil avait deviné une autre raison au comportement des colosses. Pour eux, le grand rassemblement de Sagonte ne présageait rien de bon. Leur mémoire prodigieuse ressassait le souvenir de rassemblements identiques auxquels avaient succédé des campagnes harassantes et meurtrières dans la meseta. Ils respiraient l'odeur des grands carnages avant même que le sang eût coulé. Certains jours, à l'heure du bain ou de la détente, lorsqu'on les lâchait dans la poussière ou la gadoue des grands parcs affectés à leurs ébats, ils tenaient de longs conciliabules où, par la voix et par le geste, s'exprimaient leurs inquiétudes. Parfois, travaillés par une sourde colère, ils se livraient à des violences subites, se battaient entre eux, massacraient, apparemment sans raison, un Indien. Le terrible fouet de Bostar, le croc des Indiens étaient impuissants. Plus efficace se révélait la douceur de Khasil. Où Bostar avait échoué, Khasil avait souvent réussi. Il s'avançait à pas lents vers le rebelle, lui parlait une langue mystérieuse que connaissaient seuls les dresseurs d'éléphants de l'oued Draa. La bête faisait mine de charger, reculait avec un barrissement de souffrance, comme si le regard de Khasil ou ses paroles l'eussent fouaillée. Lorsque enfin il s'immobilisait, se contentant de balayer la poussière avec sa trompe, Khasil savait que la partie était gagnée. Il pouvait sans crainte faire ployer le genou du mastodonte, se hisser en deux enjambées sur son garrot et le lancer à travers la campagne dans un galop qui libérait la bête de ses angoisses et de sa colère.

C'est ainsi que l'éléphantarque avait sauvé plusieurs éléphants, parmi les plus robustes du troupeau, que Bostar avait condamnés. Hannibal lui en savait gré. Il ne pouvait s'empêcher de croire chacune de ces bêtes habitée d'une parcelle de divinité, investie d'une part de la puissance de Carthage. Ce sont les éléphants qui avaient aidé Hamilcar à écraser les mercenaires ; ils aideraient Hannibal à faire ployer le genou aux Romains.

Sans les éléphants, l'armée de Carthage n'eût plus été cette terrible machine de guerre dont la seule vue inspirait la terreur, dont l'approche provoquait la panique. Cette armée était l'œuvre d'Hannibal. Lorsqu'il l'avait fait défiler, quelques jours auparavant, dans la plaine de Sagonte, il avait eu l'impression de dominer une mer aux éclats de fer et de bronze, grondante de fanfares, hérissée de lances et de javelots, houleuse des milliers de chevaux de la cavalerie numide, de la harde d'éléphants de Bostar. Jamais, depuis le commencement du monde, même du temps d'Alexandre et des empereurs de Perse, une telle masse d'hommes ne s'était trouvée sur le pied de guerre. Une discipline rude mais empreinte d'équité lui avait donné une étonnante souplesse de manœuvre, une exceptionnelle rapidité. Les exercices les plus ardus s'exécutaient avec la précision et l'harmonie d'un ballet. Il suffisait d'un ordre jeté par Hannibal du haut de son éléphant favori, pour que cette mer humaine se transformât sous ses yeux, selon sa volonté.

Un matin, un pigeon voyageur lâché du camp d'Hannibal avait prévenu l'armée : la décrue de l'Èbre s'était enfin amorcée. Quelques heures plus tard, par une soirée rayonnante, Hannibal avait vu se profiler, au milieu des amandiers en fleur, les premières enseignes de ses légions et entendu le ronflement souterrain des tambours de guerre.

Le passage de l'Èbre avait demandé trois jours pleins. Hannibal y avait veillé en personne, passant d'une rive à l'autre, veillant à ce que le moindre détail fût consigné, afin que l'on pût s'inspirer de cette nouvelle expérience lorsqu'il s'agirait de franchir le Rhône. À travers la plaine transformée en cloaque par le piétinement des pachydermes, des chevaux et de l'infanterie, les derniers chariots du train, conduits par le chef de l'intendance, Monomaque, avançaient péniblement en direction du nord après les fatigues et les angoisses de la traversée. Dix éléphants avaient péri noyés, ainsi qu'une trentaine d'hommes, mais l'Èbre était vaincue.

Tortose, que l'armée atteignit le lendemain, était une ville morte. Les habitants s'étaient réfugiés dans les forêts et les marécages. Des reconnaissances rapportèrent la nouvelle d'un ralliement à Carthage de quelques tribus qui s'attendaient à voir apparaître Hannibal sous l'apparence d'un géant à la peau noire, juché sur un monstre haut de cent coudées…

Lorsque, le matin du grand départ venu, il inspecta l'horizon du sud, Hannibal aperçut, sur la crête d'une colline, un groupe de cavaliers au-dessus desquels flottait l'étendard rouge de Carthage. Hannibal sut ainsi qu'Imilcée était présente et qu'elle ne le quitterait pas des yeux jusqu'à ce que la silhouette de Baal ne fût plus qu'un point sur l'horizon.

Carthalo n'en croyait pas ses oreilles. Hannibal avait passé l'Èbre. Hannibal s'avançait vers Ensérune. Marco paraissait sûr de ce qu'il affirmait. La nouvelle s'était rapidement répandue dans la cité et avait produit l'effet d'un coup de talon dans une fourmilière. L'agora était inondée d'une foule venue de tous les quartiers et qui débordait le service d'ordre. On réclamait le gouverneur et le gouverneur se terrait dans son palais ; on exigeait même la présence de Brutius, et le Romain demeurait invisible. Carthalo jugea le moment venu d'intervenir.

Le soir n'était pas encore tombé lorsque Pailhès revint en compagnie du petit Volce. Ils parlaient avec précipitation, tous deux ensemble.

Pailhès avait pu pénétrer sans peine dans le palais. Le grenier à foin, au-dessus des écuries, paraissait accessible sans trop de risques. De là-haut, en écartant quelques tuiles, Carthalo pourrait observer la cour et une partie du palais. Pailhès fournit au Libyen quelques renseignements complémentaires concernant la disposition des lieux, les voies d'accès aux appartements du maître d'Ensérune, le dispositif de garde.

— Bizo ne te laissera manquer de rien, ajouta Marco. Il a pu relever le plan des appartements où il s'est introduit en profitant de la panique. Le voici.

Marco déploya un morceau d'étoffe sur lequel étaient tracées des lignes géométriques. Son index désigna un emplacement marqué d'une croix : l'endroit où Brutius se tenait en permanence.

Le Libyen hocha la tête. Il glissa le morceau d'étoffe dans sa ceinture, en retira les quelques pièces d'or qui lui restaient et les tendit à Pailhès.

— Je n'en aurai plus besoin, dit-il. Maintenant, retournez en ville et tenez-moi au courant de ce qui s'y passe. Je partirai dès que la nuit sera tombée. Il n'y a plus de temps à perdre. Il faut que Brutius ait disparu lorsque les légions d'Afrique arriveront à Ensérune.

Un souffle d'émeute balayait le « pech » d'Ensérune. L'approche de la colossale armée punique provoquait dans la population une sourde ivresse. Suivi de Marco, Carthalo passa inaperçu. Il parvint sans difficulté à se glisser dans l'enceinte du palais. Bizo l'attendait. C'était un garçon de la taille et de l'âge de Marco, mais au teint plus clair, presque laiteux, avec de bonnes joues rondes et un regard un peu timide.

Bizo aida le Libyen à trouver une cachette dans le fenil. Les enfants partis, Carthalo, en déplaçant une tuile, glissa un regard dans la cour traversée de lueurs de torches. Des officiers arrogants, des soldats, des esclaves, la sillonnaient en tous sens. Le Libyen tendait l'oreille, tâchant de deviner le motif d'une telle agitation. Lorsqu'il vit meubles et vaisselle affluer vers les chariots stationnés près de l'aile opposée des écuries, il comprit que Brutius s'apprêtait à prendre la fuite avec les richesses qu'il avait accumulées. Une telle précipitation contrariait les plans du Libyen, mal familiarisé avec la disposition des lieux. S'il quittait sa cachette et tentait de pénétrer dans le palais, il serait arrêté avant d'avoir atteint le grand escalier intérieur que Bizo avait inscrit sur son plan. Il convenait d'agir sans tarder. Une heure perdue pouvait faire échouer sa mission.

À diverses reprises, Carthalo avait appris à ses dépens qu'à trop mûrir un plan on risque de le faire échouer et qu'il suffit d'un grain de sable pour détraquer les mécanismes les mieux réglés. Carthalo était devenu l'homme des improvisations. Dans quelque mission que ce fût, il ne partait jamais avec des idées arrêtées, des certitudes inébranlables, sachant que les circonstances le mettraient en face de situations imprévisibles. Il se fiait davantage à l'inspiration subite, qu'aux solutions préétablies. C'est la raison pour laquelle, ce soir-là, il se trouvait seul, désarmé, face au repaire de Brutius, gardé comme les portes mêmes de l'enfer.

L'inspiration lui vint d'une flamme qui lécha brusquement les poutres du fenil. Quelque palefrenier venait de pénétrer dans les écuries. En un instant, le Libyen entrevit le chemin qui le mènerait à l'achèvement de sa mission.

Carthalo rampa jusqu'au bord de la trappe d'où pendaient des draperies odorantes de foin. L'écurie était déserte. Lentement, il descendit, resta un moment dissimulé entre les chevaux. Puis il passa de l'un à l'autre, les dégagea de leurs entraves de telle manière qu'une simple pression pût les libérer.

Il lui fut facile de trouver une lanterne, de l'allumer à l'aide de l'amadou posé près d'elle, dans une niche. Muni d'une corde longue et solide, il remonta prestement dans le fenil sans avoir attiré l'attention.

Carthalo dégagea sur la pente du toit donnant sur la fosse à purin un espace suffisamment large pour lui permettre de s'y glisser. Il noua une extrémité de la corde à une poutrelle de la charpente, jeta l'autre extrémité vers l'extérieur. La lampe enfouie dans une brassée de foin, il attendit la première flammèche. Puis, sans la moindre hésitation, il bascula dans le vide et se laissa descendre le long de la corde. Adossé à la muraille, il attendit, le souffle suspendu.

Ce n'est que lorsque jaillit le premier cri d'alarme et que les premiers signes de panique se manifestèrent, que le Libyen sortit de l'ombre et, délibérément, s'engagea dans la foule. Là encore, il comptait sur les circonstances pour le servir.

Jamais, dans toute son existence, Carthalo n'avait autant souhaité voir apparaître un officier romain. Tandis qu'il courait d'un bord à l'autre de la cour dans le brouhaha, le galop des chevaux affolés qui venaient de se débander, il avisa un jeune officier, un centurion qui tentait de conjurer la panique. Il s'approcha, lui cria à l'oreille :

— J'ai vu s'enfuir le criminel. Suis-moi !

Ils s'éloignèrent au pas de course dans les jardins. Lorsqu'ils se trouvèrent seuls, Carthalo demanda au centurion de prendre les devants. L'officier obéit. Il n'avait pas fait trois pas qu'un coup sur la nuque l'abattait, le visage contre la terre. Carthalo traîna le corps jusqu'à un fourré de lentisques et changea ses vêtements pour ceux du Romain. S'étant barbouillé le visage de poussière pour le rendre méconnaissable, il s'engagea de nouveau dans la foule qui commençait à combattre l'incendie avec des moyens de fortune.

Carthalo sauta sur un cheval, se rua vers le palais en demandant le passage à cor et à cri. Parvenu sur le seuil, il s'effondra. Tandis que deux sentinelles se précipitaient pour lui porter aide, il murmura :

— Conduisez-moi au seigneur Brutius ! J'ai un message urgent à lui communiquer de la part du gouverneur d'Ampurias.

Quelques instants plus tard, soutenu par deux esclaves, Carthalo attendait à la porte de Brutius, dans un élégant patio où murmurait un jet d'eau. Des femmes enveloppées de voiles de lin vert le considéraient avec des regards pitoyables.

La porte de bronze que Carthalo ne quittait pas des yeux s'ouvrit enfin. Le Libyen s'avança en titubant. Il marqua une hésitation en constatant que plusieurs personnes se trouvaient dans la salle autour de Brutius qui, par une baie donnant sur la cour, suivait les péripéties du drame.

— Entre, centurion ! dit Brutius. Qu'as-tu à m'annoncer ?

— C'est un message confidentiel, dit Carthalo. Les ordres du gouverneur sont stricts sur ce point.

— Valerius et vous tous, laissez-nous, ordonna Brutius.

La salle se vida lentement.

— Tu peux parler sans crainte à présent, dit Brutius. Fais vite. Je dois quitter Ensérune dès cette nuit.

Carthalo se raccrocha au bord de la table.

— Pardonne-moi, seigneur, dit-il. Je suis à bout de forces. J'ai galopé presque sans m'arrêter depuis Ampurias et…

Brutius se retourna. Le centurion, comme pris de vertige, porta la main à ses yeux. Brutius… Cet homme d'apparence chétive, au visage mince et brun, au regard aigu, Carthalo le connaissait. Ce n'était pas Brutius. C'était…

— Critos ! s'écria le Libyen. Toi, ici ?

Ce mouvement de surprise faillit être fatal à Carthalo. Critos se précipita vers lui.

— Critos est mort ! Je suis Brutius, entends-tu ? Brutius !

Carthalo le saisit à la gorge pour l'empêcher de crier.

— Je te reconnais bien, Critos ! C'est toi qui as fait mourir Rubio et beaucoup des nôtres. Je suis Carthalo, le compagnon d'Hannibal, et je suis venu jusqu'à toi pour te faire payer ta félonie.

Le cri poussé par Critos s'étrangla dans sa gorge. Le glaive de Carthalo venait de lui traverser la poitrine. Le corps se détendit lentement. Lorsque le Libyen eut écarté la tunique à laticlave du Grec, son visage s'illumina. Il saisit la louve de bronze et, l'ayant dégrafée, la glissa dans sa ceinture. Il ne lui restait plus qu'à disparaître.

— Le seigneur Brutius, dit-il au factionnaire, a demandé qu'on ne le dérange sous aucun prétexte.

Carthalo s'engagea dans le patio. Une fraîcheur d'eau lui effleura le visage. Il s'agenouilla sur le bord du bassin, plongea ses mains dans l'eau traversée de lueurs de torches, rêvant de les voir se dissoudre. Libéré de sa mission, il se sentait accablé de remords. Il avait l'impression d'avoir été le jouet d'un mauvais rêve. Naguère, Critos avait été son compagnon. Ils avaient accompli ensemble des missions dangereuses. Et il l'avait tué de ses propres mains, de sang-froid. Son visage, dans le reflet du bassin, lui parut monstrueux.

Une main lui frôla l'épaule. Il tressaillit, se releva. C'était un officier romain. Il souriait d'un air engageant.

— Tu dois avoir besoin de nourriture et de repos, dit-il. Suis-moi !

— Laisse-moi, dit le Libyen en écartant rudement la main qui tenait toujours son épaule. Je n'ai besoin de rien.

Lentement, il descendit l'escalier qui menait à la cour. Il lui semblait traîner des semelles de plomb.

DEUXIÈME PARTIE

VII

L'ORAGE DU SUD

Une reconnaissance d'une dizaine de cavaliers, conduits par Muttinès, traversa à une allure foudroyante l'espace qui séparait le dernier col des Pyrénées d'Ensérune. Enfouis à mi-corps dans leurs vignes, les paysans voyaient avec stupeur les cavaliers aux manteaux rouges chevaucher sur les pistes poussiéreuses, dans la lumière du printemps. Depuis plusieurs jours déjà, ces pistes, naguère sillonnées par les convois de Rome, étaient désertes. Dans les montagnes, les tribus attendaient le passage des éléphants d'Hannibal pour faire leur soumission.

Muttinès venait d'apprendre que les Romains avaient quitté Ensérune quelques heures après la mort de Brutius. La ville était livrée à l'anarchie. Un certain Pailhès s'était promu gouverneur après avoir convaincu la population que le meurtre du tyran était en grande partie son œuvre.

Quant à Carthalo, il avait disparu. Il courait les campagnes de la Narbonnaise, passait d'une tribu à l'autre, persuadant les chefs que les invincibles légions de Carthage allaient déferler comme un orage, précédées d'une gigantesque harde d'éléphants et accompagnées de chariots pleins d'or.

Muttinès ne tarda pas à recevoir témoignage de l'action entreprise par le Libyen. Dans chaque village où il se présentait, il recevait la même réponse :

— Si Carthalo est ton ami, entre. Tu es ici chez toi.

Un soir, à deux milles d'Ensérune, en direction du couchant, dans un pays d'oliviers et de terre rouge, Muttinès ordonna le bivouac. La première flamme montait dans l'air calme, lorsque trois cavaliers apparurent sur le fond vert du crépuscule. Le petit groupe descendit vers le campement. Le cavalier qui occupait le centre descendit de monture à quelques pas de Muttinès.

— Je suis Carthalo, dit le cavalier. Tu ne me reconnais pas, Muttinès ? Voici mes deux gardes du corps : deux jeunes Volces d'Ensérune qui m'ont aidé à abattre Brutius.

Muttinès fronça le sourcil.

— Tu parcours le pays seul et sans armes ? C'est une folie !

— J'aime la folie, dit le Libyen en souriant. Et elle me réussit. Sans elle, jamais je n'aurais tué Brutius.

Muttinès ne tenait plus en place.

— Dès demain, l'assura-t-il, j'enverrai deux hommes vers Hannibal pour l'informer de la réussite de ta mission.

— C'est fait, dit Carthalo. À l'heure qu'il est, Hannibal a reçu le courrier que je lui ai fait parvenir.

Hannibal prit l'objet au creux de sa main, le soupesa. C'était un bijou très ordinaire mais qui paraissait le fasciner. Il n'arrivait pas à en détacher son regard. Il lui brûlait la main mais il ne pouvait se résoudre à s'en séparer.

— La louve… La louve de bronze, murmurait-il. J'ai désormais la certitude que Melkart et tous les dieux de Carthage sont à nos côtés.

Hannibal, les yeux mi-clos, respira longuement l'air du matin. La lumière toute neuve pétillait au-dessus des remparts de Perpignan d'où, la veille, après une âpre bataille, les chefs gaulois étaient sortis pour faire leur soumission. Ce printemps n'avait pas la saveur des printemps passés. L'air sentait l'aventure et la conquête. Il suffisait qu'Hannibal surgît au seuil de sa grande tente rouge pour que son regard soit irrésistiblement attiré vers le nord, sollicité par des ondoiements dans les verdures, des lignes fuyantes, des vols d'oiseaux, toutes choses en lesquelles il reconnaissait des signes. Il avait l'impression d'être à la proue du navire Carthage : les flots se déchiraient devant lui, crachaient vainement leur écume à son visage ; il les dominait ; une force énorme le jetait en avant.

Cette force s'était réduite au passage des Pyrénées. La quasi-totalité de l'infanterie espagnole s'était dérobée devant la perspective d'une campagne qui risquait de la conduire si loin qu'elle ne reverrait jamais le ciel d'Espagne. Hannibal n'avait rien tenté pour la retenir. Un jour ou l'autre, cette horde de Barbares indisciplinés qu'il traînait derrière lui avec leurs chariots, leurs femmes et leur bétail l'aurait abandonné. Autant valait que ce fût avant les grandes batailles contre Rome. Plus lourde pour le Punique était l'abandon d'une dizaine d'éléphants qui n'avaient pu suivre le train de l'armée. En arrivant sous les murs de Perpignan, l'armée africaine se composait d'environ quarante mille hommes et de cinquante éléphants de guerre. L'intendance avait été réduite au strict nécessaire.

Afin d'alléger encore l'armée, Bostar avait carrément proposé à Hannibal de supprimer le corps des éléphants. Ils ne passeraient jamais le Rhône, encore moins les Alpes. Bostar raisonnait ainsi moins par souci de favoriser la progression de l'armée que parce qu'il craignait pour les pachydermes un anéantissement total. Hannibal le comprit ainsi et n'en voulut pas à Bostar de sa proposition : le maître des éléphants était guidé par la seule et unique passion de sa vie, celle qu'il vouait à ces mastodontes puissants comme des forteresses et fragiles comme des enfants.

Ce matin de mai, la chaleur pesait sur les vignes et le « pech » d'Ensérune lorsque Carthalo sortit de la cité précédé de Pailhès ridiculement drapé dans une tunique de couleur safran et encadré de ses deux inséparables amis : Marco et Bizo.

Une fois de plus, ils se portaient vers une colline d'où l'on pouvait apercevoir à l'infini les pistes descendant vers le sud. Chaque jour leur apportait une nouvelle déception. Aucune reconnaissance, pas le moindre courrier. À croire que les légions d'Afrique avaient choisi une autre voie d'accès vers le Rhône. Marco et Bizo contenaient mal leur déception. Carthalo les rassurait par de pieux mensonges : si Hannibal tardait à paraître, c'était à cause des difficultés de ravitaillement qu'il rencontrait. En fait, Carthalo n'ignorait pas que de nombreux accrochages s'étaient produits, qui retardaient considérablement la progression de l'armée, risquant de faire ajourner la campagne à l'année suivante. C'était la condamner purement et simplement. Rome aurait le temps de se préparer à une guerre d'invasion.

— Bientôt vous verrez les éléphants, assurait Carthalo.

— Tu nous répètes chaque jour la même chose, ripostaient Marco et Bizo.

Ils repartaient tête basse vers la ville.

Rome vivait un printemps fiévreux.

Tandis que Valerius Flaccus se reposait dans le palais de Brutius des fatigues de sa randonnée, un courrier faisait voile vers Ostie. Il avait touché la côte italienne sans difficulté, apportant, après celle de la chute de Sagonte, la nouvelle redoutée : le passage de l'Èbre par Hannibal et ses éléphants. Cette nouvelle, c'est Valerius lui-même qui l'annonça aux sénateurs. Quand il eut terminé, la gorge contractée d'émotion, il constata avec stupeur que son discours n'avait produit aucun effet : des sénateurs s'étaient retirés pendant son discours ; d'autres parlaient entre eux ; d'autres enfin bâillaient sans discrétion.

Le regard glacé de Valerius parcourut les travées.

— Ne comprenez-vous pas, s'exclama-t-il, que demain l'armée d'Hannibal campera aux frontières de Rome, que ses éléphants piétineront les plaines de Lombardie ? Voilà vingt ans que Carthage prépare cette agression. Et vous fermez les yeux pour vous donner l'illusion de ne pas y croire.

Un sénateur maigre et barbu se jeta à la tribune :

— Carthage… La puissance de Carthage… voilà des jours que tu nous rebats les oreilles avec ce refrain ! Carthage n'est qu'un épouvantail brandi contre Rome. Il n'y a que les faibles et les lâches pour prendre ses menaces au sérieux.

Accablé de honte et de lassitude, Valerius ne tenta même pas de protester. Il faisait mine de se retirer quand une main se posa sur son épaule.

— Valerius, dit une voix derrière lui, la partie n'est pas perdue. Ne te retire pas. Je vais remuer cette tourbe d'inconscients jusqu'à ce qu'ils vomissent des flammes.

Publius Cornelius, de l'illustre famille patricienne des Scipion, l'un des deux consuls de la République, tint parole. Il jeta au visage des sénateurs les dures réalités qu'ils se refusaient à entendre. Comment pouvaient-ils ignorer l'ombre prodigieuse que l'ascension des Barca projetait sur la République, refuser d'entendre les rugissements de cette famille de lions assoiffés du sang de Rome ?

Lorsque Publius Cornelius Scipion, toujours aussi calme, aussi froid qu'il l'était auparavant, descendit de la tribune, Valerius comprit que la partie était gagnée et qu'il n'avait pas souffert en vain sur les routes de l'Espagne et de la Gaule.

Le soir même, la nouvelle de la mobilisation générale se répandit sur les sept collines. Deux jours plus tard, Rome scandait sa joie aux portes de la villa patricienne des Scipion. Le consul se préparait à quitter la ville en direction de l'Espagne où le précédait par voie de terre un important corps de troupes. Des légions convergeaient vers la capitale par les routes poudreuses du Latium, et le Sénat se demandait avec inquiétude s'il y aurait, dans les coffres de la République, assez d'or pour les payer.

Tandis qu'un navire léger quittait Ostie pour les rivages d'Afrique, afin de signifier à Carthage une déclaration de guerre qui n'avait que trop tardé, tous les temples de Rome bourdonnaient de prières publiques. La nuit, autour de gigantesques bûchers, des hymnes montaient dans le ciel de mai pour complaire aux forces obscures présidant aux destinées des batailles.

Lent et majestueux, ses petits yeux ombragés de trois cils toujours en éveil, ses larges oreilles battant son garrot, Baal, le roi des éléphants, traçait le sillage de l'armée. Pareil à un navire balancé par la houle, il progressait d'une allure régulière et nonchalante, se maîtrisant pour ne pas céder à l'attrait d'une mare gorgée d'eaux printanières, aux signes que les taillis de tendres pousses semblaient lui faire lorsque le vent les agitait.

Parfois, Khasil se retournait vers Hannibal, juché dans un palanquin fait d'une ample toile rouge recouvrant une armature légère, et le général lui souriait.

— Chante ! lui demandait parfois Hannibal.

L'Indien ne se faisait pas prier. Le chef de l'armée punique ne se lassait jamais d'entendre ces chants rauques et plaintifs des bords de l'oued Draa. Baal, de son côté, manifestait son contentement par des barrits rauques et de joyeux mouvements d'oreilles. Par contre, lorsque l'avant-garde de l'armée se rapprochait d'un village et que Baal respirait l'odeur des hommes inconnus et des bêtes serves, il freinait son allure et Khasil devait gratter avec son crochet derrière l'oreille du mastodonte pour qu'il avançât.

Passé Ensérune, les pistes poussiéreuses s'étiraient à l'infini à travers la garrigue odorante. À certaines heures, la chaleur intense obligeait l'armée à des haltes brèves mais répétées, qui ralentissaient l'allure. Par contre les nuits étaient délicieuses et, malgré la fatigue, les hommes tardaient à s'endormir. La nuque au frais dans l'herbe sèche, les yeux perdus dans les feuillages des yeuses et des oliviers, ils rêvaient des campagnes italiennes, de cités opulentes, de rivages baignés d'une mer tiède, que les poètes célébraient autour des feux de campement. Les nuits s'écoulaient, paisibles, troublées seulement par les appels des sentinelles interpellant des groupes de Gaulois venus de très loin pour voir les éléphants. Ils s'éloignaient sous la menace, mais, au matin, on les retrouvait assis sous un arbre, par familles entières, pour assister au spectacle prodigieux des légions africaines en train de faire route vers le Rhône.

De nombreuses tribus venaient offrir leurs services à Hannibal. Le chef punique gardait les plus expérimentés et les plus robustes de leurs membres et renvoyait le reste avec des babioles. Il était parvenu ainsi à constituer quelques compagnies de fantassins et de cavaliers qui lui fournissaient d'excellents éclaireurs. Mais il devait soumettre les autochtones à une surveillance permanente pour éviter les chapardages qui étaient les moindres de leurs exactions. La question de l'équipement ne se posait guère pour les Gaulois : ces braves allaient pratiquement nus, quelque temps qu'il fasse.

Marco et Bizo vivaient une fête continuelle. Chaque jour renouvelait leur ravissement. Carthalo avait tenu parole : les deux Volces s'étaient promenés à travers Ensérune en compagnie de Baal. Bien mieux encore : ils avaient obtenu d'Hannibal et de leurs familles l'autorisation d'accompagner l'armée jusqu'au Rhône. Et l'armée tout entière leur avait fait fête. Aux yeux de tous, ils étaient les héros d'Ensérune, les jeunes gens qui, par leur courage, avaient aidé Carthalo à abattre Brutius. Hannibal les avait confiés à Bostar, qui, à son tour, les avait mis sous les ordres d'un éléphantarque. Jaloux de l'importance du corps dont il détenait le commandement, le maître des éléphants voyait d'un mauvais œil ses bêtes se transformer en jouets. Sous leur déguisement de guerriers dont Hannibal les avait dotés, malgré les armes dont ils ne se séparaient jamais, les deux Volces n'étaient que des enfants.

Khasil était devenu leur ami. Bien qu'ils eussent quelque mal à se comprendre, ils apprenaient de l'Indien la manière de dresser et de conduire un éléphant. Khasil, imaginatif comme tout bon Africain, ne se faisait pas faute d'en rajouter. Toutes les légendes remontant aux origines de la création, qui hantaient les tentes des nomades de Gétulie, il les présentait à ses compagnons avec les meilleures apparences de la vérité. Aux yeux des Volces, Baal devenait un dieu immortel venu sur la terre d'Espagne pour préparer la défaite de Rome. On lui avait dressé des autels et des statues de la Libye aux Colonnes d'Hercule. Des tribus entières avaient péri sous ses pas dans les combats d'Espagne. Khasil se grisait de sa propre imagination. Fils d'un riche propriétaire, seigneur du bled, qui possédait d'immenses domaines où paissaient dans une semi-liberté des milliers de pachydermes, il avait vécu toute son enfance au milieu de leurs hardes et avait réussi à percer tous leurs secrets. Les éléphants avaient leurs dieux, leurs chefs, leurs guerriers, leurs esclaves. Pour communiquer entre eux, ils se servaient d'un langage convenu que Khasil était seul à connaître. À certaines dates, ils se réunissaient pour danser, chacun d'eux tenant par la trompe la queue de celui qui le précédait. L'heure de la mort approchant, les vieux mastodontes s'éloignaient vers des contrées lointaines, des montagnes où seul Khasil avait pénétré sur leurs traces, et qui contenaient de fabuleuses mines d'ivoire.

Tandis que Khasil parlait, son visage mince et brun, aux yeux sombres, ombragés de longs cils, s'éclairait d'une étrange lumière. Marco et Bizo l'écoutaient avec respect, retenant leur souffle, suivaient le mouvement des mains éloquentes dont les poignets s'ornaient de bracelets de cuivre. Les éléphants devenaient leur passion. Ils avaient appris à les commander, à leur faire effectuer des manœuvres compliquées par de simples pressions d'un bâton ou de l'orteil sur un point sensible, derrière l'oreille.

Un jour, Bostar entra dans une grande colère. Il avait surpris Marco en train de pousser son éléphant contre un énorme chêne qui commençait à ployer sous la pression. Un autre jour, l'heure du rassemblement venue, une bête fut portée manquante : profitant d'un moment d'inattention de l'éléphantarque, Marco s'en était emparé pour effectuer une longue promenade dans la garrigue au petit matin ; il avait failli ne pas retrouver sa route. Cette fois-ci, Bostar menaça le petit Volce de son fouet, promit, s'il recommençait, de s'en servir sans pitié. Le fouet de Bostar était justement redouté : avec sa lanière épaisse d'un doigt, large comme la main, longue de dix coudées, Bostar se faisait fort de trancher le poignet d'un homme d'un seul cinglon. Marco se le tint pour dit.

Pour les deux Volces, Ensérune n'était qu'un souvenir perdu dans les brumes de la mémoire. Y avaient-ils jamais vécu ? Leur véritable patrie, c'était cette terre mouvante déroulée à l'infini sous les pattes des éléphants. Ils avaient laissé sans regret leurs maisons familiales où leur départ n'avait été accepté qu'avec réticence. Ils vivaient détachés du passé. « Quand nous aurons touché le Rhône, leur avait annoncé Hannibal, vous retournerez à Ensérune avec un courrier. » Ils comptaient sur une défaillance de mémoire du chef punique qui leur permettrait de pousser plus avant.

VIII

LES EAUX DANGEREUSES

Quatre jours avaient été nécessaires pour obtenir la reddition de Nîmes et l'assurance que, durant la durée de l'expédition, cette ville ne tenterait aucune action sur les arrières de l'armée d'Afrique. Avant son départ, afin de faire éclater aux yeux de la population la puissance du corps expéditionnaire qu'il commandait, Hannibal organisa à travers la cité une grandiose parade. Précédés d'éclatantes fanfares, les éléphants harnachés de pourpre, bardés de plaques de bronze, allèrent s'abreuver à la fontaine sacrée de Nemausus qu'ils réduisirent à l'état de cloaque. Une terreur panique s'abattit sur la ville.

Hannibal profita de cette étape pour s'entretenir avec des agents secrets, de retour des Alpes. Leurs avis concordaient point par point. Le retard de l'armée risquait de compromettre le succès de l'expédition. La neige tombait tôt sur les cols, qui devenaient alors impraticables. Aucune certitude n'était acquise concernant les tribus barbares qui peuplaient ces montagnes. Une seule chose importait pour elles : préserver leur territoire des méfaits bien connus des invasions. L'or de Carthage était de peu d'efficacité pour les amener à de meilleurs sentiments. Certains chefs se déclaraient favorables à Hannibal ; d'autres restaient dans l'expectative ; d'autres enfin manifestaient une franche hostilité, et quelques observateurs puniques avaient payé de leur vie leur curiosité.

La rive droite du Rhône paraissait calme. Sur l'autre rive, par contre, commençait l'inconnu. En l'abordant, il serait bon de s'attendre au pire.

Les Romains s'étaient enfin éveillés à l'idée de la guerre. Manlius avait reçu en renfort une légion prélevée sur le corps expéditionnaire confié à Scipion ; il était ainsi parvenu à se libérer des assauts redoutables mais désordonnés des Gaulois de la Cisalpine. Scipion, après avoir recomposé son armée, avait pris la mer en direction de Massalia et de la vallée du Rhône. Il fallait s'attendre à le voir surgir plus tôt que prévu.

L'étape qui séparait Nîmes de la vallée du Rhône parut interminable. L'armée cheminait lentement à travers un paysage de collines désertiques, de plaines desséchées où soufflaient des vents de feu. Tout paraissait calme, mais Hannibal savait qu'il n'en était rien. Son instinct lui laissait deviner, derrière ces collines surchauffées, dans les forêts clairsemées qui couronnaient certaines éminences, la présence de tribus hostiles. Il ne se trompait pas.

Alors que les légions observaient une halte, au milieu du jour, une bande de Barbares montant des cavales fougueuses tomba sur les arrières comme la foudre. Tandis qu'Imilcon tentait de regrouper ses Espagnols affolés par les charges terribles qui ouvraient des brèches dans leurs rangs, l'intendance et le train étaient livrés au pillage. Des cavaliers nus, jetant à tous les échos leurs cris de guerre, incendiaient les chariots après les avoir vidés de leur contenu, repartaient pour revenir se jeter sur ce qui restait à piller.

L'arrière-garde se trouvait alors à un mille environ d'Hannibal. Le temps pour lui de lancer à sa rescousse Maharbal et ses cavaliers africains, et le mal était fait. Maharbal revint à bride abattue. Il rapportait de mauvaises nouvelles : une centaine de chariots perdus, cent cinquante hommes tués ou grièvement blessés.

Maharbal ramenait aussi un jeune Barbare monté sur un cheval à la robe blanche d'écume. Bien que sérieusement blessé, le guerrier souriait d'un air de défi. Questionné par Carthalo, il fit la sourde oreille.

— Fais-lui comprendre que je ne lui ferai pas de mal, dit Hannibal. Qu'il accepte seulement de nous dire pourquoi ceux de sa tribu nous ont attaqués et où nous pourrons nous réapprovisionner en vivres.

Le Barbare se refusa de nouveau à parler. Excédé, Hannibal le confia à Carthalo.

— Il faut absolument qu'il parle, dit-il.

Carthalo le conduisit vers les éléphants parqués dans un espace entouré d'arbres. Le jeune Gaulois eut un sursaut en contemplant le troupeau de mastodontes.

— Tu vois cet éléphant, dit Carthalo. Il se nomme Baal. Dans notre pays, c'est le nom d'un dieu dont la puissance s'étend à tout l'univers. Cette puissance habite le corps de ce colosse. Une simple pression d'une de ses pattes suffirait à faire éclater ta tête comme une noix. Avec sa trompe, il pourrait sans effort arracher tes membres un à un. Que choisis-tu ?

Le regard du prisonnier enveloppa l'énorme masse grise, croisa celui de Khasil, affolé à la pensée du crime dont on parlait de le rendre complice.

— Fais comme il te plaira, dit le Barbare en baissant la tête.

Carthalo essuya son front mouillé de sueur. Ce tranquille courage lui était sensible. Il songeait à Rubio, aux tortures qu'il avait subies sans prononcer une parole. Les mêmes circonstances se répétaient, mais, cette fois-ci, c'est lui, Carthalo, qui était à la place de Brutius. Le Libyen passait pour un être dépourvu de sensibilité. Son passé confirmait cette opinion. Mais il avait toujours éprouvé à l'encontre des tortionnaires une haine farouche.

Ses lèvres tremblaient lorsqu'il adressa une dernière requête au Barbare.

— Écoute ! Il faut que tu parles. Dis n'importe quoi, mais parle !

Le silence du prisonnier laissa Carthalo pantelant. En désespoir de cause, il fit descendre le jeune Gaulois de cheval, l'attacha au tronc d'un arbre, allongé sur le sol, les jambes vers l'extérieur. Puis il noua une corde à chaque cheville et fit avancer Baal.

— Vous êtes pires que des démons ! s'écria soudain le Barbare. Que les feux du ciel détruisent votre armée ! Brutius avait raison !

Carthalo sursauta :

— Tu as dit : Brutius ? Tu l'as donc connu ? Dis-moi…

Comme le jeune Gaulois se taisait, Marco s'approcha du Libyen, lui glissa quelques mots à l'oreille :

— Lui et moi, nous sommes de la même race. Laisse-moi tenter de le convaincre.

Lorsque Carthalo et les autres spectateurs de la scène se furent retirés, Marco s'agenouilla près du prisonnier, déchira un pan de sa propre tunique pour étancher le sang qui coulait d'une plaie béante à la poitrine et ruisselait jusqu'à terre. Tandis qu'il opérait, Marco raconta la mission dont Carthalo avait été investi à Ensérune, l'aide que lui, Marco, et quelques autres, lui avaient apportée. Brutius n'était pas Brutius mais un espion grec qui s'était mis à la solde de Rome après avoir trahi Carthage. Que de calomnies il avait répandues sur ses anciens maîtres ! Marco pouvait en témoigner, maintenant qu'il connaissait bien les Puniques, et même Hannibal en personne. Hannibal, l'ogre de Carthage, le tueur d'enfants : autant de légendes ! S'il traversait le sud de la Gaule, ce n'était pas pour détruire et pour piller mais pour emprunter le plus court chemin afin d'attaquer Rome par voie de terre.

Le Barbare regimba. Il ne démordait pas de l'idée que l'armée d'Afrique allait asservir la Gaule comme elle l'avait fait de l'Espagne. Marco l'arracha, petit à petit, à ses préventions.

— Nous appartenons au même peuple, toi et moi, dit-il. Quel intérêt aurais-je à te tromper ? Nous allons conclure un marché : si j'ai menti, si Hannibal est vraiment ce que Brutius a dit qu'il était, alors tu pourras disposer de ma vie. Je me nomme Marco. Et toi ?

— Vestrix.

— Alors, Vestrix, il faut parler.

Vestrix renversa la tête en arrière, entre ses bras tendus attachés à l'arbre. Lorsqu'il la redressa, livide, ce fut pour prononcer les paroles que Marco attendait :

— Va dire à tes maîtres que je procurerai des vivres pour leurs troupes, à condition qu'aucun mal ne soit fait à mon peuple. Mon père est chef de tribu. Il acceptera de vous aider quand il saura que vous m'avez épargné. Quant à t'apprendre pourquoi nous vous avons attaqués, tu le sais aussi bien que moi à présent. Il faut agir vite. Une autre attaque est prévue.

Après lui avoir entouré la poitrine d'un pansement, Yaton permit à Vestrix de remonter à cheval. Quelques instants plus tard, en compagnie de Carthalo, de Monomaque et d'une petite troupe de Numides, Vestrix poussait à toute bride vers le levant d'où devait partir la nouvelle attaque des Barbares. Ils s'étaient regroupés sur les contreforts d'une petite vallée que devait emprunter l'armée punique.

— Mon père, dit Vestrix.

Il désignait un géant nu couvert de poils roux des pieds à la tête, bâti comme une tour. Sa poitrine était constellée d'amulettes de terre et de bronze, son visage strié d'ocre rouge. Vestrix s'avança vers lui, parlementa longuement. Puis le géant, accompagné de son fils, s'avança vers Carthalo, la main levée en signe de paix.

— Vestrix vient de me parler, dit-il. J'ai confiance en lui comme en moi-même. Avez-vous de l'or ?

— Il nous reste ce que vous n'avez pas pillé, répondit Carthalo.

— C'est bon, grogna le géant. Nous vous aiderons.

Quelques heures plus tard, l'armée punique campait autour d'un étang perdu dans les garrigues, où Vestrix les avait conduits. Bouche bée de surprise et de crainte, les Gaulois regardaient se baigner les éléphants. Quelques-uns, par bravade, demandèrent à les monter. Ils s'amusèrent ainsi, durant des heures, jusqu'à la nuit, comme des enfants. Pendant ce temps, à pleins chariots, les Barbares ramenaient vers le camp des vivres qu'ils étaient allés quérir à des milles alentour. D'autres aidèrent Monomaque et ses hommes à rafistoler quelques chariots. Quand le soir tomba, ils réclamèrent du vin. Ils burent à pleines outres, chantèrent, dansèrent autour des feux, se livrèrent entre eux à des duels à mort, histoire de démontrer leur force et leur bravoure. À l'aube, ils dormaient à même la terre, dispersés en groupes confus entre les buissons de genévriers et de lentisques.

Peu avant le rassemblement, Hannibal invita Vestrix et son père à venir le retrouver sous sa tente. Ils le trouvèrent occupé à ses ablutions, frissonnant sous les aspersions d'eau froide que lui dispensaient Marco et Bizo.

— Vous m'avez occasionné un préjudice considérable en hommes et en matériel, leur dit sévèrement le général. Mais j'estime que nous sommes quittes. J'aimerais cependant que vous acceptiez de nous guider tant que nous serons sur le territoire de la Gaule. Je saurai me montrer généreux.

— Tu nous donneras beaucoup d'or ? interrogea le géant.

Hannibal opina. Le géant accepta de prêter une centaine de cavaliers commandés par Vestrix. Pour conclure cet accord, le géant réclama du vin. Il avala la moitié d'une outre, jeta le récipient sur son dos pour emporter ce qui restait. Hannibal le vit quelques instants plus tard gesticulant au milieu de ses hommes, avec des éclats de voix qui rappelaient l'accent de la conque marine. Son choix accompli, il se précipita vers Vestrix, le serra dans ses bras avec effusion, comme s'il devait ne jamais le revoir. Puis il fit un signe, jeta une sorte de rugissement en sautant sur sa monture. À la tête de ses cavaliers, il piqua des deux pour sortir du camp. En passant au niveau d'un factionnaire, il lui arracha sa pique des mains, la brandit au-dessus de sa tête en laissant échapper un rire torrentiel. Il fit un crochet par le quartier des éléphants que Bostar rassemblait pour le départ. Entouré de ses hommes, il resta là, immobile, un long moment, et ne s'éloigna que lorsque les derniers chariots de Monomaque eurent disparu à l'horizon.

À quelques jours de là, les avant-gardes d'Hannibal parvinrent en vue des terres qui bordaient le Rhône. Autant qu'on pouvait en juger, le pays était calme. Vestrix affirmait que, de ce côté-ci du fleuve, les tribus ne manifesteraient aucune hostilité aux Puniques : il avait, par des reconnaissances, fait le nécessaire pour qu'il en fût ainsi. Quant à ce qui attendait l'armée de l'autre côté de la vallée, il ne pouvait en présumer : le Rhône constituait une frontière quasi inviolable ; les peuples établis de part et d'autre ne se connaissaient que pour se faire la guerre.

À l'approche de l'armée, les Barbares sortaient de leur hutte couleur de terre et s'avançaient en manifestant leurs intentions pacifiques. C'étaient de rudes pêcheurs, des hommes relativement paisibles que la lutte de chaque jour avec le fleuve avait endurcis. Hannibal fit distribuer des cadeaux, permit aux Barbares, à leur requête, d'approcher les éléphants. Le chef, un vieillard encore solide, qui avait sorti de ses coffres, pour l'occasion, un vieux casque ibère tout bosselé, et des armes rouillées, demanda à prendre place dans le petit édifice de toile installé sur l'échine de Baal. Parvenu sur la crête de cette éminence de chair vivante, il considéra d'un air égaré sa tribu massée à ses pieds. Khasil se fit un plaisir de le conduire, à vive allure, vers le fleuve où Baal pénétra jusqu'au garrot en soulevant des tourbillons de vase et des remous. Sur un signe de l'Indien, il remplit sa trompe d'eau et en déversa le contenu, d'un jet puissant, sur le vieux chef terrorisé.

Encore tout tremblant, le vieillard serra Hannibal contre sa poitrine, le combla de cadeaux et de promesses de fidélité. Qu'attendait-il en échange ? Hannibal ne tarda pas à l'apprendre.

— Il voudrait que tu lui cèdes Baal, dit Carthalo. Il prétend qu'avec cette monture il pourrait régner sur des milles en amont et en aval du fleuve.

Hannibal, songeur, fit appeler Bostar.

— Cette vieille femelle qui traînait la patte ces jours derniers, dit le général, penses-tu qu'elle tiendra longtemps encore ?

— Elle est condamnée, dit Bostar. Jamais elle ne se remettra du coup de lance qu'elle a reçu dans la gorge en traversant les Pyrénées. Je compte la faire abattre avant que nous nous engagions dans les montagnes.

— Nous allons faire un marché. Le chef des Barbares veut à tout prix un éléphant. Nous allons lui faire cadeau de cette femelle, moyennant quoi il nous prêtera toutes ses barques et le bois nécessaire à la construction des radeaux.

Le chef accepta. La femelle lui fut livrée en grande pompe, parée comme un éléphant sacré. Dans les heures qui suivirent, par petits groupes, toute la tribu parada le long du fleuve. La femelle, fière semblait-il de sa nouvelle promotion, reçut, avec un abri à sa mesure, au milieu du village, un nom gaulois qui signifiait la « Montagne du Tonnerre ».

Les habitants de ces parages n'étaient pas seulement des pêcheurs mais également d'habiles nautoniers dont les embarcations sillonnaient le fleuve jusqu'à la mer. Ils disposaient d'esquifs en nombre important et de belles dimensions ; de plus, les forêts environnantes, déjà arpentées par une légion de charpentiers d'Hannibal, se révélaient riches en essences propres à la construction navale. Outre des chaloupes, il faudrait construire en un temps très court des radeaux pour éléphants et des appontements s'avançant le plus loin possible dans le fleuve.

Durant la nuit qui succéda à cette mémorable journée, des défections se produisirent chez les compagnons d'Imilcon. Jugeant que cette frontière liquide allait les couper définitivement de leur pays, les Espagnols préférèrent déserter. Hannibal ne s'en montra ni surpris ni contrit : il savait à quoi s'en tenir sur la fidélité de ces troupes et préférait leur dérobade à une trahison au cours des batailles qu'il allait avoir à livrer.

Par contre, la nouvelle qu'il apprit peu après l'assombrit : Scipion campait sur la première embouchure du Rhône, à quatre ou cinq jours de l'armée punique. Il avait débarqué quelques milles après Massalia. Les nautoniers, qui avaient rapporté la nouvelle en remontant le fleuve à bride abattue par les pistes riveraines, furent aussi surpris qu'Hannibal lorsqu'ils se trouvèrent en présence de l'immense campement installé aux abords du village : ils s'imaginaient, tout comme les Romains, que le corps expéditionnaire de Carthage était en train d'en découdre avec les peuplades de la Narbonnaise.

Hannibal fit aussitôt appeler le chef gaulois qui se nommait Boulbo. Le vieillard était encore dans les brumes du sommeil et du vin : il avait veillé toute la nuit autour de l'éléphante qui n'avait pas arrêté de barrir et de tirer sur ses entraves. Hannibal désirait savoir si des nautoniers de la tribu étaient, dans le courant de la nuit, descendus vers le sud. Sur la réponse affirmative du vieillard, Hannibal bondit.

— Il faut les rattraper ! Ils vont donner l'alerte et nous aurons les Romains à nos trousses d'ici à quatre ou cinq jours.

Boulbo secoua sa vieille crinière. C'était impossible. Même des cavaliers lancés au galop ne pourraient les intercepter. Il n'y avait plus de temps à perdre. Hannibal rassembla ses charpentiers, leur exposa la situation. Si, d'ici à quatre jours, le fleuve n'était pas franchi, l'expédition serait compromise. Il fallait en conséquence que, d'ici à deux jours, le train de chaloupes et de radeaux fût au complet.

— Vous n'avez plus une minute à perdre, dit Hannibal. Mes officiers inspecteront les chantiers en permanence. Ceux qui seront pris en train de paresser seront châtiés sans pitié. Le travail que vous allez accomplir est une véritable bataille. Vous n'avez pas le droit de la perdre.

Toutes les collines d'alentour résonnaient du choc des cognées et du râle aigu des scies. Une odeur de sciure fraîche et de résine se mêlait aux remugles puissants qui montaient des berges. Le temps était à l'orage. Hannibal se demandait s'il n'allait pas éclater et compromettre les délais impératifs qu'il avait imposés aux charpentiers. Lorsque, encadré par Marco et Bizo, il abordait un chantier où les hommes et les éléphants travaillaient de pair, les bûcherons levaient vers lui des visages baignés de sueur et le saluaient, chacun dans sa langue. Bostar veillait à ce que les éléphants ne soient ni malmenés ni accablés de travail. Obéissant aux coups de talons des Indiens, ils évoluaient avec précision sur les pentes, charriant d'énormes madriers comme s'il se fût agi de brindilles, transportant des pièces de bois sur leurs défenses pour les déposer avec délicatesse à l'endroit convenu. Les Gaulois de Boulbo assistaient, bouche bée, à ce spectacle qui pour eux tenait du prodige. Leur stupéfaction fut à son comble lorsqu'en début d'après-midi, une première chaloupe sortit du chantier pour affronter, fort convenablement, le fleuve. Ils ne purent contenir leur admiration lorsque, le soir tombé, ils virent une dizaine de chaloupes allongées sur la rive, gardées par un fort cordon de factionnaires.

L'activité des chantiers d'abattage et de construction ne se ralentit pas de toute la nuit. Des équipes se relayaient dans la touffeur orageuse des ténèbres. Hannibal passa une nuit blanche. Au petit matin, il s'assit au pied d'une souche et s'endormit. C'est Marco qui lui secoua l'épaule pour le réveiller. Durant la nuit, une dizaine de péniches et autant de radeaux étaient sortis des chantiers. Hannibal se frotta les mains. Si le rythme se maintenait, toute la flottille serait prête dans les délais. Mais l'orage menaçait de plus belle. La reconnaissance qu'Hannibal avait envoyée de l'autre côté du fleuve sous le double commandement de Vestrix et de Carthalo n'avait pas donné signe de vie. Par contre, Maharbal avait repéré un petit groupe de Barbares à travers les saulaies qui garnissaient l'autre rive. Il avait aussi aperçu des fumées vers le levant et le septentrion.

La journée se déroula dans le calme propice à l'activité des charpentiers. Tous les hommes étaient employés maintenant à la construction des radeaux qui devaient servir au passage des éléphants, des chariots et des attelages de bœufs. Le travail avançait rapidement. L'orage paraissait arrêté au-dessus du fleuve. Les pachydermes manifestaient leur nervosité par un concert de barrissements éperdus. La silhouette trapue de Bostar allait de l'un à l'autre, soucieux qu'il était d'éviter que la panique ne gagnât le troupeau.

— C'est l'orage qui les inquiète, dit Bostar lorsque Hannibal le fit appeler. L'orage et autre chose que je n'arrive pas à deviner. Je ne les ai jamais vus ainsi. On dirait qu'ils pressentent un malheur imminent, et que...

— Cela suffit ! gronda Hannibal. Garde tes observations pour toi.

Bostar se retira en bougonnant. Sur le chantier, un éléphant avait chargé un contremaître qu'il avait arraché de terre et projeté à une dizaine de pas par-dessus son échine. Un autre refusait de tirer son chargement de madriers. La plupart paraissaient soudain observer un mot d'ordre et préparer une mutinerie. Quant à ceux qui se tenaient sur le bord du fleuve, au point d'embarquement, ils restaient groupés autour d'un mâle vénérable qui promenait sa trompe par-dessus leur tête comme pour les rassurer. Dans son « temple », la femelle dont Hannibal avait fait cadeau au chef gaulois barrissait interminablement.

Baal lui-même paraissait soudain habité par une inquiétude mortelle. Il avait fallu que Khasil employât la violence pour le faire avancer dans le lit du fleuve afin d'opérer les sondages dont les pontonniers, déjà à l'ouvrage, devaient tirer parti. Dévoré par les moustiques, rendu irritable par l'instabilité du fond qui se dérobait sous ses pas, il paraissait en proie à une terreur panique lorsque le tonnerre grondait au-dessus du fleuve.

— Ramène-le sur la berge ! cria Bostar. Il a besoin d'un peu de repos. S'il devenait furieux une fois de plus, nous ne pourrions plus tenir le reste du troupeau.

Khasil allait transmettre l'ordre à Baal lorsqu'il poussa un cri. Son bras se tendit vers un point de la rive opposée. Bostar cligna des yeux, aperçut une sorte d'embarcation qui flottait. Il songea qu'il pouvait s'agir d'un tronc d'arbre qui descendait dans leur direction.

— C'est un homme ! s'écria Khasil. Il a fait un signe vers nous !

Bostar envoya trois des pêcheurs de Boulbo sur un esquif léger pour ramener le naufragé. Dès qu'ils l'eurent hissé par-dessus le bordage, l'homme perdit connaissance. Plusieurs blessures marquaient son visage et sa poitrine. Dans le gras de l'épaule était encore fiché le fer d'un javelot. À son teint olivâtre, les Barbares reconnurent un soldat africain.

Lorsqu'on eut déposé le rescapé aux pieds de Bostar, le maître des éléphants poussa un cri :

— Carthalo !

Tandis qu'il s'occupait à ranimer le Libyen, les Barbares s'étaient mis à parler tous à la fois en montrant la rive opposée. Bostar n'eut pas à se faire traduire leurs propos. La rive gauche grouillait de Barbares ; on les distinguait mal en raison de la distance, mais leur nombre pouvait être évalué à plusieurs milliers. Ils sortaient de la forêt, des marécages, descendaient des collines en vagues pressées. Leurs vociférations traversaient le fleuve comme un grondement lointain de cataracte.

Quelques instants plus tard, Hannibal, après s'être rendu sur place, réunissait ses capitaines pour un conseil de guerre. Ce rassemblement de Barbares risquait de faire échouer l'expédition. Il n'était pas question de traverser le fleuve tant qu'ils tiendraient l'autre rive.

— Nous devons trouver un moyen de les neutraliser, dit Hannibal. Que proposez-vous ?

Lorsque chacun eut exposé son plan, Hannibal réfléchit durant quelques instants et retint celui qu'avait proposé l'un de ses lieutenants : Hannon, fils de l'amiral Bomilcar. Hannon, la veille, avait convoyé une importante patrouille de fourrageurs dans le nord du territoire de Boulbo. Il avait pu tout à loisir observer le lit du fleuve. À quelques milles du petit village, en amont, il avait remarqué un passage qui paraissait relativement aisé. Le cours du fleuve était divisé par une île déserte sur laquelle on pouvait accéder à gué. De là, avec quelques embarcations, une petite troupe pourrait passer sans encombre sur la rive opposée. Qu'Hannibal lui confie deux mille hommes et Hannon se faisait fort de mener à bien une manœuvre de diversion qui permettrait au passage du gros de l'armée de se dérouler dans les délais fixés.

— C'est une opération audacieuse, reconnut Hannibal, mais c'est celle que nous retiendrons. Si nous ne l'exécutons pas, ce sont les Barbares qui passeront le fleuve pour nous surprendre. Hannon, tu choisiras tes hommes que conduira une reconnaissance de Gaulois. Veille à ce que les cavaliers soient les plus nombreux : tu devras causer un effet de surprise foudroyant sur les arrières des Barbares. Nous communiquerons par signaux de fumée. Dès que la nuit sera tombée, tu prendras le départ.

Dédaigneux des injonctions de Yaton, Carthalo s'était dressé sur son lit de camp. Des bruits insolites l'avaient éveillé.

— Que se passe-t-il ? demanda le Libyen.

— Rien qui te concerne. Ne bouge pas, sinon tes blessures vont se rouvrir.

Carthalo s'avança jusqu'au seuil de la tente. L'orage venait d'éclater et un véritable déluge s'abattait sur le camp. On distinguait, lorsqu'un éclair balayait le sol, des groupes réguliers qui annonçaient le rassemblement. Il jeta son manteau sur ses épaules, repoussa brutalement Yaton, marcha en titubant jusqu'à la tente d'Hannibal où se tenait un ultime conseil de guerre. Son arrivée créa un mouvement de stupéfaction. On croyait le Libyen à l'article de la mort, et voilà qu'il surgissait comme un spectre. On le fit asseoir, un serviteur lui apporta une coupe de vin chaud aromatisé.

— Que s'est-il passé ? demanda Hannibal. Que sont devenus Vestrix et ses hommes ?

— Les dieux seuls pourraient le dire, murmura le Libyen.

La reconnaissance envoyée sur la rive gauche avait été cernée. Les hommes s'étaient battus avec la dernière énergie, mais ils avaient succombé sous le nombre. Au moment où les Barbares les avaient capturés, ils n'étaient plus qu'une poignée, dont Vestrix et Carthalo. Malgré ses blessures, le Libyen était parvenu à s'enfuir à la faveur de la nuit.

— Vestrix..., ajouta Carthalo à voix basse. J'ignore s'il est encore en vie, mais j'en aurai le cœur net. Il s'est battu comme un lion.

Hannibal lui exposa en quelques mots le projet qu'il avait mûri avec Hannon.

— Je partirai avec toi, dit Carthalo à Hannon. Ne me jugez pas sur ma mine. Mes blessures sont superficielles. Je peux très bien monter de nouveau à cheval.

— Je suppose, dit en souriant Hannibal, qu'il faudrait te mettre aux fers pour t'empêcher de suivre Hannon. Aussi je me résigne.

— J'ai une autre raison de vouloir retourner là-bas, fit Carthalo d'une voix glacée. Ces Barbares m'ont dérobé le joyau auquel je tenais comme à ma vie : la louve de bronze.

Le jour se leva sur un paysage haché par l'orage. Le fleuve avait subi une crue importante, mais l'eau n'avait pas atteint les embarcations. Par contre, une mauvaise surprise attendait Hannibal : une dizaine de sentinelles avaient été égorgées durant le dernier quart ; des traces de pas dans la terre molle ne laissaient subsister aucun doute : les Barbares avaient traversé le fleuve pour commettre leur forfait. La rive opposée paraissait déserte, ce qui présageait une attaque prochaine.

Les embarcations achevées, l'armée se mit à travailler avec acharnement aux pontons. Hannibal avait prévu, comme pour le passage de l'Èbre, un appontement sur pilotis destiné à réduire le trajet que les embarcations auraient à accomplir. Mais les circonstances devaient le conduire à modifier son projet. Il faudrait se résoudre à amarrer purement et simplement les tabliers des appontements à l'aide de cordes aux arbres de la rive. Une première expérience se révéla concluante.

Après une journée de travail, tout était en place. Trois jetées s'avançaient sur le lit du fleuve. Dès que les premiers contingents de soldats pourraient passer le Rhône, ils emmèneraient avec eux des pontonniers qui installeraient les mêmes dispositifs sur la rive opposée.

Au milieu de la nuit, un accident vint tout remettre en question. Lâchés sans doute à peu de distance par des Barbares, d'énormes troncs d'arbre vinrent percuter de plein fouet les installations qui volèrent en éclats. Le lendemain, il fallut recommencer le travail de la veille.

Un silence de mort planait sur le camp des Carthaginois. Hannibal revenait d'inspecter les nouveaux appontements.

— C'est le moment, dit-il à Maharbal qui venait à sa rencontre. Je viens d'apercevoir un signal de fumée à l'endroit convenu. Hannon est installé sur ses positions. Il ne va plus tarder à attaquer. Mais je ne suis pas rassuré. Tout est trop calme. Quelque chose me dit que Scipion n'est plus loin à présent. Bostar, comment se comportent les éléphants ?

Bostar fit la grimace. Il avait dû, quelques heures auparavant, corriger d'importance un jeune mâle qui, ayant brisé ses entraves, fuyait dans une charge terrible à travers la forêt. Il avait fallu lancer une douzaine de cavaliers à ses trousses.

— C'est un mauvais présage, dit Bostar.

Hannibal congédia sans aménité le maître des éléphants. C'était assez de ses propres angoisses sans y ajouter celles de l'officier. Hannibal le soupçonnait de chercher à lui faire abandonner son projet de conduire les éléphants au-delà du Rhône. Il ne cessait de répéter que pas un ne reviendrait vivant de cette aventure et que lui, Bostar, ne pourrait jamais survivre à cette hécatombe. Khasil, qu'il avait pris pour confident de ses craintes, se moquait de lui.

Tandis que l'aube verte naissait des brumes du Rhône, Hannibal, monté sur Baal, avait procédé en silence à une ultime inspection. Il s'étonna de ne pas voir Marco et Bizo. L'heure était mal choisie pour s'occuper de ces deux gaillards, mais Hannibal les envoya chercher et fronça le sourcil lorsqu'on lui apprit qu'ils étaient introuvables. Il songea avec un vif sentiment d'irritation qu'ils avaient dû, sans solliciter son autorisation, s'embarquer avec leur ami Carthalo dans l'expédition en amont du fleuve. Dès que le soleil paraîtrait, un courrier devait quitter le village de Boulbo pour l'Espagne, en passant par Ensérune. Bostar et Khasil, interrogés, furent impuissants à fournir la moindre réponse. Hannibal retourna sa colère contre Bostar qui baissa la tête sans répondre.

— Tâche de me les ramener vivants, gronda Hannibal, sinon tu en répondras sur ta tête !

Les fantassins de la Cohorte Sacrée s'embarquèrent les premiers dans les chaloupes. Ils devaient occuper le point de débarquement prévu de l'autre côté où les appontements étaient déjà en place et les défendre jusqu'à la mort en cas d'attaque. Les embarcations étaient chargées à couler bas. Les hommes s'y tenaient immobiles, collés les uns aux autres, retenant leur souffle.

Durant l'opération, Hannibal ne perdait pas de vue la rive opposée. Il y régnait un calme tel que l'on pouvait entendre des concerts d'oiseaux. Pas une silhouette insolite ne se dessinait à la limite des eaux. Les premières barques passèrent sans encombre. Un à un, les hommes disparaissaient dans les taillis, à peine avaient-ils mis le pied sur la terre ferme. Hannibal se sentit délivré d'un poids énorme qui l'oppressait depuis le réveil, quand une voix roula comme un éclat de tonnerre :

— Les Barbares ! Ils attaquent !

Hannibal se rua vers la rive. Tandis que, sur le fleuve, le va-et-vient des chaloupes continuait, une rumeur confuse s'élevait de l'autre côté. La Cohorte Sacrée devait être aux prises avec les premiers assaillants.

— Hannon ! s'écria Hannibal. Qu'attend-il donc pour attaquer ?

Comme si Hannon avait entendu cet appel, une épaisse fumée s'éleva sur les arrières des retranchements barbares. Elle monta lentement dans le ciel, s'y épanouit en corolle. Hannibal s'embarqua à son tour, laissant à Maharbal le soin de poursuivre les manœuvres de transbordement des troupes.

Sur plusieurs lignes, le Rhône était sillonné par des embarcations tirant des grappes de chevaux affolés, trois ou quatre sur chaque bord, que les hommes maintenaient à grand-peine, au risque de faire chavirer les chaloupes. La fièvre était telle que plusieurs barques se retournèrent et qu'hommes et chevaux furent entraînés. Il n'était pas question de rattraper les bêtes. Quant aux hommes, seuls parvenaient à regagner le bord ceux qui portaient un équipement léger. Les autres sombraient inexorablement.

Lorsque Hannibal prit pied sur la terre ferme, la confusion était à son comble. Autour de la Cohorte Sacrée qui, rangée le long de la berge, protégeait le débarquement, bourdonnaient des essaims de Barbares demi-nus qui sortaient de toutes parts. Hannibal se porta en avant, suivi d'un groupe de braves, dans l'intention de faire sa jonction avec les premiers éléments de la troupe conduite par Hannon. Tout autour de lui, sur la pente de la colline, grondaient des chants de guerre assourdissants.

Un flottement se manifesta dans les rangs des Barbares lorsque Hannon lâcha sa cavalerie à bride abattue sur les retranchements adverses. Des huttes se mirent à crépiter en libérant des paquets d'étincelles et de brindilles enflammées qui tourbillonnaient au-dessus de la bataille. Hannibal profita de la confusion pour rallier autour de lui l'ensemble de la Cohorte Sacrée. Au milieu de la fumée et des lueurs d'incendie, il aperçut un cavalier dont la cuirasse de bronze brillait sous le manteau rouge. C'était Hannon. Radieux, ses dents découvertes par un rire féroce, son glaive tournoyant au-dessus de son casque, il était beau et puissant comme Hadad, dieu des Armées.

— Hannon ! s'écria Hannibal.

Il s'écroula par-dessus l'encolure de son cheval. Une hache de guerre lancée à toute volée venait de l'atteindre à la tête.

Lorsque le général rouvrit les yeux, quelques minutes plus tard, un terrible combat au corps à corps se livrait à quelques pas. Il tenta de se dresser sur ses jambes mais ne put y parvenir. Le monde autour de lui paraissait emporté par une giration vertigineuse. Le choc avait enfoncé le casque. Sans cette protection, Hannibal eût eu le crâne broyé.

La situation paraissait toucher aux limites de la confusion. Cependant, l'issue de la bataille ne faisait aucun doute. Les contingents carthaginois continuaient à débarquer en un incessant va-et-vient. Hannon et Carthalo accomplissaient des prodiges : ils taillaient en pièces les arrières des Barbares qui commençaient à perdre pied et refluaient en désordre vers le sud sans cesser de se battre avec acharnement. Malgré ses récentes blessures, c'est Carthalo qui, plus encore que Hannon, donnait l'exemple du courage. Lancé à toute volée dans un groupe de Gaulois, il faisait le vide autour de lui. Parfois, il descendait de cheval, se penchait sur un cadavre ou un blessé, paraissait chercher quelqu'un ou quelque chose. Maharbal pensait qu'il était à la recherche de Vestrix. Mais Hannibal, lui, savait ce que Carthalo cherchait : le bijou de bronze qu'il avait ravi à Brutius, et que les Barbares, à leur tour, lui avaient dérobé.

L'absence de Marco et de Bizo préoccupait également Hannibal. Ils n'avaient pas suivi Hannon dans son incursion sur la rive gauche du Rhône, ainsi qu'il l'avait d'abord supposé. Dans les heures qui suivirent, Hannibal tenta vainement de chasser cette préoccupation de son esprit ; elle revenait le hanter sans relâche. Il avait beau se répéter que la vie de ces deux fortes têtes ne pesait guère dans les événements qui, en ce moment même, faisaient craquer le monde ; il ne pouvait s'empêcher de se poser des questions obsédantes. Marco... Bizo... Il s'était attaché à eux, au regard franc de Marco, aux joues rondes de Bizo, à leurs jeux, à leurs perpétuelles facéties. Leur présence quotidienne autour de lui donnait parfois à cette harassante campagne une allure de fête de famille. Et voilà que, brusquement, ils disparaissaient comme s'ils n'avaient été qu'une illusion.

Au milieu du jour, la bataille avait pratiquement cessé. Quelques lambeaux de la horde, après s'être regroupés, jetèrent encore de féroces assauts contre la Cohorte Sacrée, véritable récif de fer et de bronze ancré à la terre. Ils s'y écrasaient, s'y empalaient sans parvenir à ouvrir la moindre brèche. Le cœur serré, Hannibal assistait à ces assauts désespérés qui lui faisaient l'effet d'un suicide collectif. Ce fut leur dernier sursaut. Les survivants quittèrent le fleuve pour rejoindre ceux des leurs repliés derrière une masse de forêt qui limitait l'horizon du sud.

Dans l'après-midi, alors qu'Hannibal faisait le compte de ses pertes, un chef gaulois se présenta, demandant la permission de retirer ses blessés.

— Vous vous êtes bien battus, lui répondit Hannibal. Je ne puis te refuser cette faveur.

Le chef parut désarmé.

— Que demandes-tu en échange ?

Hannibal répéta qu'il s'agissait d'une faveur. Le chef ouvrit des yeux ronds.

— Tu es bien Hannibal ? Hannibal Barca ?

Le Barbare se renversa soudain en arrière et éclata de rire.

— Sais-tu ce que l'on raconte à ton sujet ? Que tu es un monstre noir de peau comme un fond de marmite, avec des dents de loup et des griffes à la place des ongles. Peux-tu me dire quelle saveur peut avoir la chair des nouveau-nés ? Il paraît qu'on t'en sert à chaque repas !

— Qui fait courir de telles insanités ? s'indigna Hannibal. Les Romains, je le présume. C'est pour avoir cru à cette fable que tes guerriers se sont fait massacrer alors que notre intention était de traverser votre territoire sans vous causer le moindre tort. Voilà où mène la crédulité : aux guerres les plus cruelles et les plus stupides !

Le visage du chef avait retrouvé sa gravité. Son regard se mit à flamber sous ses sourcils broussailleux. D'un geste rapide, il jeta son glaive aux pieds d'Hannibal.

— Je prends les dieux à témoin que nous avons été abusés ! dit-il d'une voix âpre. Désormais, j'en fais le serment, tu peux disposer de mon bras et de mon glaive. Et que Rome périsse !

Hannibal sourit.

— Vous avez payé votre erreur assez cher. Retourne parmi les tiens. Répète-leur ce que tu viens de me dire et raconte-leur ce que tu as vu. Je me contenterai d'un groupe d'une centaine d'éclaireurs pour me guider jusqu'aux Alpes. Un dernier mot : sais-tu ce qu'est devenu ce jeune chef gaulois Vestrix, que tes hommes ont capturé ?

Le chef se gratta la barbe.

— Je l'ignore, avoua-t-il. La dernière fois que je l'ai vu, il était encore vivant. Nous l'avions enfermé dans une hutte. Je crois que tes cavaliers l'ont incendiée. Si Vestrix n'est pas parvenu à se dégager, je crains que…

Une voix l'interrompit :

— Misérable !

Carthalo venait de faire irruption au milieu du groupe. Il allait se jeter contre le Barbare quand Hannibal s'interposa.

— La louve de bronze ! rugit Carthalo. C'est lui qui me l'a volée. Dis-lui de montrer sa poitrine.

Le Barbare écarta brutalement Hannibal.

— Toi qui m'as injurié, gronda-t-il. Laisse-moi reprendre mon arme et viens te battre contre moi. Cette amulette, je te l'ai prise en combattant. Elle m'appartient.

— Ce bijou, intervint Hannibal, n'a aucune valeur pour toi. Rends-le à son propriétaire.

Aucune valeur… Pour le Barbare, cette amulette avait un caractère sacré et un pouvoir mystérieux : elle donnait une force et un courage surhumains à qui la possédait. Il avait vu de ses propres yeux Carthalo venir à bout de dix de ses guerriers avant d'être capturé. Hannibal sourit : Carthalo en aurait fait tout autant sans amulette. Il promit au Barbare, en échange, un casque empanaché de plumes d'autruche, un manteau de pourpre et un plein coffret de perles de verre. Le Barbare défit la chaînette, jeta la louve de bronze aux pieds de Carthalo qui la ramassa avec une sorte de dévotion. Il n'était pas éloigné de penser, comme le chef, que ses vertus guerrières avaient leur origine en grande partie dans la possession de ce bijou qui avait marqué de son empreinte la chair de ses compagnons.

La quasi-totalité de l'armée acheva la traversée dans le courant de la journée. Sur le fleuve, la rive opposée une fois dégagée, le va-et-vient des chaloupes avait recommencé. Le tumulte prenait de l'ampleur au fur et à mesure que les heures passaient. Hannibal et les officiers chargés de le seconder dans cette opération avaient toutes les peines du monde à éviter qu'elle ne dégénérât en panique. Une barque sur dix chavirait en plein courant et, bien que l'on eût pris la précaution de délester les hommes de leurs équipements, nombre d'entre eux partaient à la dérive avec des appels de détresse qui se mêlaient aux hennissements des chevaux terrorisés.

— En comptant les pertes que nous avons éprouvées durant le combat, estima Hannibal, nous aurons perdu environ deux mille hommes et deux cents chevaux. C'est beaucoup plus que je ne pensais.

On lui apporta une nouvelle pire encore : les Romains approchaient à marches forcées. Le chef barbare l'affirmait : ses hommes avaient aperçu une reconnaissance de trois cents cavaliers guidés par des Gaulois à la solde de Massalia, qui remontait le fleuve par la rive gauche. Sans tergiverser, Hannibal envoya contre eux un corps de cinq cents cavaliers numides conduits par Muttinès. Puis il s'attacha, après une bonne nuit de sommeil, à la tâche la plus ardue : le passage des éléphants.

À peine Hannibal, la tête lourde encore à la suite de sa blessure de la veille, mais le corps dispos et massé de frais, quittait-il sa tente qu'il aperçut, dans la direction du retranchement occupé la veille par les Barbares, un groupe fort animé. Il se dirigea vers lui et se trouva en présence d'une sorte de délégation qui paraissait fourbue. Un jeune homme de petite taille, portant, sur une cotte de cuir, les insignes de sa puissance sous forme de colliers de bronze, d'argent et d'or, sauta de son cheval et s'inclina devant le général.

— Je me nomme Magil. J'ai franchi les Alpes pour t'apporter le salut de mon peuple et demander pour lui aide et protection.

Stupéfait mais ravi, Hannibal écouta ce jeune roi au visage d'enfant lui raconter les misères de son peuple — des tribus des rives du Pô — livré aux exactions et aux exigences toujours accrues de Rome. La République fondait des villes, des colonies, dans ces terres qui ne lui appartenaient pas ; elle raflait des tribus entières sous les prétextes les plus futiles pour se procurer des esclaves à bon compte ; elle chassait sans vergogne de son territoire le peuple dont Magil était le souverain, le rejetant vers les montagnes du Nord.

À l'annonce des projets d'Hannibal, au bruit de ses premiers exploits, toute la Gaule cisalpine avait été soulevée par un même souffle de révolte contre les légions de Manlius ; elle les aurait exterminées si quelque chef de guerre de la qualité d'Hannibal s'était révélé parmi les Barbares. Il n'en avait rien été. Manlius, dégagé d'une situation désespérée par les légions de Scipion, s'était cruellement vengé.

— Aujourd'hui, ajouta Magil d'une voix brisée, la misère est à son comble. Mon peuple t'attend. À peine auras-tu franchi les Alpes, il accourra vers toi pour te protéger, te guider, te servir. Promets de nous restituer notre indépendance et nos libertés en soumettant

Rome, et pas un homme de mon peuple ne refusera de mourir pour toi.

Hannibal avait écouté le petit roi sans l'interrompre. Ses paroles pénétraient en lui, y faisaient germer une émotion brûlante, un espoir dévorant. Magil était celui qu'Hannibal attendait. Il était la lumière qui s'allumait au seuil de l'inconnu, la main qui se tendait vers la sienne par-dessus les obstacles, la voix qui le guidait au milieu de la nuit. Dans sa lutte contre Rome, Hannibal apportait la puissance de ses armes ; Magil offrait un élément de prix : la confiance.

— Je savais, poursuivit Magil, que les propos répandus par Rome à ton sujet étaient des fables. Tu n'es pas le monstre couleur de nuit, à la peau écailleuse, l'hydre gorgée de chair humaine dont ils nous peignaient le tableau. Ils allaient même jusqu'à prétendre que tu possédais un immense troupeau de mastodontes hauts comme trois ou quatre hommes debout, qu'ils appellent « éléphants ».

Hannibal ne put retenir un éclat de rire.

— Pour une fois, ils ont dit vrai. Mes éléphants sont de l'autre côté du fleuve. Ils vont le traverser aujourd'hui même, sous tes yeux.

La mine sceptique de Magil amusa Hannibal. Il se leva, entoura de son bras l'épaule du petit roi.

— Magil, ta visite me cause une joie profonde. Ce que tu m'as dit, il faudra le répéter à l'armée tout entière. Tes paroles vont apporter à mes hommes les apaisements et la confiance qui leur manquaient au moment de s'engager dans la montagne. Des interprètes traduiront tes paroles dans toutes les langues. Magil, ce sont les dieux qui t'envoient !

Au prix d'efforts inouïs, les pontonniers étaient parvenus à construire sur la rive gauche du Rhône trois appontements identiques à ceux de la rive droite. Tout était prêt, désormais, pour le passage des éléphants.

Hannibal tint à diriger lui-même les opérations qui se déroulèrent sous un soleil de plomb, dans l'haleine suffocante qui soufflait du sud où brûlaient d'immenses étendues de garrigues. Les bêtes, devinant qu'il se passait quelque chose d'anormal, étaient nerveuses et inquiètes. Bostar ne l'était pas moins. À plusieurs reprises, Hannibal dut le rabrouer pour qu'il cessât de trembler. Le maître des éléphants, accompagné de Khasil, passait, la mine sombre, d'une bête à l'autre, persuadé qu'au soir de cette journée il ne retrouverait pas le quart de son troupeau sur l'autre rive.

— Regarde bien, Magil, dit Hannibal. Nos pontonniers ont accompli un travail extraordinaire. Tout devrait se passer le mieux du monde.

Après quelques réticences vite vaincues, Magil accepta de se placer derrière Hannibal sur l'échine de Baal. De cette position, ils dominaient l'ensemble du théâtre où allait se dérouler l'un des épisodes les plus audacieux de l'expédition.

Hannibal montra un alignement de radeaux dont chacun mesurait une vingtaine de pieds de long. On les distinguait mal, le long de la berge, revêtus qu'ils étaient de terre et de gazon pour tromper les mastodontes, le moment venu de les lâcher sur le fleuve.

L'appontement qui s'avançait au milieu du Rhône retint l'attention de Magil. Il était composé de radeaux liés par couples d'environ cinquante pieds de longueur. Ces éléments étaient supportés par des pieux profondément fichés dans le lit du fleuve, supportant un tablier à toute épreuve, constitué par les radeaux.

— Malgré la solidité de ce dispositif, dit Hannibal, nous avons craint que le courant, comme cela s'est déjà produit, ne l'emportât. C'est pourquoi nous l'avons arrimé aux arbres, en amont. Nous avons ainsi sur cent soixante-dix pieds un appontement où nos éléphants pourront avancer sans risque. Maintenant, regarde bien !

Aidés par des gens de Boulbo, les pontonniers puniques venaient de transporter à l'extrémité de l'appontement deux radeaux liés ensemble. La mise à l'eau de ces monstrueuses embarcations demanda beaucoup de temps. Il fallut ensuite les relier à la jetée par un système de cordages qui pourraient, une fois les éléphants embarqués, être relâchés rapidement pour libérer l'esquif.

On fit avancer les premiers éléphants tandis que les rameurs prenaient place dans deux grosses chaloupes qui devraient convoyer les radeaux et lutter contre le courant. Pour plus de sûreté, elles devaient être halées de l'autre bord par de solides cordages.

À sa grande surprise, Magil constata que la première bête à s'aventurer dans le fleuve était une jeune éléphante que les « Indiens » poussèrent dans le courant.

— Elle montrera l'exemple, dit Hannibal. Ce sera la « conductrice » du troupeau.

Le premier éléphant installé, non sans peine, sur les radeaux attachés à l'extrémité de la jetée, l'énorme embarcation se détacha des éléments fixes, les cordes rompues dans un craquement énorme. La gorge sèche, le souffle court, Hannibal vit l'éléphant fléchir sur ses jarrets, menaçant de faire chavirer l'esquif et d'écraser dans sa chute l'un des quatre Indiens chargés de l'escorter. Il soupira d'aise en constatant que le mastodonte avait rétabli son équilibre au dernier moment. Dans les chaloupes, les hommes souquaient ferme avec de profonds ahans. La jeune éléphante se comportait vaillamment ; engagée dans le courant, entre les deux chaloupes dont celle qui était placée en amont restreignait la puissance, elle nageait avec vigueur, la trompe haute, les oreilles largement déployées, avec une aisance un peu lourde.

Lorsque le pachyderme eut pris pied sur la terre ferme, une clameur de joie jaillit de toute l'armée, succédant au profond silence qui avait enveloppé cette première traversée. Hannibal et Magil mêlèrent leur joie à ce concert.

— C'est prodigieux ! répétait le petit roi. Quand je raconterai cet exploit à mon peuple, il aura du mal à me croire. Je suis sûr, maintenant, que tu pourras franchir les Alpes !

Toutes les traversées n'eurent pas le succès de la première.

Certains éléphants, et notamment les vieux mâles, une fois qu'ils se sentaient prisonniers du courant, emportés loin de la terre ferme, seuls sur l'immensité du fleuve, se sentaient gagnés par l'angoisse et la colère. Plusieurs firent chavirer leurs embarcations d'escorte mais parvinrent en nageant à gagner la rive opposée où les Indiens les rattrapaient, non sans peine. Par contre, des éléphantarques laissèrent leur vie dans cette aventure.

— L'Italie est à toi ! s'écria Magil. Hannibal, lorsque tes éléphants marcheront sur Rome, aucune légion ne pourra les arrêter !

Hannibal sourit. Il n'osa avouer à Magil que, malgré leur puissance, ces mastodontes étaient d'une surprenante fragilité dès qu'on les arrachait à leur milieu naturel et à leur existence normale. Ils peinaient dans les longues marches. Mal nourris, ils perdaient vite leur force ; leur caractère devenait irascible et sournois. La chaleur les incommodait ; le froid les paralysait. Ils redoutaient les terrains accidentés et, en montagne, ils avançaient péniblement ou refusaient d'obéir aux injonctions de leurs gardiens. Il suffisait de quelques piqûres de moustiques pour les rendre irritables, d'une épine plantée sous leur patte pour ralentir leur marche. Redoutables, certes, ils l'étaient sur le champ de bataille, lorsqu'ils chargeaient l'ennemi en rase campagne mais ils pouvaient l'être aussi contre ceux qui les utilisaient si la panique s'emparait d'eux. Ils écrasaient tout sur leur passage, sans se préoccuper de savoir si ceux qui tombaient sous leur charge étaient ou non des ennemis. Il ne restait alors d'autre solution, si l'on en avait le loisir, que de les abattre d'un coup de poinçon foudroyant dans le cervelet.

Lorsque le soleil disparut derrière les collines de l'ouest, le dernier éléphant franchissait le Rhône. C'était Baal. Il s'engagea sans la moindre hésitation sur la jetée et sur les radeaux, jouant à arracher les mottes de terre et à les jeter au visage de Khasil et de Bostar qui l'encadraient. Il ne broncha pas durant toute la traversée. Parvenu sur l'autre rive, il salua ses congénères rassemblés d'un barrissement retentissant accompagné d'une série de petits grognements de plaisir à l'intention de l'une des femelles « accompagnatrices » qui, depuis la mort de Mhadia, était sa favorite.

— Le train des équipages passera demain, dit Hannibal en abordant de nouveau sur la rive droite.

Puis il procéda à une rapide inspection de son armée regroupée sous les ordres de Maharbal.

Il allait se retirer dans sa tente, harassé par cette fiévreuse journée, lorsqu'il aperçut un cavalier qui accourait, couché sur l'encolure de son cheval. À sa cape rouge, il reconnut un Punique. Son cœur se serra lorsqu'il constata qu'il s'agissait de Muttinès. À la place des cinq cents cavaliers numides qui l'avaient accompagné vers le sud à la rencontre des reconnaissances de Scipion, chevauchaient péniblement quelques dizaines de malheureux couverts de sang, de sueur et de poussière qui avaient du mal à se tenir en selle.

Muttinès se laissa tomber de cheval, s'accrocha à la selle pour ne pas s'écrouler.

— Les Romains…, murmura Muttinès. Ils approchent !

ENTRACTE

AU PROGRAMME

- ROMANCIER DE NOTRE HISTOIRE
- LES GUERRES PUNIQUES : REPÈRES CHRONOLOGIQUES
- HANNIBAL : REPÈRES BIOGRAPHIQUES
- LE PASSAGE DES ALPES
- LES HISTORIENS DES GUERRES PUNIQUES :
  - Tite-Live
  - Cornelius Nepos
- AUTOUR DU PASSAGE DES ALPES
  - *Contes et récits de l'histoire de Carthage* (J. Defrasne)
  - *Les Éléphants d'Hannibal* (W. Camus)
  - *Moi, Hannibal* (M. Cyprien)
  - *Tumulte à Rome* (O. Weulersse)
  - *Les Mercenaires* (L. Cahun)
  - *Retour à Carthage* (D. Kircher)
  - *Rome doit être détruite* (P. Barbet)
  - *La Patrouille du temps* (P. Anderson)
  - *L'Impresario d'Hannibal* (S. Blue)
- HONNEUR AUX ÉLÉPHANTS !
- AVEZ-VOUS BIEN LU LE ROMAN ET L'ENTRACTE ?
- POUR ALLER PLUS LOIN...

ROMANCIER DE NOTRE HISTOIRE

Né à Brive en 1922, **Michel Peyramaure** a d'abord travaillé dans l'imprimerie paternelle, où il imprime ses premiers ouvrages : des poèmes et des contes. Son œuvre est marquée par les images du Limousin et du Périgord, où s'enracine la vie de ses personnages, ressuscitant les temps les plus troublés de l'histoire de la France : la préhistoire, le Moyen Âge, période où se situe son premier roman, *Le Bal des Ribauds*, et la Révolution. Mais aussi témoin de son temps, il publie des livres à caractère régionaliste, sur la Corrèze et toujours le Limousin.

Ainsi, tour à tour, en véritable poète géographe, archéologue, historien, il transporte le lecteur dans le monde de Lascaux avec les héros de *La Caverne magique* ; nous fait vibrer dans *La Passion Béatrice*, adaptée au cinéma par Bertrand Tavernier en 1987, au rythme d'un amour incestueux à la fin de la guerre de Cent Ans ; ou encore nous mène en promenade, à travers les flâneries des *Sentiers et randonnées du Limousin à pied, à bicyclette*.

LES GUERRES PUNIQUES : REPÈRES CHRONOLOGIQUES

Les Colosses de Carthage *qui racontent la traversée des Alpes par Hannibal et ses troupes se passe au début de la deuxième guerre punique. On trouvera ci-dessous une chronologie de ce conflit qui opposa Rome et Carthage, au cours de trois guerres qui durèrent plus d'un siècle, de 264 à 146 av. J.-C.*

LA PREMIÈRE GUERRE PUNIQUE (264-241)

264 Les Romains débarquent en Sicile et concluent une alliance avec la cité de Syracuse contre les Carthaginois.

262 Après la prise de Sélinonte, en Sicile, les Romains décident de construire une flotte de guerre.

260 Première victoire navale romaine à Myles.

256 Après la victoire romaine d'Ecnome, le consul Regulus débarque en Afrique.

255 Devant Carthage l'armée romaine est vaincue et Regulus fait prisonnier.

254 La flotte romaine est détruite par une tempête devant Camarina (Sicile).

249 Victoires carthaginoises à Drépane et à Lilybée (Sicile).

247 Hamilcar Barca, père d'Hannibal, harcèle les Romains en Sicile.

241 Victoire navale romaine aux îles Ægates. Carthage doit demander la paix. Elle perd la Sicile, les îles Ægates et Lipari.

L'ENTRE-DEUX GUERRES (240-219)

240-238 Révolte des mercenaires que Carthage refuse de payer (c'est le sujet du roman de Flaubert, *Salammbô*, Pocket Classiques, n° 6088). Rome annexe la Corse et la Sardaigne.

237-229 Hamilcar Barca, parti en Espagne pour occuper de nouveaux territoires, est tué au siège d'Elche.

228-221 Hasdrubal, gendre d'Hamilcar, fonde Carthagène (221).

221-219 À la mort d'Hasdrubal, Hannibal prend le commandement de l'armée punique d'Espagne. En 219, il prend Sagonte, ce qui déclenche la deuxième guerre punique.

LA DEUXIÈME GUERRE PUNIQUE (218-202)

Après avoir quitté l'Espagne, Hannibal franchit le Rhône et les Alpes, en 218 (*c'est le sujet de notre roman*).

Les Carthaginois, une fois franchies les Alpes, sont vainqueurs au Tessin et à la Trébie (218), au lac Trasimène (217), à Cannes (216). Capoue (dans le sud de l'Italie), en 216, et Syracuse, en Sicile, en 215, se rangent aux côtés d'Hannibal. En Espagne les Romains sont défaits (211) et Hannibal fait une incursion jusqu'à Rome (211).

Mais les Romains se ressaisissent, reprennent Capoue (212-211) et Syracuse (212). P. Cornelius Scipion mène une contre-offensive victorieuse en Espagne (prise de Carthagène en 209). Mais les Carthaginois perdent le pays en 206.

Scipion débarque en Afrique en 204 et remporte, en 202, face à Hannibal rentré d'Italie, la victoire de Zama. La guerre est terminée et Carthage vaincue.

UN DEMI-SIÈCLE DE CONQUÊTES ROMAINES (201-150)

Rome va, entre 201 et 168, devenir la maîtresse de la Grèce. Hannibal se suicide (182 ou 183). Il ne reste plus qu'à abattre définitivement Carthage.

LA TROISIÈME GUERRE PUNIQUE (150-146)

Déclarée en 150 par Rome sous un faux prétexte, la guerre ne va pas durer longtemps. Lorsque les Carthaginois comprennent que les Romains, débarqués en Afrique en 149, veulent détruire leur cité, ils décident de résister. Après trois ans de siège, Carthage est prise et rasée au printemps de 146.

HANNIBAL : REPÈRES BIOGRAPHIQUES

Le destin d'Hannibal se confond presque avec les guerres puniques. On indiquera ici quelques dates essentielles. Sur le conflit, voir les pages précédentes.

247 Naissance d'Hannibal, fils d'Hamilcar Barca.

237 Hannibal accompagne son père en Espagne (épisode du « serment d'Hannibal », voir p. XVII le texte de Cornelius Nepos).

221 Hannibal succède à son beau-frère Hasdrubal, assassiné à Carthagène qu'il vient de fonder.

218-202 Deuxième guerre punique (voir p. V). Signalons qu'en 217 le général carthaginois perd un œil à la suite d'une ophtalmie contractée dans les marais de l'Arno (Italie du Nord). L'un de ses deux frères, Hasdrubal (qu'il ne faut pas confondre avec l'autre Hasdrubal, son beau-frère), est vaincu, en 207, à la bataille du Métaure, où il trouve la mort. En 202, les deux plus grands chefs militaires de l'époque (et, sans doute, pour Hannibal, l'un des plus grands de tous les temps) se rencontrent à Zama. Hannibal est vaincu.

201-196 Hannibal garde ses vétérans pour les employer à des travaux agricoles.

196 Hannibal, élu suffète (premier magistrat) de Carthage, s'attire l'inimitié de ses concitoyens.

195 Menacé d'être arrêté et livré aux Romains, il s'enfuit en exil, rejoint par son autre frère, Magon.

192-191 Hannibal combat les Romains comme conseiller militaire du roi Antiochus III.

190 Hannibal commande la flotte d'Antiochus dont la défaite en 189 à Magnésie le contraint à un nouvel exil.

189-187 Errances en Crète, puis en Arménie.

187-183 Hannibal trouve refuge auprès du roi Prusias de Bithynie. Mais, en 183 (ou 182), sur le point d'être livré par Prusias aux Romains, il se suicide.

LE PASSAGE DES ALPES

Après avoir quitté l'Espagne, en juin 218, Hannibal se dirige vers la Gaule. De nombreuses difficultés l'attendent. Il doit lutter contre des populations non soumises aux Carthaginois sur le territoire de l'actuelle Catalogne avant le franchissement des Pyrénées. Il emmenait avec lui 90 000 fantassins, 12 000 cavaliers et... 37 éléphants qui méritent le détour !

C'est Alexandre qui le premier comprit quel usage guerrier on pouvait faire de ces animaux à la bataille d'Arbèles en 331. Mais ils furent introduits en Occident par le roi d'Épire Pyrrhus. C'étaient des éléphants d'Asie (*Elephas indicus*) qui portaient sur leur dos une petite tour avec deux archers.

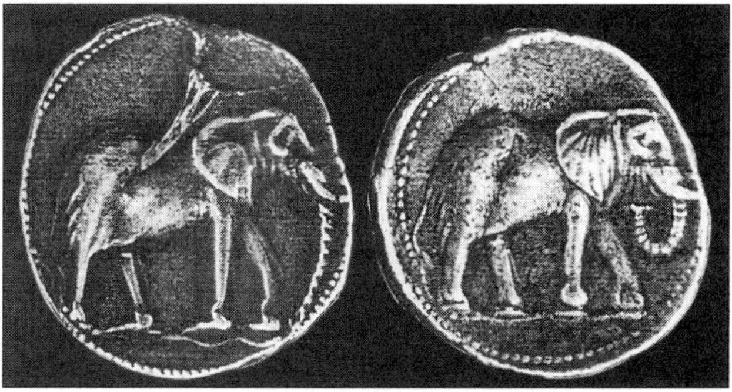

Les Carthaginois adoptèrent l'animal qu'ils utilisèrent en Afrique contre Regulus pendant la première guerre punique, puis contre les mercenaires révoltés. Cependant ce n'étaient pas des éléphants d'Asie, dont la hauteur d'épaule dépasse souvent trois mètres, pas plus que les éléphants de brousse africains encore plus grands. Ce furent des éléphants de forêt, africains eux aussi (*Loxodonta africana cyclotis*), de plus petite taille (deux mètres cinquante à l'épaule) qui les accompagnèrent. On les reconnaît à leurs oreilles aux pavillons énormes, aux lobes arrondis, avec une concavité marquée au milieu du dos, une trompe annelée et de longues défenses. Ils composent la troupe d'Hannibal, à l'exception peut-être d'un seul animal que le naturaliste Pline l'Ancien appelle Surus (« le Syrien »), qui est peut-être d'origine asiatique et qui passait pour l'éléphant le plus vaillant de l'armée punique.

La petite taille – relative – de ces éléphants interdisait qu'on place sur leur dos des tours de combat. Ils avaient seulement des cornacs (qu'on nomme traditionnellement des « Indiens »). Lorsque ces cornacs risquaient de perdre le contrôle des bêtes, au cours des combats, ils les abattaient en leur enfonçant, à l'aide d'un maillet, un ciseau dans la nuque.

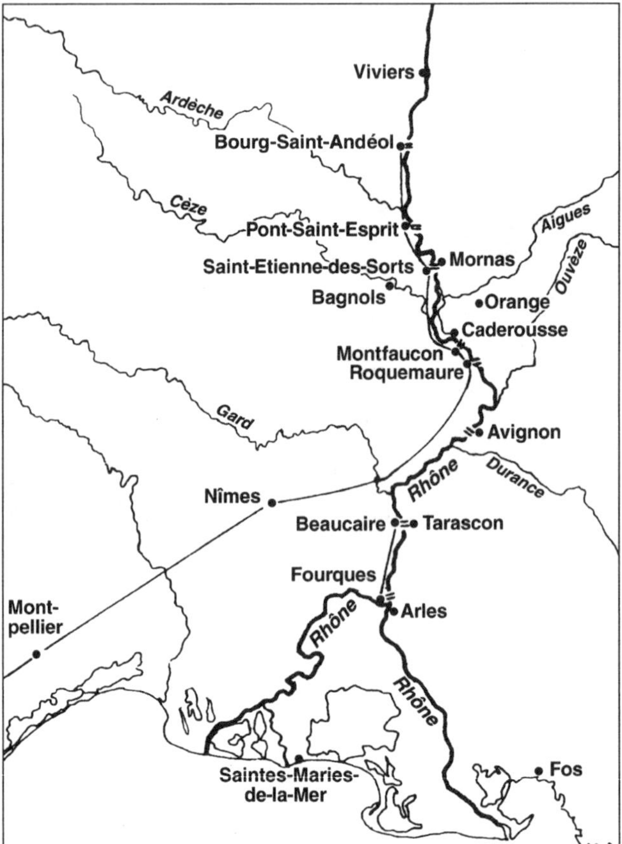

La traversée du Rhône (les points de passage les plus probables sont entre Roquemaure et Pont-Saint-Esprit).

Les Pyrénées franchies, Hannibal se retrouve avec 50 000 fantassins, 9 000 cavaliers et toujours ses 37 éléphants. Nous sommes fin juillet 218 et le général va devoir franchir le Rhône en un lieu qui n'a pas été défini avec précision (voir carte p. VIII) mais qu'on peut situer entre Roquemaure et Pont-Saint-Esprit. Quelques difficultés l'attendent : escarmouches avec les Romains et, surtout, le passage du Rhône par les éléphants.

Les soldats passent sur des barques et des radeaux, les chevaux à la nage mais les éléphants furent plus capricieux. On ignorait alors qu'ils savaient nager et on imagina de construire des radeaux recouverts de terre et de gazon et de placer devant le troupeau deux femelles que les mâles suivirent docilement...

Hannibal remonte ensuite la rive gauche du Rhône, jusqu'à son confluent avec l'Isère qu'il longe ensuite. Il oblique alors dans la Maurienne et passe les Alpes... dans un endroit qu'on a vainement essayé, jusqu'à aujourd'hui, de déterminer avec une précision absolue. On a le choix entre plusieurs cols : le Petit-

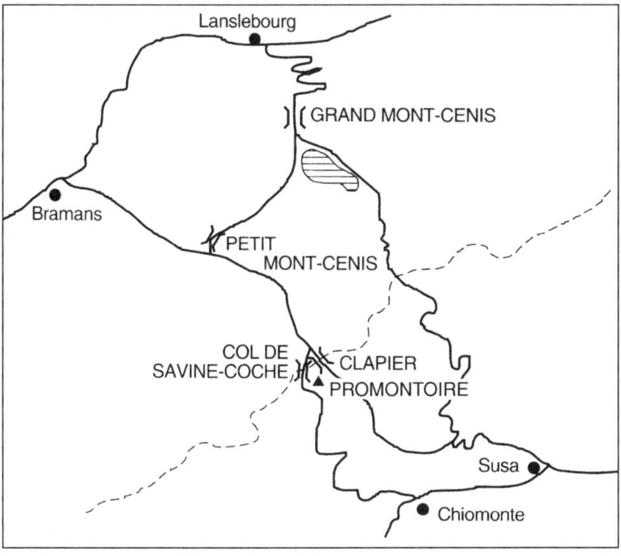

Le passage des Alpes dans la région du Mont-Cenis (d'après S. Lancel, Hannibal, *Fayard, 1995).*

Mont-Cenis, le col du Clapier et celui de Savine-Coche. C'est ce dernier qui semble le plus probable.

Signalons que, en 1959, des étudiants anglais ont tenté vainement de faire passer un éléphant par le col du Clapier. En 1984, une expédition, plus nombreuse, tenta, avec six éléphants fournis par l'American Circus, de refaire le voyage. Mais en vain.

Au milieu de difficultés innombrables, accablé par des embuscades locales et par les rigueurs de l'hiver s'annonçant (nous sommes en novembre 218), Hannibal ne met pourtant qu'une quinzaine de jours pour franchir les Alpes. Il arrive en Italie avec une armée réduite à 20 000 hommes (mais il a laissé des contingents sur sa route) et 6 000 cavaliers. Quant aux éléphants, ils n'étaient plus que 21 !

LES HISTORIENS DES GUERRES PUNIQUES

Quand on parle des guerres puniques, on pense d'abord à l'historien romain Tite-Live qui vit à la fin du Ier siècle av. J.-C. et au début du Ier siècle ap. J.-C. Son Histoire romaine, *en partie perdue, comportait 142 livres, divisés en Décades, dont les 3e, 4e et 5e intéressent notre sujet. Le passage du Rhône et celui des Alpes se trouvent au Livre XXI. Nous en donnons ci-dessous des extraits (chapitres XXVII-XXXVII).*

LE PASSAGE DU RHÔNE

• Les troupes

XXVII

4. Les Gaulois donnés à Hannon comme guides, pour cette opération, lui apprennent qu'à environ vingt-cinq milles en amont, le fleuve, entourant une petite île, avec son lit plus large, là où il était divisé en deux bras, mais, pour cette raison même, moins profond, offrait un passage. 5. Là on se hâta d'abattre du bois et de fabriquer des radeaux, pour faire passer chevaux, hommes et leur chargement. Les Espagnols, sans aucun embarras, jetant leurs vêtements sur des outres, leurs boucliers de cuir par-dessus, et se couchant sur eux, traversèrent le fleuve. 6. Le reste de l'armée passé aussi sur des radeaux assemblés, on campe près du fleuve ; fatiguées de la marche de nuit et de leurs travaux, les troupes ne se reposent qu'un jour pour se refaire : leur général était attentif à suivre ponctuellement le plan d'Hannibal. 7. Elles repartent le lendemain, et, en émettant de la fumée sur un point fixé d'avance, annoncent à Hannibal qu'elles ont passé le fleuve et ne sont pas loin. À cette vue, Hannibal, ne voulant pas manquer l'occasion, donne le signal de la traversée. [...]

• Les éléphants

XXVIII

5. Pour faire traverser les éléphants, je crois qu'il y eut des moyens divers, et il est sûr qu'on a des récits divers de ce qu'on fit. Certains racontent que, les éléphants réunis sur la rive, le plus sauvage d'entre eux, irrité par son conducteur qui se sauva dans l'eau, le poursuivit, et, se jetant à la nage, entraîna tout le troupeau,

chaque éléphant, malgré sa crainte de l'eau profonde, étant, quand il perdait pied, entraîné par la seule force du courant sur l'autre rive. 6. Mais il est plus généralement admis qu'on les fit passer sur des radeaux : comme ce moyen serait le plus sûr à choisir dans des circonstances semblables, il est, ces circonstances passées, celui dont on est le plus porté à croire qu'il fut choisi.

7. Un radeau de deux cents pieds de long et cinquante de large fut jeté de la rive sur le fleuve, et, pour ne pas être emporté au fil de l'eau, attaché au rivage, en amont, par plusieurs câbles solides ; on le couvre, comme un pont, d'une couche de terre, pour que les animaux s'y avancent hardiment, comme sur le sol. 8. Un autre radeau de même largeur, mais long de cent pieds, et apte à traverser le fleuve, est amarré au premier. Alors des éléphants, femelles en tête, sont poussés sur le radeau immobile comme sur un chemin ; dès qu'ils sont passés de là sur le plus petit, qui le touche, 9. on dénoue les amarres qui l'attachaient sommairement au premier, et quelques bateaux légers le tirent vers l'autre rive. Les premiers éléphants débarqués, on va en chercher d'autres, qu'on fait passer de même. 10. Ils ne montraient aucune inquiétude, tant qu'ils étaient sur une sorte de pont tenant à la terre ; ils commençaient à s'effrayer quand, le second radeau détaché, ils se trouvaient entraînés au large. 11. Alors, se serrant les uns contre les autres, ceux qui étaient au bord s'écartant de l'eau, ils s'agitaient quelque temps, jusqu'à ce qu'ils redevinssent tranquilles sous l'effet de la peur même, en voyant l'eau tout autour d'eux.

12. Certains se débattirent jusqu'à tomber dans le fleuve ; mais, maintenus d'aplomb par leur poids même, jetant à bas leurs conducteurs, en cherchant d'un pied prudent le sol ferme, ils gagnèrent la terre. [...]

LES ALPES

XXXII

6. De la Durance, Hannibal, par une route généralement en plaine, arrive aux Alpes, les Gaulois de ces régions lui témoignant une paix favorable. 7. Alors, quoique la renommée, qui d'ordinaire exagère les choses incertaines, l'eût fait prévoir, la vue toute proche de la hauteur des montagnes, des neiges se confondant presque avec le ciel, des habitations informes placées sur des rochers, du bétail et des mulets engourdis par le froid, des hommes velus et sans soin, de tous les êtres, animés et inanimés, raidis par le gel, et tous les autres caractères de ce pays, plus affreux à voir qu'à dire, renouvelèrent la terreur. [...]

XXXIV

6. À un endroit où le chemin, plus étroit, était, d'un côté, dominé par une crête, les barbares, sortant de toutes parts de leur embuscade, par-devant, par-derrière, de près, de loin, attaquent la colonne, et font rouler sur elle des pierres énormes. 7. C'est par-derrière que les ennemis les plus nombreux pressaient les Carthaginois. L'infanterie, tournée contre eux, montra de façon indubitable que, si l'arrière-garde n'avait pas été renforcée, immense eût été le désastre qu'on aurait dû subir dans ce défilé. 8. Alors même, l'armée en vint à un péril extrême et presque à sa perte. Car, tandis qu'Hannibal hésitait à faire descendre sa colonne dans le défilé, parce que, s'il était lui-même un appui pour les cavaliers, il n'avait laissé aux fantassins, derrière eux, aucun secours, 9. les montagnards, accourant de flanc et coupant la colonne par le milieu, s'établirent sur la route ; et Hannibal passa une nuit sans cavaliers et sans bagages. [...]

XXXV

[...] 3. Quant aux éléphants, si, sur les chemins étroits, en pente raide, ils causaient beaucoup de retard, en revanche ils assuraient la sécurité de la colonne sur tous les points où ils marchaient, les ennemis, faute d'habitude, redoutant de les approcher.

4. Après huit jours de marche on arriva à la crête des Alpes, par des chemins le plus souvent impraticables, et après des erreurs de direction provoquées soit par la mauvaise foi des guides, soit, quand on se méfiait d'eux, par la faute des chefs, qui faisaient prendre des vallées au hasard en conjecturant la route à suivre. 5. On campa deux jours sur la crête, où on laissa reposer les soldats, las de fatigues et de combats ; plusieurs mulets, qui avaient glissé dans les rochers, suivant les traces de la colonne, regagnèrent le camp. 6. Comme les soldats étaient las et dégoûtés de tant de maux, une chute de neige (la constellation des Pléiades se couchant déjà) apporta encore de grandes craintes. 7. Tandis qu'à travers des espaces tout couverts de neige, l'armée, qui s'était mise en marche à l'aube, se traînait, et que l'abattement et le désespoir perçaient sur tous les visages. 8. Hannibal, s'avançant au-devant des enseignes sur un promontoire d'où la vue, en tous sens, s'étendait au loin, fait faire halte à ses soldats, leur montre l'Italie, et, au pied des Alpes, les plaines du Pô, 9. leur dit qu'ils franchissent en ce moment les remparts non seulement de l'Italie, mais de Rome ; désormais, on ne marchera qu'en terrain plat, on descendra même ; un combat, deux au plus, mettront en leurs mains, en leur pouvoir, la citadelle, la capitale de l'Italie. [...]

XXXVI

[...] 7. On lutta alors d'une façon affreusement pénible sur cette route glissante, la glace ne recevant pas l'empreinte des pieds et les faisant glisser rapidement sur la pente, au point que, si l'on se servait soit des mains, soit des genoux pour se relever, ces points d'appui glissant eux-mêmes, on retombait ; et l'on n'avait autour de soi ni souches ni racines où s'accrocher du pied ou de la main pour aider son effort ; aussi roulait-on sur la glace lisse et la neige qui fondait. 8. Toutefois les mulets entamaient, de temps en temps, même la couche de glace inférieure, quand ils marchaient sur elle ; s'ils glissaient, ils lançaient, dans leurs efforts, leurs sabots avec plus de violence, ce qui la rompait profondément, de sorte que la plupart, comme pris au piège, restaient engagés dans cette neige dure, et gelée jusqu'à une grande profondeur.

XXXVII

1. Enfin, après avoir fatigué inutilement les animaux et les hommes, on établit le camp sur la crête, et l'on eut beaucoup de peine même pour en déblayer l'emplacement, tant il y eut là de

neige à piocher et à enlever. 2. Puis on mit les soldats à l'aménagement du rocher qui, seul, permettait de faire passer une route. Comme il fallait entamer la pierre, ils abattent aux environs et ébranchent des arbres gigantesques, en font un énorme bûcher, puis, un vent violent, propre à faire du feu, s'étant levé, ils allument ce bûcher, et sur la pierre brûlante versent du vinaigre qui la désagrège. 3. La roche ainsi calcinée, ils l'ouvrent avec le fer, en adoucissent la pente par des lacets modérés, pour pouvoir faire descendre non seulement les mulets, mais les éléphants. 4. On passa quatre jours près de ce rocher, les mulets étant près de mourir de faim ; car ces sommets sont nus, et même s'il y a quelques herbes à brouter, les neiges les couvrent. 5. Les zones plus basses ont des vallées, certains coteaux exposés au soleil, des ruisseaux près de forêts, des endroits déjà plus dignes d'être habités par des

De la vallée du Rhône à la plaine du Pô (d'après S. Lancel, Hannibal, *Fayard, 1995).*

hommes. 6. On y envoya paître les mulets, et l'on fit reposer les hommes, fatigués par l'aménagement du chemin. De là, en trois jours, on descendit en plaine, par des lieux où déjà la nature était plus douce, comme le caractère des habitants.

Tite-Live, traduction de Eugène Lasserre, éd. Garnier.

Un autre historien romain, Cornelius Nepos (vers 80 av. J.-C.-vers 25 av. J.-C.), a laissé des Vies d'hommes illustres (De Viris Illustribus) *dont celle d'Hannibal (chap. XXIII). Nous en donnons quelques extraits.*

VIE D'HANNIBAL

I. Hannibal, fils d'Hamilcar, était carthaginois.

S'il est vrai, comme nul n'en doute, que Rome ait tout surpassé pour le courage, il est un second point non moins incontestable, c'est qu'en fait d'habileté guerrière Hannibal est aussi supérieur aux autres capitaines que les Romains le sont en bravoure à toutes les nations. [...]

II. [...] « J'étais encore tout petit [déclara-t-il], je n'avais que neuf ans, lorsque Hamilcar, mon père, qui partait de Carthage pour l'Espagne en qualité de général, immola des victimes à Jupiter très bon, très grand. Pendant l'accomplissement du sacrifice, il me demanda si je voudrais partir avec lui pour l'armée. – Oh ! oui, répondis-je, emmène-moi, je t'en prie. – Je ne demande pas mieux, reprit-il ; mais tu vas me promettre une chose. – En même temps, il m'amène à l'autel où il avait commencé de sacrifier, et me fit jurer, la main dessus et après avoir écarté tout le monde, que jamais je ne serais l'ami des Romains. Ce serment prêté à mon père, je l'ai inviolablement gardé jusqu'ici, et nul n'a droit de douter que je ne le garde jusqu'à mon dernier jour. Si donc tu penses jamais à quelque rapprochement avec Rome, cache-le-moi, tu feras bien. Mais, si tu te décides à la guerre, tu trahis tes intérêts, c'est moi qui te le dis, en ne me prenant pas pour chef de l'entreprise. »

III. Hannibal partit donc avec son père pour l'Espagne à l'âge que nous avons marqué. Après la mort d'Hamilcar, Hasdrubal, devenu chef, lui donne le commandement de toute la cavalerie, et, quand Hasdrubal lui-même est tué, les troupes le proclament général en chef. Carthage apprend le choix des soldats et le ratifie, et Hannibal se voit à la tête de l'armée avant vingt-cinq ans révolus. Dans les trois années qui suivent, il subjugue tous les peuples de l'Espagne, prend d'assaut Sagonte, ville alliée de Rome, et lève trois grandes armées. Il en fait passer une en Afrique, en laisse une autre en Espagne sous son frère Hasdrubal, et, avec la dernière, marche lui-même sur l'Italie. Les Pyrénées se présentent : il les franchit. Point de pays sur sa route dont il ne lui faille combattre les habitants, et quiconque s'attaque à lui trouve son maître. Il arrive ainsi au pied des Alpes, le mur de séparation entre l'Italie et la Gaule. Nul ne les avait encore traversées avec une armée, si l'on excepte Hercule, en souvenir duquel nous les appelons aujourd'hui le défilé Grec. Les montagnards essayent de l'arrêter au passage : il les taille en pièces, fait sa trouée, pratique des chemins, et, les étroites fissures où jusque-là pouvait à peine ramper un homme seul et sans armes, il y fait passer un éléphant avec tout son attirail de guerre. – Ce fut par là qu'il conduisit ses troupes et qu'il descendit en Italie.

IV. Déjà, sur les bords du Rhône, il avait eu un engagement avec le consul P. Cornelius Scipion et l'avait repoussé. Sur les rives du Pô, où il s'agissait d'occuper Clastidium, il retrouve cet adversaire, qui est blessé et mis en fuite. Une troisième fois, le même Scipion, avec son collègue Tiberius Longus, vint à sa rencontre près de la Trébie : Hannibal accepte la bataille et les défait. De là, il pénètre en Ligurie et passe l'Apennin pour gagner l'Étrurie. Dans cette marche, il fut pris d'un si violent mal d'yeux que, dans la suite, il ne recouvra jamais complètement l'usage de l'œil droit. Il souffrait encore de cette ophtalmie et se faisait porter en litière, lorsque, près dc Trasimène, il prit comme dans un piège le consul C. Flaminius avec les légions et le tua. Peu après, il en fit autant au préteur C. Centenius, posté dans un défilé avec une troupe d'élite. Il passe ensuite en Apulie. Là, viennent à sa rencontre les deux consuls, C. Terentius Varron et L. Paulus Emilius : leurs armées sont détruites d'un seul coup. Paulus Emilius reste sur le terrain avec d'autres personnages consulaires, parmi lesquels C. Serviius Geminus, consul l'année précédente.

V. Ce grand coup frappé, Hannibal marche sur Rome sans trouver d'obstacle, s'arrête sur les hauteurs voisines de la ville, y campe quelques jours, puis reprend le chemin de Capoue. Le dictateur romain Quintus Fabius Maximus, sur le territoire de Falerne, tente de lui barrer le passage. Enfermé dans des gorges étroites, Hannibal parvient à se dégager nuitamment, sans aucun dommage, et à donner le change à Fabius, un rusé capitaine pourtant. La nuit venue, il prend quantité de jeunes bœufs, leur attache aux cornes des sarments qu'on allume, et les lance de tous côtés dans les ténèbres. Les Romains aperçoivent tout à coup ce spectacle étrange ; la frayeur les prend et pas un d'eux n'ose sortir des retranchements. Quelques jours seulement après s'être de la sorte tiré d'affaire, Hannibal amène adroitement au combat le maître de la cavalerie M. Minucius Rufus, l'égal du dictateur en autorité, et le met en déroute. Il fait tomber et périr dans une embuscade en Lucanie, bien qu'éloigné lui-même du lieu de l'action, Tib. Sempronius Gracchus, consul pour la seconde fois. Autant en advient, près de Vénuse, à M. Claudius Marcellus, qui en était à son cinquième consulat. On n'aurait jamais fait d'énumérer toutes ces rencontres. Un mot suffit pour faire juger quel homme c'était et combien redoutable : personne, tant qu'il fut en Italie, ne lui résista en bataille rangée ; personne, depuis la journée de Cannes, n'osa camper en plaine devant lui.

VI. Ce guerrier, cet invincible, fut rappelé pour défendre sa patrie et se trouva en face de P. Scipion, dont il avait défait le père, d'abord sur les rives du Rhône, puis sur celles du Pô et une troisième fois près de la Trébie. Carthage était à bout de ressources. Hannibal lui-même dut souhaiter pour l'instant la fin de la guerre, afin de se mettre mieux en état de la recommencer. Une conférence eut lieu : mais on ne put s'entendre sur les conditions. Peu de jours après l'entrevue, on en vint aux mains près de Zama. Vaincu cette fois, Hannibal ne met, chose incroyable, que deux jours et deux nuits pour gagner Adrumète, éloignée de Zama de trois cent mille pas environ. Dans cette fuite, les Numides, qui s'étaient sauvés avec lui, complotent sa perte. Il se tire de leurs mains et fait mieux : ceux qui comptaient le tuer, il les tue. Faisant halte enfin dans Adrumète, il rallie le reste des fuyards, lève de nouveaux soldats, et, en peu de jours, se refait une armée. [...]

[Hannibal s'est ensuite réfugié chez le roi de Bithynie.]

XII. [...] Les ambassadeurs romains arrivent en cet endroit et font investir sa demeure. Du seuil de l'habitation, un jeune esclave aperçoit le mouvement et prévient son maître qu'il y a quelque chose d'extraordinaire et qu'on voit un grand nombre d'hommes armés. – « Visite les autres portes, lui enjoint Hannibal, et viens me dire au plus vite si toutes les sorties sont fermées. » – L'esclave fait sa tournée en hâte et annonce qu'on est complètement cerné. Alors Hannibal voit bien qu'il n'y a point là de hasard, que c'est à lui qu'on en veut et que son heure est venue ; et, pour ne pas laisser à d'autres le droit de disposer de sa vie, digne de lui-même et de son passé, il avale du poison qu'il portait habituellement sur lui.

Cornelius Nepos, traduction de Amédée Pommier,
éd. Garnier, Bibliothèque latine-française.

AUTOUR DU PASSAGE DES ALPES

Tous les romanciers qui se sont penchés sur les guerres puniques ont, plus ou moins longuement, évoqué le passage des Alpes. Nous avons regroupé ci-dessous neuf textes, d'inégale importance, que nous comparerons ensuite.

1. Un récit sobre et elliptique par un témoin (Jean Defrasne, *Contes et récits de l'histoire de Carthage*, Pocket Jeunesse, « Mythologies », J116, pp. 140-141) :

« Les Alpes ! Ce fut pour nous la grande épreuve : L'armée gravissait lentement les pentes escarpées bordées de précipices, trompée par des guides malveillants, assaillie par des peuplades sauvages, étirée en une longue file dans la neige et dans le vent. De temps à autre, un cheval glissait sur le roc verglacé et, entraînant son cavalier, il roulait dans un ravin.

J'avais auprès de moi mes Numides, transis sous leurs burnous. Tous pensaient au soleil d'Afrique, à leurs oasis verdoyantes au cœur du désert. Mais aucun ne se plaignait.

Enfin, le sommet fut atteint, mais nous n'étions pas au bout de nos peines : le chemin étroit et abrupt, bloqué par une avalanche récente, était impraticable. Il fallut creuser une galerie dans la neige pour faire descendre nos chevaux épuisés et presque morts de faim. Quant aux éléphants, la plupart avaient péri. »

2. Un épisode dramatique mais aussi pittoresque (William Camus, *Les Éléphants d'Hannibal*, G.P., Super 1000, 1976, pp. 91-92 et 118) :

« Le guide helvète en tête, le convoi franchit les premières roches. Les pachydermes marchaient derrière Storic, Hasdrubal ayant pensé que c'était le plus sûr moyen pour ne pas semer les éléphants en route. [...]

Clutovix, à son grand étonnement, vit une femelle avancer sur son derrière pour mieux s'arc-bouter dans la descente ; emportée par son élan, elle se mit à débouler à toute vitesse, jusqu'au moment où elle parvint au bord d'une crevasse. Là, ne trouvant que le vide, ses membres battirent l'air et, avec un barrissement désespéré, la pauvre bête disparut dans les entrailles de la terre. Puis ce fut le tour d'un mâle d'aller s'écraser dans un gouffre. Ces incidents se renouvelèrent avec une autre femelle, qui rebondit tel un ballon, avant de finir disloquée au fond d'un précipice. »

3. Un récit à la première personne, fait par Hannibal lui-même (Michel Cyprien, *Moi, Hannibal*, Casterman, 1990, pp. 52-53) :

« De nombreux accidents jalonnèrent notre ascension, provoquant des chutes mortelles qui semaient le découragement et l'inquiétude dans les rangs.

Au bord des précipices, des hommes cédaient au vertige. Des chevaux et des mulets trop chargés glissaient sur les cailloux, certains allaient se fracasser en contrebas sur les rochers. Les éléphants, rendus furieux par la faim, barrissaient d'épouvante lorsque se produisaient des éboulements. Il fallait parfois déblayer la neige et creuser des chemins le long des pentes. »

4. Une brève allusion dans un récit dont le héros est un jeune Romain (Odile Weulersse, *Tumulte à Rome*, Hachette, Le Livre de Poche Jeunesse, 1996, n° 585, pp. 48-49) :

« Des clameurs venant du Forum l'arrachent à son exaltation. Il dévale le Palatin jusqu'à la place publique où une foule inquiète harcèle de questions les sénateurs.

“Pourquoi tout ce tumulte ? demande Titus à une petite vieille.
– C’est à cause d’Hannibal. Il arrive ! Il sera là demain, peut-être ce soir. Entends-tu les trompettes de ses hérauts ?” »

5. Un récit pittoresque dont nous ne donnons que la fin, la plus dramatique, la descente sur l’Italie (Léon Cahun, *Les Mercenaires*, 1878, dans *Carthage, le rêve en flammes*, Omnibus, 1993, pp. 759-765) :

« Le commencement de la descente fut rude, car il fallait contourner le flanc de la montagne sur un sentier raide, bordé, d’un côté, par des rochers à pic, et, de l’autre, par des précipices. Pour comble de malheur, tout le chemin était couvert de neige. Cette nuit-là, il y eut misère affreuse au camp. Nous, les hommes, étions déjà accoutumés, et d’ailleurs l’espoir nous soutenait. Mais les bêtes périssaient par douzaines. Les éléphants tremblaient de tous leurs membres, quelque soin que leurs conducteurs missent à les envelopper de couvertures. D’autre part, ils manquaient de fourrage ; les Africains partagèrent leur pain avec Sourou, et nous, Gaulois, avec Papillon.

Le jour suivant, on perdit beaucoup d’hommes en escaladant, dans la brume, une haute montagne, et en marchant ensuite à flanc de coteau. On campa sans feu, par une bise aigre, et avec la neige sur le dos toute la nuit. Je vis des Numides, malgré le froid et la neige, se dépouiller de leurs manteaux pour couvrir leurs chevaux. Gisgon, Hannon et moi, nous trouvâmes une charrette sous laquelle nous couchâmes bien serrés l’un contre l’autre et à peu près à l’abri.

Le troisième jour de la descente, le chemin fut horrible. Il fallait avancer à flanc de coteau, sur la neige fraîche, qui couvrait d’une couche épaisse la neige glacée et lisse de l’année précédente. À chaque instant, les hommes enfonçaient à travers la surface blanche, cherchaient à se retenir, tombaient sur le visage ou sur le côté, plongeaient les bras dans la couche fraîche, et, ne trouvant au-dessous qu’une croûte polie, glissaient dans l’abîme, en traçant dans la neige un sillon au fond duquel on voyait paraître le dos bleu verdâtre ou blanc sale de la montagne revêtue de glace. Les bêtes battaient des quatre pieds, crevaient la croûte de glace, ne pouvaient plus se dégager et s’abattaient sur le flanc en se cassant les jambes, tandis que leur charge, n’étant plus retenue par les sangles et les cordes rompues, filait dans la neige et disparaissait au fond des gorges. Je vis les sapeurs d’Adherbal déblayer le terrain pas à pas, le corps courbé, le dos tourné à l’abîme, impassibles, cramponnés à la montagne. Je vis défiler les Numides, l'un après l'autre, à la droite de leurs chevaux, les séparant du précipice, s'arc-boutant contre eux et faisant de leur propre corps un rempart à leurs chères montures. On avançait lentement. J'étais à hauteur de la queue de l'avant-garde, qui était composée des sapeurs d'Adherbal et de deux mille hommes d'infanterie légère, quand tout à coup ceux qui me précédaient s'arrêtèrent. Derrière moi on criait : "Avancez ! Avancez !" Puis devant on cria : "Arrêtez ! Halte ! Ne poussez pas." Le général en chef accourut du centre de la colonne, où il avait été inspecter les éléphants. On n'entendait aucun tumulte devant nous, dans ces lieux déserts et glacés [...].

Quelques sapeurs, entaillant la neige et le roc, arrivèrent à descendre jusqu'à la partie où la montagne était boisée, et à planter des piquets sur la pente. On les voyait ramper sur la neige ou sur les rochers, se courber, se redresser, se coucher et s'aplatir en se collant aux flancs du précipice. Quelques-uns faisaient des glissades d'un demi-stade, et trouvaient moyen de se raccrocher. Plusieurs glissèrent jusqu'à des arêtes à pic, et disparurent pour toujours. Une fois leurs piquets plantés, ils les relièrent avec des cordes, et purent circuler à l'aise, et tailler des degrés dans le roc. [...]

La nuit vint, et la montagne parut toute rouge par les centaines de feux qui s'étageaient autour. Au fond de la cavité où travaillaient les hommes d'Adherbal et les cohortes prises en corvée, on voyait les ombres des travailleurs s'agiter au milieu des flammes. Les chocs ininterrompus des masses, des doloires, des pics, les coups retentissants, le grincement des barres, le fracas des marteaux, étaient tels, qu'il semblait que la montagne tremblât sur sa base. De temps en temps, on voyait passer une lueur de torches, dans laquelle on apercevait le manteau rouge du général. Je m'endormis avec des bourdonnements dans les oreilles.

Le lendemain, la route était praticable à l'infanterie, et le défilé commença tout de suite. Il dura sans interruption jusqu'au soir, et dans la nuit, la cavalerie passait à son tour. Je passai le surlendemain, au matin. À chaque instant il fallait s'arrêter, parce que les sapeurs continuaient leur travail pour élargir la voie de façon à la rendre praticable aux attelages et aux éléphants. Accrochés aux flancs de la montagne, ils poussaient dans l'abîme des masses de déblais qui nous barraient le chemin, puis se remettaient à frapper sur le roc, à notre gauche. Nous arrivâmes tard à l'entrée d'une large vallée aux flancs boisés, et chacun se laissa tomber sur l'herbe, à demi mort de faim et de fatigue. Depuis deux jours, je n'avais rien mangé que quelques poignées de farine. Les Numides, aussi abîmés que nous, commencèrent d'abord par mettre leurs chevaux au vert. Après une heure de repos, on s'organisa. Carthalon et Maharbal firent placer des grand-gardes. Magall et ses hommes partirent dans toutes les directions pour mettre dans la bonne voie la queue de la colonne qui arrivait par petits groupes, ou par hommes isolés. On désigna des soldats pour surveiller les chevaux et les bêtes de bât, qui mordaient l'herbe avec avidité. On fit même une distribution aux hommes, et, pour ma part, j'eus un peu de vinaigre, un morceau de viande séchée et du blé. Je le mis en commun avec Gisgon et Proclès, et, après avoir allumé du feu, nous allâmes chercher Marna, que nous trouvâmes en compagnie d'Hannon, tous les deux grelottant de faim et de froid. Nous les amenâmes à notre feu, et Marna nous apprêta un si bon repas, qu'après avoir mangé avec avidité, le plaisir de nous dégeler les pieds, d'avoir l'estomac plein d'aliments chauds, et de nous étendre sur une terre molle fit que personne ne prononça une parole, et que nous nous endormîmes sans penser à rien.

Au matin, nous fûmes éveillés par les sonneries de trompettes qui se répondaient entre la vallée et les dernières pentes de la montagne. Nous vîmes arriver de la cavalerie, qui était restée en arrière, puis des bêtes de bât, des attelages, et enfin deux sections d'éléphants, dont Papillon faisait partie. Les pauvres bêtes se soutenaient à peine. Elles étaient restées là-haut sans fourrage et dans la neige pendant deux jours. Ce fut Hannon, que nous appelions Hannon du Rhône, depuis le passage de ce fleuve, qui prit le commandement de la colonne. Gisgon et moi, nous nous étions trompés en descendant de ce côté, car le général avait passé par une autre vallée plus au nord. Quoi qu'il en fût, on se reforma tant bien que mal, et l'on descendit le cours d'une rivière assez rapide. À mesure qu'on avançait, l'air devenait moins âpre. La vallée s'élargissait. Vers le soir, nous vîmes devant nous les premières plaines, et, au loin, la fumée d'un village. Continuant à marcher après le coucher du soleil, nous vîmes bientôt des feux briller sur notre gauche, au débouché de la vallée ; puis, du même côté, des torches coururent le long des dernières croupes de montagnes, et nous nous heurtâmes à une colonne d'Espagnols qui descendaient vers nous.

De longues acclamations se répondaient dans la vallée, dans la plaine, sur les pentes. Des milliers de torches s'allumaient. Des Numides passaient à cheval, et la joie de monter sur leurs bêtes, après avoir marché pendant si longtemps, rendait communicatifs ces hommes silencieux. Ils lançaient leurs chevaux au galop et balançaient leurs lances à hauteur de la tempe, en criant d'une voix aiguë : "Hahé, hahé !" Tout à fait à gauche, je vis un spectacle magnifique : environ trois mille lumières serrées les unes contre les autres avançaient lentement ; on eût dit une rivière de feu coulant de la montagne sur la plaine. À mesure que cette rivière flamboyante approchait, elle paraissait avancer plus vite, et l'on entendait, au milieu des cris d'enthousiasme, le bruit cadencé des hommes marchant au pas, et le son plus net des fifres, des tambourins et des sistres jouant une marche joyeuse, appuyée, de temps en temps, par l'écho des fanfares. C'était la brigade de Carthalon qui défilait à rangs serrés, chaque homme portant une branche de sapin enflammée dans sa main.

Je courais après mon cheval, et je dus rouer de coups un convoyeur qui ne me reconnaissait pas, et qui ne voulait pas me le donner. En passant, je trouvai Hannon monté sur un des chevaux de Carthalon, avec la fille de Magall en croupe. Une foule de Gaulois, que je ne connaissais pas, l'entouraient. Les hommes des villages de Magall venaient au-devant de nous, et les troupes fraternisaient avec eux. Au loin, près du grand village, un immense bûcher dardait ses flammes vers le ciel. Derrière moi, j'entendais crier le brave Moustache-d'Argent, et ses officiers répéter les commandements de formation : "À gauche en bataille ! Deuxième et troisième syntagme par le flanc droit, par file à gauche ! Guides, sur la ligne ! À gauche, alignement ! Fixe !" Ne sachant où me mettre, je courus plus à droite, où je trouvai une troupe d'infanterie gauloise qui prenait ses rangs, autour d'un officier à cheval, et qui fit sa manœuvre par le flanc droit, se dirigeant vers le village, le gaïs sur l'épaule. C'était précisément mon ancienne division, sous les ordres de mon vieux chef Luern. Je me rangeai à côté de lui, et nous fîmes front sur le flanc gauche, pour laisser défiler, à dix pas devant nous, la brigade de Carthage.

Le général en chef chevauchait devant, nu-tête, pour que chacun le reconnût bien. Toute la division s'écria, sans pouvoir se retenir : "Vive Hannibal ! Vive la brigade de Carthage !" Le général nous salua de la main et nous cria d'une voix claire : "Salut à vous, braves Gaulois ! Vive l'armée d'Italie !" Et deux nouvelles acclamations se croisèrent. Et du village répondirent les cris de joie des femmes : "Salut aux vainqueurs de Sagonte et du Rhône ! Salut aux dompteurs des Alpes !" »

6. Une brève évocation d'Hannibal qui, en Italie du Sud, retrouve son jeune fils qu'il a laissé, bien des années auparavant, à Carthage (Daniel Kircher, *Retour à Carthage*, Orban, 1985, pp. 44-45) :

« Hannibal avait relevé son fils, et s'asseyant lui indiqua un siège. Puis tous deux, l'adolescent et l'homme mûr, se mirent à s'étudier mutuellement de façon critique, comme s'ils eussent été des pays inconnus soupçonnés pleins de charmes mais aussi de pièges. [...]

Hannibal baissa la tête. Un torrent d'images défilait dans sa mémoire : le départ de Carthagène avec une armée de vétérans, le passage des Pyrénées, celui du Rhône, celui des Alpes, le Tessin et l'enthousiasme des Gaulois libérés, la Trébie sous les bourrasques de neige. Les marécages de l'Arno avec les fièvres et la douleur lancinante de son œil qui s'emplissait de pus, la chaleur accablante de Cannes avec la poussière soulevée par l'encerclement de soixante-dix mille Romains, qui vous piquetait la face, vous asséchait la gorge. »

7. Dans un roman de science-fiction de Pierre Barbet (*Rome doit être détruite*, Fleuve Noir, n° 1254, 1983, pp. 72-74), l'auteur imagine qu'un envoyé temporel s'est mêlé aux troupes d'Hannibal pour lutter contre des extraterrestres cachés parmi les soldats :

« L'escalade dura encore neuf journées entières pendant lesquelles le froid augmenta sans cesse. Hannibal demeura deux journées au sommet du col du Petit-Saint-Bernard au pied duquel se trouvait la roche blanche où il avait passé une si mauvaise nuit.

Ainsi les soldats prirent un peu de repos, et les traînards rejoignirent l'armée ; on vit même des chevaux et des mulets revenir au camp.

Les éléphants, eux, souffraient atrocement du froid malgré les pelisses dont ils étaient recouverts.

Le moral des combattants était extrêmement bas ; heureusement Hannibal découvrit non loin de là un superbe panorama d'où le général put faire admirer à ses troupes la fertile plaine du Pô, qui s'étendait à leurs pieds, paraissant toute proche.

La descente commença donc avec plus d'optimisme.

Pendant tout ce temps, Styros n'avait cessé de maugréer, se plaignant du froid, des engelures, et Dunorix le rabrouait tout en soutenant Maïcha. Heureusement, un pâle soleil réchauffait un peu les marcheurs.

Hélas, la neige se mit bientôt à tomber, recouvrant la piste de son manteau immaculé, effaçant tous les repères. Les guides, eux-mêmes, s'égaraient souvent, et il fallait effectuer un périlleux demi-tour. Des dizaines d'hommes, de chevaux, s'abîmèrent ainsi dans d'insondables précipices où il était impossible de leur porter secours.

Lorsque le ciel éclaircissait la nuit, Setni distinguait à l'horizon le coucher de la constellation des Pléiades que l'on ne reverrait plus avant le printemps et cela lui donnait la nostalgie des périples stellaires : il était tenté d'appeler Pentoser, et de tout laisser tomber...

Les soldats, soufflant sur leurs doigts gelés, se souvenaient avec amertume des paroles récentes de leur chef lorsque, juché sur un promontoire, il déclarait :

"Ce ne sont pas seulement les remparts de l'Italie que nous venons d'escalader, mais ceux mêmes de la ville de Rome. Maintenant, la descente en plaine sera facile... Une bataille, deux tout au plus, et la capitale de l'Italie, sa citadelle, tombera entre nos mains !"

Les sentiers devenaient si abrupts que la cavalerie dut s'arrêter : les bêtes effectuaient des écarts et désarçonnaient leurs cavaliers. Puis un éclaireur annonça qu'un gros bloc de pierre obstruait le passage. Fallait-il contourner l'obstacle par des abrupts verglacés, ou tenter de le détruire ? Pour Setni, ç'aurait été un jeu grâce à ses gadgets mais, ne pouvant envisager pour l'instant de se démasquer, le Lactéen demeura simple spectateur, sautant d'un pied sur l'autre pour se réchauffer. La pauvre Maïcha souffrait aussi terriblement du froid, malgré les bottes de fourrure confectionnées par Dunorix, mais jamais une plainte ne s'échappait de ses pauvres lèvres crevassées.

Hannibal arriva sur place afin de prendre une décision : il opta pour le contournement du roc.

Les chevaux commençant à manquer de fourrage, on les fit passer en tête. Malheureusement, la surface du sol qui paraissait praticable était constituée d'une épaisse couche de neige molle recouvrant du verglas. Cavaliers à pied et montures s'écroulèrent comme des châteaux de cartes. Chevaux et mulets, cherchant à se redresser, brisaient la glace et demeuraient bloqués.

Le général changea alors d'avis et ordonna de rétablir un sentier praticable car, après le rocher, un éboulis avait entraîné le sentier sur une distance de trois demi-stades.

Un emplacement fut choisi, et les soldats établirent un campement à cet endroit, tandis que les travaux de déblaiement commençaient. Ils furent menés avec tant d'ardeur que le lendemain matin, après une nuit glaciale, il ne restait plus que le gros bloc à dégager. Pics de mine et marteaux se brisaient, tant il était dur, aussi fallut-il rechercher un autre expédient. Il y avait alentour une forêt de pins et les Numides en abattirent quantité qu'ils disposèrent autour de l'obstacle, sur le conseil de Setni qui s'était enfin décidé à intervenir. En effet, Maïcha souffrait du froid et dépérissait. Tous se trouvaient bloqués dans la neige depuis quatre jours, par la faute de cet indestructible bloc de pierre !

Les soldats mirent le feu aux arbres avec des tas de broussailles, bientôt, un immense feu fit fondre la neige alentour. Enfin, le calcaire s'échauffa, devenant bientôt brûlant.

Le Lactéen suggéra alors de l'arroser avec le vinaigre contenu dans des outres. La pierre bouillonna, puis, le froid reprenant ses droits, le bloc se fendilla et les pics en vinrent enfin à bout. »

8. Encore un récit de science-fiction. Dans *La Patrouille du temps*, célèbre roman de Paul Anderson, l'auteur imagine qu'une patrouille du temps a été créée pour éviter que l'Histoire ne puisse être modifiée. Or les enquêteurs de cette patrouille se retrouvent dans un monde où manifestement Hannibal a été vainqueur. Ils cherchent donc à quel moment précis l'Histoire a été modifiée. Ils découvrent qu'à la bataille du Tessin, gagnée par Hannibal, le fameux Scipion, qui devait être le vainqueur de Zama, a été tué. Mais comment ?... (trad. fr., J'ai lu, 1960, pp. 269-270) :

« Il semblait que deux mercenaires helvètes eussent joint Hannibal dans les Alpes et gagné sa confiance. Après la guerre, ils avaient occupé de hautes situations à Carthage [...] ils avaient pratiquement dirigé le gouvernement, organisé l'assassinat d'Hannibal. [...]

Everard fit un signe d'assentiment. [...]

– Je pense que l'affaire est claire, dit-il. Peu importe qu'ils aient été avec Hannibal avant Ticinus ou non. Nous aurions un mal de tous les diables à les arrêter dans les Alpes sans nous trahir et sans transformer nous-mêmes à notre tour l'avenir. Ce qui compte, c'est qu'ils paraissent avoir supprimé les Scipion et c'est à ce point qu'il nous faut intervenir. »

9. Dernière extrapolation sur ce fameux passage : Sadie Blue dans *L'Impresario d'Hannibal*, 1988, trad. fr. Actes Sud, 1989, met en scène un producteur hollywoodien qui rêve de filmer le passage des Alpes par Hannibal :

« – Imaginez la scène, Ben ! Hannibal et ses éléphants qui traversent les Alpes. La neige qui tombe, les glaciers. Retour à l'âge de glace ! Et sur les immenses pentes blanches, Hannibal qui avance avec son armée africaine, éléphants en tête ! Un décor titanesque, Ben. [...] »

Première vision des rushes du film.

« Et là, dans l'obscurité, pendant que je cherchais une chaise, le général mort a soudain rempli l'écran. À dos d'éléphant, en train de descendre les pentes alpines. Des plans en contre-plongée, avec oscillation lente de la caméra, des images à couper le souffle, vues à travers l'œil de l'éléphant. [...]

Et derrière l'éléphant d'Hannibal, encore d'autres éléphants [...]. Des éléphants en route vers l'Italie, à la tête de l'armée d'Afrique, hommes et chevaux aux yeux brûlés par l'éclat aveuglant des neiges, et qui avançaient à pas lents [...]. »

SUGGESTIONS PÉDAGOGIQUES

1. Comparez ces neuf récits entre eux. Certains sont tirés de romans destinés à la jeunesse. Trouvez lesquels.
2. Quels sont les récits à la première personne ? Cela ajoute-t-il quelque chose à l'intensité dramatique ?
3. Pittoresque et couleur locale. Relevez tous les éléments de dramatisation. Quel est le récit le plus spectaculaire ? Pourquoi ?
4. L'intrusion de la science-fiction. Qu'apporte-t-elle ? Imaginez une fin à chacun des deux récits puis comparez-la à celles des deux romans. Lisez la suite du roman de Pierre Barbet : *Carthage sera détruite* (Fleuve Noir, n° 1984).
5. Lisez les romans d'où sont tirés ces textes. Faites une fiche de lecture sur chacun d'eux.
6. Comparez *L'Impresario d'Hannibal* avec le scénario (voir p. LIII) du film de E.-G. Ulmer, *Hannibal*.
7. Le passage des Alpes a donné lieu à un récit en images : « Des éléphants sur les Alpes », dans le journal *Tintin* (numéro du 4 décembre 1962, scénario et dessins de Fernand Cheneval). Tentez de retrouver ce récit. Mais, quoi qu'il en soit, essayez de mettre en images le texte de Tite-Live.

HONNEUR AUX ÉLÉPHANTS !

Tous les enfants connaissent le fameux Babar, le roi des éléphants, ainsi que le petit Dumbo avec ses grandes oreilles, mais il est d'autres éléphants qu'a célébrés la littérature romanesque. On en a retrouvé ici trois.

D'abord le vieux et sage Kala Nag et son jeune cornac Toomai. Son histoire constitue l'un des récits du *Livre de la jungle* (Rudyard Kipling, Pocket Jeunesse, « Références », J133, pp. 153-157). Kala Nag est un éléphant des Indes, il a un cousin africain, Tantor, presque aussi célèbre que lui : c'est le meilleur ami de Tarzan (Edgar Rice Burroughs, *Tarzan, seigneur de la jungle*, 10/18, n° 2924).

S'ils combattent à la guerre, les éléphants servent surtout à la chasse au tigre, du moins aux Indes. Le capitaine Corcoran va apprendre avec étonnement comment se pratique cette chasse (Alfred Assollant, *Les Aventures du capitaine Corcoran*, Pocket Jeunesse, « Références », J057, pp. 76-77).

Il est des éléphants plus paisibles mais aussi plus pittoresques, ainsi celui qui se tenait au siècle dernier dans un angle de la place de la Bastille et dont le petit Gavroche, l'un des héros des *Misérables*, est le familier ! (Victor Hugo, *Les Misérables*, Pocket Classiques, tome II, n° 6098, pp. 394-398).

1. Toomai des éléphants

« Kala Nag – autrement dit, Serpent Noir – avait servi le Gouvernement de l'Inde de toutes les manières imaginables pour un éléphant, pendant quarante-sept années ; et comme il avait largement vingt ans lors de sa capture, cela lui fait aujourd'hui à peu près soixante-dix ans – âge mûr pour un éléphant. Il se souvenait d'avoir poussé, le front ceint d'un gros bourrelet de cuir, pour dégager un canon profondément enlisé dans la boue, avant la guerre afghane de 1842, avant qu'il ait atteint l'apogée de sa force. Radha Pyari, sa mère – Radha La Favorite –, capturée au cours de la même battue que Kala Nag, lui avait appris, avant la chute de ses petites défenses de lait, que la peur, chez l'éléphant, amène toujours le malheur : bonne maxime, Kala Nag l'apprit à ses dépens, car la première fois qu'il vit un obus éclater, il recula en hurlant dans une rangée de fusils formés en faisceaux, et les baïonnettes le piquèrent dans tous les endroits les plus sensibles de son corps. Aussi, avant même ses vingt-cinq ans, renonça-t-il à la peur, et devint-il, de ce fait, l'éléphant le plus choyé et le mieux soigné au service du Gouvernement de l'Inde. Il avait transporté des tentes, un fardeau de douze cents livres, pendant la marche à travers la Haute-Inde ; il avait été hissé à bord d'un navire, au bout d'une grue à vapeur, et après des jours et des jours de traversée, on lui avait fait porter un mortier sur le dos, dans un pays étrange et rocailleux, très loin de l'Inde ; il avait vu l'Empereur Théodore étendu mort à Magdala ; et il s'en était revenu au pays, par le vapeur, méritant largement, au dire des soldats, la médaille de la Guerre d'Abyssinie. Dix ans plus tard, il avait vu ses semblables mourir de froid, d'épilepsie, de faim, et d'insolation dans un endroit appelé Ali Musjid ; après cela, on l'avait envoyé à des centaines de milles au sud pour traîner et empiler de grosses billes de teck, aux chantiers de Moulmein. Il y avait à moitié tué un jeune éléphant indiscipliné qui esquivait sa juste part de la besogne.

Après cet incident, enlevé au charriage des bois de charpente, on l'avait employé avec quelques douzaines de compagnons dressés à cet effet, à participer à la capture des éléphants sauvages dans les montagnes de Garo. Les éléphants sont très rigoureusement protégés par le Gouvernement de l'Inde. Un service tout entier se consacre à les chasser, les capturer, les dompter et les répartir d'un bout à l'autre du pays, selon les besoins et les tâches.

Du sol aux épaules, Kala Nag mesurait dix bons pieds : on lui avait rogné les défenses à cinq pieds, et pour les empêcher de se fendre, on en avait renforcé l'extrémité de bandages de cuivre ; mais avec ces chicots, il pouvait en remontrer à n'importe quel éléphant non dressé avec ses défenses intactes et effilées.

Quand, au bout d'interminables semaines passées à rabattre en toute prudence les éléphants épars dans les montagnes, les quarante ou cinquante monstres sauvages étaient parqués dans la dernière palissade, et que la grosse herse, faite de troncs d'arbres solidement liés, se refermait sur eux avec fracas, Kala Nag, au commandement, pénétrait dans ce charivari de flambées de colère et de barrissement – besogne nocturne, le plus souvent, l'évaluation des distances rendue malaisée à la lumière vacillante des torches ; il choisissait le mâle adulte le plus imposant et le plus farouche de la cohue, et s'employait à le réduire au calme à force de matraquages et de bousculades, cependant que les hommes, juchés sur le dos des autres éléphants, prenaient au lasso les plus petits et les attachaient.

L'art du combat n'avait aucun secret pour Kala Nag, le vieux et sage Serpent Noir : mainte fois, dans son temps, il avait soutenu la charge du tigre blessé ; enroulant sa trompe vulnérable pour la mettre à l'abri, il avait frappé de plein fouet la brute bondissante, d'un rapide mouvement de tête latéral en coup de faucille, sa botte secrète ; il l'avait terrassée et avait pesé sur elle de tout le poids de ses genoux énormes jusqu'à son dernier souffle, qu'elle rendit avec un râle rauque ; cela fait, il ne resta plus sur le sol qu'une pauvre chose rayée et pelucheuse, à tirer par la queue.

– Oui, dit Grand Toomai, son cornac, fils de Toomai le Noir qui l'avait mené en Abyssinie, et petit-fils de Toomai des Éléphants qui avait assisté à sa capture. Serpent Noir ne craint rien au monde, excepté moi. Il a vu trois générations de notre famille le nourrir et le panser et il vivra pour en voir quatre.

– De moi aussi, il a peur, dit Petit Toomai se dressant de toute sa taille.

Il mesurait quatre pieds – vêtu d'un simple lambeau d'étoffe. Il avait dix ans. Suivant la coutume, en qualité de fils aîné de Grand Toomai, il remplacerait son père sur le cou de Kala Nag, à l'âge adulte, et manierait le lourd ankus de fer, l'aiguillon des éléphants que les mains de son père, de son grand-père et de son aïeul avaient poli. Il était dans son élément : en effet, né à l'ombre de Kala Nag, il avait joué avec le bout de sa trompe avant de savoir marcher, et l'avait mené à l'eau dès qu'il avait su marcher ; et loin de Kala Nag la pensée de désobéir à ses petits ordres perçants, et aussi loin, celle de le tuer le jour où Grand Toomai lui présentant, juste sous ses défenses, le petit bébé brun qu'il portait dans ses bras, lui avait demandé de saluer son futur maître. »

2. Une chasse au tigre

« Tout en causant, Holkar et Corcoran arrivèrent à un carrefour qui se trouvait à l'entrée de la forêt.

Ce carrefour portait le nom de *Carrefour des Quatre-Palmiers*.

– Arrêtons-nous ici, dit Holkar en descendant de cheval. Nos chevaux ne supporteraient ni la vue, ni l'odeur, ni le choc du rhinocéros ; nous allons monter sur des éléphants.

En effet, un relais d'éléphants tout préparés et harnachés d'avance attendait les principaux chasseurs.

– À quoi sert, demanda le capitaine, cet homme qui est là sur le devant et presque sur les oreilles de l'éléphant ?

– C'est le conducteur, répliqua Holkar. Lui seul peut se faire entendre et obéir de l'animal.

– Et cet autre, continua le capitaine, qui se tient respectueusement derrière moi, et semble attendre mes ordres ?

– Mon cher hôte, c'est celui qui doit être mangé.

– Mangé par qui ? Je n'ai pas faim, et ce n'est pas le déjeuner que vous m'avez réservé, je pense ?

– Mangé par le tigre, capitaine.

– Par le tigre ! Quel tigre ? Nous allons à la chasse au rhinocéros, je pense, et non à celle du tigre.

– Mon cher ami, dit Holkar en riant, c'est un usage anglais que nous avons adopté, et qui est excellent, comme vous allez voir. Les Anglais ont remarqué que l'on fait souvent dans nos forêts des rencontres auxquelles on ne s'attend pas – celle d'un tigre, par exemple, ou d'un jaguar, ou d'une panthère. Or, cet animal qui se lève de grand matin, comme nous, qui a faim comme nous et plus que nous, qui vit de sa chasse et qui n'a pas d'autre moyen d'existence, attend souvent le voyageur au coin d'un sentier, dans l'espérance de déjeuner... De plus, comme il n'aime pas à attaquer les gens en face, il saute presque toujours sur eux par-derrière, au moment où on l'attend le moins, et vous emporte dans la jungle pour vous dévorer à son aise.

« Or les Anglais, qui sont des gens très sensés, très prudents, vrais gentlemen, et qui regardent leur peau comme plus précieuse aux yeux de l'Éternel que celle de tous les autres individus de la race humaine – les Anglais, dis-je, ont inventé de mettre à califourchon sur l'éléphant, quand ils vont à la chasse ou à la promenade, outre le cornac chargé de conduire l'animal, un pauvre diable qui doit servir de proie au tigre, si par hasard quelque malheureux rôde dans les environs, car, enfin, disent-ils, il n'est pas juste qu'un gentleman s'expose à être mangé comme un pauvre diable, et la divine Providence a dû créer les pauvres diables pour les faire manger à la place des gentlemen. N'est-ce pas admirablement raisonné, mon cher ami, et ne serez-vous pas bien aise vous-même que ce garçon, qui est là-derrière, serve de bifteck au tigre au lieu de vous ?

– Ma foi non ! dit Corcoran, et je le prie de descendre tout de suite et de retourner à Bhagavapour par le chemin le plus court. Si je dois servir de pâture à quelqu'un, homme ou bête, ce ne sera pas, je l'espère, sans m'être défendu, et... Mais que veut dire ceci ?

Les éléphants élevaient leurs trompes et donnaient des signes d'une violente frayeur. Bientôt même les cornacs annoncèrent qu'ils n'en étaient plus maîtres.

XXXIV

– Ceci veut dire, répondit Holkar, qu'il y a près d'ici dans la jungle une chose que nous ne voyons pas encore, mais qui doit être fort dangereuse, à en juger par l'épouvante de nos éléphants. Tenez-vous prêt, capitaine, et regardez autour de vous. »

3. L'éléphant de Gavroche

« Il y a vingt ans, on voyait encore dans l'angle sud-est de la place de la Bastille près de la gare du Canal creusée dans l'ancien fossé de la prison-citadelle, un monument bizarre qui s'est effacé déjà de la mémoire des Parisiens, et qui méritait d'y laisser quelque trace, car c'était une pensée du "membre de l'institut, général en chef de l'armée d'Égypte".

Nous disons monument, quoique ce ne fût qu'une maquette. Mais cette maquette elle-même, ébauche prodigieuse, cadavre grandiose d'une idée de Napoléon que deux ou trois coups de vent successifs avaient emportée et jetée à chaque fois plus loin de nous, était devenue historique, et avait pris je ne sais quoi de définitif qui contrastait avec son aspect provisoire. C'était un éléphant de quarante pieds de haut, construit en charpente et en maçonnerie, portant sur son dos sa tour qui ressemblait à une maison, jadis peint en vert par un badigeonneur quelconque, maintenant peint en noir par le ciel, la pluie et le temps. Dans cet angle désert et découvert de la place, le large front du colosse, sa trompe, ses défenses, sa tour, sa croupe énorme, ses quatre pieds pareils à des colonnes faisaient la nuit sur le ciel étoilé une silhouette surprenante et terrible. On ne savait ce que cela voulait dire. C'était une sorte de symbole de la force populaire. C'était sombre, énigmatique et immense. C'était on ne sait quel fantôme puissant visible et debout à côté du spectre invisible de la Bastille.

Peu d'étrangers visitaient cet édifice, aucun passant ne le regardait. Il tombait en ruine ; à chaque saison des plâtras qui se détachaient de ses flancs lui faisaient des plaies hideuses. "Les édiles", comme on dit en patois élégant, l'avaient oublié depuis 1814. Il était là dans son coin, morne, malade, croulant, entouré d'une palissade pourrie souillée à chaque instant par des cochers ivres ; des crevasses lui lézardaient le ventre, une latte lui sortait de la queue, les hautes herbes lui poussaient entre les jambes ; et comme le niveau de la place s'élevait depuis trente ans tout autour par ce mouvement lent et continu qui exhausse insensiblement le sol des grandes villes, il était dans un creux et il semblait que la terre s'enfonçât sous lui. Il était immonde, méprisé, repoussant et superbe, laid aux yeux du bourgeois, mélancolique aux yeux du penseur. Il avait quelque chose d'une ordure qu'on va balayer et quelque chose d'une majesté qu'on va décapiter.

Comme nous l'avons dit, la nuit l'aspect changeait. La nuit est le véritable milieu de tout ce qui est ombre. Dès que tombait le crépuscule, le vieil éléphant se transfigurait ; il prenait une figure tranquille et redoutable dans la formidable sérénité des ténèbres. Étant du passé, il était de la nuit ; et cette obscurité allait à sa grandeur.

[...]

Il y avait là, couchée le long de la palissade, une échelle qui servait le jour aux ouvriers du chantier voisin. Gavroche la souleva avec une singulière vigueur, et l'appliqua contre une des jambes de devant de l'éléphant. Vers le point où l'échelle allait aboutir, on distinguait une espèce de trou noir dans le ventre du colosse.

Gavroche montra l'échelle et le trou à ses hôtes et leur dit :

– Montez et entrez.

Les deux petits garçons se regardèrent terrifiés.

– Vous avez peur, mômes ! s'écria Gavroche.

Et il ajouta :

– Vous allez voir.

Il étreignit le pied rugueux de l'éléphant, et en un clin d'œil, sans daigner se servir de l'échelle, il arriva à la crevasse. Il y entra comme une couleuvre qui se glisse dans une fente, et s'y enfonça, et un moment après les deux enfants virent vaguement apparaître, comme une forme blanchâtre et blafarde, sa tête pâle au bord du trou plein de ténèbres.

[...]

Gavroche était en effet chez lui !

Ô utilité inattendue de l'inutile ! charité des grandes choses ! bonté des géants ! Ce monument démesuré qui avait contenu une pensée de l'empereur était devenu la boîte d'un gamin. Le môme avait été accepté et abrité par le colosse. Les bourgeois endimanchés qui passaient devant l'éléphant de la Bastille disaient volontiers en le toisant d'un air de mépris avec leurs yeux à fleur de tête : – À quoi cela sert-il ? – Cela servait à sauver du froid, du givre, de la grêle, de la pluie, à garantir du vent d'hiver, à préserver du sommeil dans la boue qui donne la fièvre et du sommeil dans la neige qui donne la mort, un petit être sans père ni mère, sans pain, sans vêtements, sans asile. Cela servait à recueillir l'innocent que la société repoussait. Cela servait à diminuer la faute publique. C'était une tanière ouverte à celui auquel toutes les portes étaient fermées. Il semblait que le vieux mastodonte misérable, envahi par la vermine et par l'oubli, couvert de verrues, de moisissures et d'ulcères, chancelant, vermoulu, abandonné, condamné, espèce de mendiant colossal demandant en vain l'aumône d'un regard bienveillant au milieu du carrefour, avait eu pitié, lui, de cet autre mendiant, du pauvre pygmée qui s'en allait sans souliers aux pieds, sans plafond sur la tête, soufflant dans ses doigts, vêtu de chiffons, nourri de ce qu'on jette. Voilà à quoi servait l'éléphant de la Bastille. Cette idée de Napoléon, dédaignée par les hommes, avait été reprise par Dieu. Ce qui n'eût été qu'illustre était devenu auguste. Il eût fallu à l'empereur, pour réaliser ce qu'il méditait, le porphyre, l'airain, le fer, l'or, le marbre ; à Dieu le vieil assemblage de planches, de solives et de plâtras suffisait. L'empereur avait eu un rêve de génie ; dans cet éléphant titanique, armé, prodigieux, dressant sa trompe, portant sa tour, et faisant jaillir de toutes parts autour de lui des eaux joyeuses et vivifiantes, il voulait incarner le peuple ; Dieu en avait fait une chose plus grande, il y logeait un enfant.

Le trou par où Gavroche était entré était une brèche à peine visible du dehors, cachée qu'elle était, nous l'avons dit, sous le ventre de l'éléphant, et si étroite qu'il n'y avait guère que des chats et des mômes qui pussent y passer.

– Commençons, dit Gavroche, par dire au portier que nous n'y sommes pas.

Et plongeant dans l'obscurité avec certitude comme quelqu'un qui connaît son appartement, il prit une planche et en boucha le trou.

Gavroche replongea dans l'obscurité. Les enfants entendirent le reniflement de l'allumette plongée dans la bouteille phosphorique. L'allumette chimique n'existait pas encore ; le briquet Fumade[1] représentait à cette époque le progrès.

Une clarté subite leur fit cligner les yeux ; Gavroche venait d'allumer un de ces bouts de ficelle trempés dans la résine qu'on appelle rats de cave. Le rat de cave, qui fumait plus qu'il n'éclairait, rendait confusément visible le dedans de l'éléphant.

Les deux hôtes de Gavroche regardèrent autour d'eux et éprouvèrent quelque chose de pareil à ce qu'éprouverait quelqu'un qui serait enfermé dans la grosse tonne de Heidelberg, ou mieux encore, à ce que dut éprouver Jonas dans le ventre biblique de la baleine. Tout un squelette gigantesque leur apparaissait et les

1. Briquet phosphorique, ainsi nommé à cause de l'inventeur.

enveloppait. En haut, une longue poutre brune d'où partaient de distance en distance de massives membrures cintrées figurait la colonne vertébrale avec les côtes, des stalactites de plâtre y pendaient comme des viscères, et d'une côte à l'autre de vastes toiles d'araignée faisaient des diaphragmes poudreux. On voyait çà et là dans les coins de grosses taches noirâtres qui avaient l'air de vivre et qui se déplaçaient rapidement avec un mouvement brusque et effaré.

Les débris tombés du dos de l'éléphant sur son ventre en avaient comblé la concavité, de sorte qu'on pouvait y marcher comme sur un plancher. »

AVEZ-VOUS BIEN LU LE ROMAN ET L'ENTRACTE ?

Voici deux questionnaires empruntés, après modifications, à l'entracte des Contes et récits de l'histoire de Carthage *déjà signalés.*

Les solutions se trouvent un peu partout, il suffit de bien chercher...

MOI, HANNIBAL

Passionné(e) d'histoire et ému(e) par l'extraordinaire destin d'Hannibal, vous avez décidé d'écrire sa biographie. Afin de le rencontrer, vous vous rendez à la cour du roi où le grand général carthaginois a trouvé refuge. Il vous confie ses souvenirs, tandis que vous l'enregistrez sur votre magnétophone portatif. Hélas ! Une fois de retour chez vous, vous constatez que votre appareil a mal fonctionné : certains mots sont inaudibles, comme effacés du récit. Saurez-vous les retrouver parmi les trois solutions proposées pour chacun ?

– Me voici aux portes de la nuit : j'ai [*65 / 70 / 75*] ans et mes jours sont comptés.

– Mon hôte, le roi [*Antiochus de Syrie / Crésus de Lydie / Prusias de Bithynie*] est un lâche : il est prêt à me livrer aux Romains, mais je n'ai pas peur de mourir. Je revois mon enfance heureuse à Carthage, mes jeux avec mes frères et ma sœur [*Sophonisbe / Salammbô / Anna*].

– J'appartiens à la noble famille des [*Barca / Carba / Rabca*] et mon père [*Hannon / Hamilcar / Hasdrubal*] m'a élevé avec autant de tendresse que de sévérité : je me souviens encore du jour où il m'a fait prêter un serment [*d'amitié / d'alliance / de haine*] aux Romains. Je n'avais pas encore [*5 / 10 / 15*] ans lorsqu'il m'emmena avec lui à l'armée d'Espagne.

– Il faut dire qu'avec mes deux frères cadets [*Maharbal / Sétubal / Hasdrubal*] et [*Magon / Nargon / Baygon*] je faisais tout son orgueil. Hélas il mourut en [*- 229 / - 219 / - 209*] devant la ville d'[*Alicante / Elche / Almeria*] en tentant de me protéger de nos ennemis.

– Quelques années après, c'est moi qui fus proclamé chef de l'armée d'Espagne : j'avais à peine [*20 / 24 / 26*] ans. Je décidai alors de m'emparer de la ville de [*Carthagène / Sagonte / Sélinonte*] et de franchir [*le Guadalquivir / le Pô / l'Èbre*] : les dés étaient jetés, l'affrontement désormais inévitable.

À L'EAU, LES ÉLÉPHANTS ?

218 avant J.-C. : décidé à marcher sur l'Italie, Hannibal a franchi les Pyrénées. Le voici en territoire gaulois ; mais, au début du mois d'août, un nouvel obstacle se dresse devant lui : le Rhône, aussi impétueux que large.

Vous êtes chargé(e) du commandement des troupes du génie et le général en chef vous a confié une délicate mission : faire traverser le fleuve à son armée. Vous avez déjà réussi – non sans peine – à transporter sur l'autre rive 50 000 fantassins et 9 000 cavaliers avec leurs chevaux, mais restent… 37 éléphants ! Quelle solution choisirez-vous parmi les dix hypothèses suivantes ?

1. Vous envoyez des éclaireurs en amont du fleuve pour tenter de repérer un passage à gué naturel.

2. Vous dressez un barrage provisoire pour détourner le cours du Rhône et faire ainsi traverser les éléphants à sec.

3. Puisque le fleuve est en période de basses eaux en raison de la chaleur estivale, vous accélérez la baisse de son niveau en installant des pompes à eau actionnées par les puissants pachydermes.

4. Vous construisez un gigantesque pont de bois suspendu au-dessus des eaux du fleuve.

5. Vous disposez les éléphants en cordée après les avoir soigneusement ficelés, puis vous les précipitez à l'eau pour les faire tirer avec d'immenses cordages par les tribus gauloises avoisinantes que vous avez réquisitionnées sur l'autre rive.

6. Vous entraînez patiemment les éléphants à nager.

7. Vous équipez chaque pachyderme d'une énorme bouée confectionnée en peaux de chèvre et vous le faites remorquer par un chaland.

8. Vous aménagez de vastes pontons de bois auxquels vous fixez des radeaux mobiles, le tout préalablement recouvert de terre et de gazon avec le plus grand soin pour faire croire aux naïfs animaux qu'ils n'ont pas quitté la terre ferme, puis vous amenez les éléphants par groupes à l'extrémité du dispositif et vous larguez les amarres.

9. Vous fabriquez une série de canoës, un par éléphant, et vous les lancez dans le courant à la queue leu leu.
10. Vous allez dans le port de Massalia (Marseille) acheter trois birèmes grecques dans l'intention d'en faire des péniches et d'y charger les encombrantes bêtes.

Vous avez fait votre choix ? Il est temps de vérifier que vous en avez bien mesuré tous les risques. Vous saurez alors si vous pourrez mener cette opération à bien et vous découvrirez ci-dessous comment elle s'est réellement déroulée.

1. Trop incertain : vous ne connaissez pas ce fleuve, mais sa largeur et la violence de son débit laissent supposer qu'il n'y a aucun espoir de le passer à sec.
2. Trop long : les travaux exigés par la construction d'un barrage demanderaient des mois, sinon des années, pour être achevés.
3. Trop irréaliste : vous pourriez pomper pendant des siècles que le Rhône ne risquerait guère l'assèchement.
4. Trop ambitieux : vous ne disposez pas des moyens nécessaires pour la solidité d'une telle construction qui, de toute façon, s'effondrerait sous le poids des éléphants.
5. Trop hasardeux : les tribus gauloises pourraient bien vous jouer un mauvais tour en laissant les éléphants se noyer sans faire un geste.
6. Trop fastidieux : certes, les éléphants sont capables de nager à l'occasion, mais les préparer à une traversée organisée ferait dépenser des trésors de patience sans résultat.
7. Trop compliqué : la confection de bouées exige des talents de couturière que vos soldats n'ont certainement pas.
8. BRAVO ! Vous avez trouvé la méthode mise au point par les Carthaginois. Vous n'avez plus qu'à lire le détail des opérations dans le roman et dans l'Entracte.
9. Trop risqué : au moindre mouvement, les craintifs pachydermes feraient chavirer leur embarcation.
10. Trop cher : le Grec propriétaire du chantier naval vous demanderait une somme astronomique pour ses birèmes.

POUR ALLER PLUS LOIN...

Outre les romans signalés ci-dessus on renverra à :

1. Quelques romans de Michel Peyramaure :

– Pour les collégiens :
La Vallée des mammouths (Pocket Jeunesse, « Références », J315).

– Pour tous publics :
Les Tambours sauvages (Pocket, n° 3631) ; *Pacifique sud* (n° 4358) ; *Les Demoiselles des écoles* (n° 10050) ; *Les Flammes du paradis* (n° 2890) ; *L'Orange de Noël* (n° 10049) ; *Cléopâtre, reine du Nil* (n° 10047) ; *Louisana* (n° 10235).
On pourra enfin, pour une initiation à l'histoire, lire sa fresque sur Henri IV (Pocket, n°s 10367, 10368, 10369).

2. Sur Carthage :

Parmi des dizaines d'études historiques souvent complexes, nous conseillerons trois titres simples :
– M. Hours-Miédan, *Carthage*, P.U.F., Que sais-je ?, n° 340.
– F. Decret, *Carthage ou l'empire de la mer*, Seuil, Points Histoire, 30H.
– A. Beschaouch, *La Légende de Carthage*, Découvertes Gallimard, 1993, n° 172.

On aura une idée de la littérature sur Carthage avec *Carthage, le rêve en flammes*, recueil publié chez Omnibus, 1993.

3. Au cinéma :

La deuxième guerre punique au cinéma a fait l'objet de deux films. L'un *Cabiria* (Giovanni Pastrone, 1912-1914), la première superproduction cinématographique, montre en quelques belles images le passage des Alpes. L'autre, d'E.-G. Ulmer et C.-L. Bragaglia, *Hannibal* (1959), voit Hannibal incarné par Victor Mature, héros, en 1948, de *Samson et Dalila*. En voici le scénario :

« Hannibal a franchi les Alpes avec ses éléphants et une armée puissante : il s'apprête à marcher sur Rome, lorsque, dans une villa, il surprend Sylvia, une jeune fille romaine, nièce de Fabius Maximus. Il lui montre la grande armée carthaginoise et la laisse repartir : "Va à Rome, et dis à ton peuple combien Hannibal est puissant !"

Sans se soucier de la grâce qui lui a été accordée, l'orgueilleuse jeune fille romaine est cependant frappée par la noblesse d'Hannibal. Peu après, alors que le général carthaginois marche sur Rome, et qu'il lui envoie secrètement un message, Sylvia comprend qu'elle l'aime. Hannibal, qui a battu les légionnaires romains sur la Trébie, approche de Rome : il lui écrit qu'il l'y retrouvera. Mais l'amour pour sa patrie prévaut, chez Sylvia, sur l'amour pour l'homme. Elle révèle alors à Fabius Maximus, qui commande les armées romaines, le plan immédiat du général ennemi.

Mais ensuite elle s'enfuit pour rejoindre l'homme qu'elle aime, arrivé près de la capitale. Une patrouille romaine s'empare d'elle et Fabius Maximus lui ordonne de s'enfermer dans le temple de Vesta, pour la vie. Sylvia s'enfuit à nouveau et, cette fois, parvient au camp d'Hannibal. Celui-ci, par amour pour elle, détourne la menace qui pesait sur Rome et se dirige vers le sud. Hannibal et Sylvia, dans leur bonheur, oublient leurs patries respectives, la guerre et, qui plus est, le général oublie sa femme et son enfant, qui l'attendent à Carthage. Mais les événements se précipitent ; les Romains attaquent les Carthaginois à Cannes et y essuient une rude défaite. Sylvia est profondément troublée. Hannibal, à son tour, ne l'est pas moins, car sa femme et son fils vont arriver… Devant l'impossibilité de cet amour, Sylvia, courageusement, regagne Rome, où elle sait que l'attend le supplice destiné aux traîtres… Hannibal reprend la guerre : la tête coupée de son frère Hasdrubal, que les Romains ont jetée dans son camp, est pour lui non seulement un atroce avertissement, mais aussi un funeste présage… »

IX

DIX MILLE BARBARES

Bizo souleva un coin de la bâche et glissa un regard au-dehors. Par-dessus l'échine des bœufs qui constituaient l'attelage, il aperçut l'appontement recouvert d'une terre lourdement piétinée vers lequel le chariot avançait lentement.

— C'est notre tour, dit-il. J'ai peur, Marco.

— Nous ne risquons rien, dit Marco. Nous savons nager.

— J'ai faim.

Marco tendit à son compagnon quelques olives qu'il puisa au fond de sa poche. Bizo les grignota et se sentit rasséréné.

— Que va-t-on faire de nous ?

— Je l'ignore. Si Hannibal est de bonne humeur, il se contentera de nous faire fouetter par Bostar. Sinon, il pourrait bien nous faire crucifier comme les officiers de Carthage quand ils ont perdu une bataille par leur faute. À moins qu'il ne nous laisse mourir de faim…

— Ce n'est pas le moment de plaisanter, dit Bizo d'un air sombre. Jamais je n'aurais dû t'écouter. La prochaine fois…

Marco lui appliqua une main sur la bouche. Des hommes allaient et venaient sur les flancs du convoi. Monomaque se tenait à l'entrée de l'appontement. Il notait le nombre des chariots qui effectuaient le passage, leur contenu.

— Je suis las de t'entendre gémir, dit sévèrement Marco. Il est encore temps pour toi de renoncer à me suivre. Le courrier à destination de l'Espagne n'a pas encore quitté le Rhône. Il pourra te déposer à Ensérune, comme il en avait été convenu. Alors, que décides-tu ?

Bizo écarta la main de Marco, lui dédia un regard de chien battu.

— Je reste avec toi, dit-il. J'ai hâte de retrouver Carthalo, Vestrix, et surtout Khasil et les éléphants.

Il ajouta d'une voix plus enjouée :

— Une fois la campagne achevée et Rome vaincue, nous pourrions demander à Hannibal de nous garder auprès de lui. Nous en savons suffisamment sur les éléphants pour nous occuper d'eux. Crois-tu qu'Hannibal accepterait ? Et Bostar ?

— Tu es trop pleutre, répondit Marco d'un ton méprisant. Tu trembles lorsqu'un éléphant agite ses oreilles.

Le chariot venait de passer le contrôle et de s'engager sur la jetée. De l'amas de vieilles toiles de tentes à demi moisies sous lesquelles ils avaient trouvé une cachette sûre, Marco et Bizo aperçurent, de chaque côté du véhicule, le fleuve qui roulait ses eaux limoneuses. Rangé avec quelques autres sur les radeaux couplés, le chariot se mit à tanguer. Sur un ordre guttural, les cordes qui maintenaient l'embarcation la libérèrent. Le radeau s'engagea avec un grondement sourd dans la veine du courant. L'embarcation était si lourdement chargée que l'eau recouvrait entièrement les sabots des bœufs et que des paquets de terre partaient à la dérive. Quelques instants passèrent, qui parurent durer une éternité. Puis Marco et Bizo entendirent un choc sourd, des ordres, des grincements de cordes. De nouveau, le chariot reprit sa marche.

— Les dieux soient loués ! soupira Bizo.

— Adieu, Ensérune ! ajouta Marco.

Ensérune... La ville reculait dans un lointain brumeux. Il leur semblait qu'ils l'avaient quittée depuis des années et qu'ils ne dussent plus y revenir. Leurs parents, leurs amis, Pailhès, autant d'êtres sans visage qui surgissaient parfois du passé pour leur faire signe et qu'ils faisaient semblant de ne pas reconnaître. Débarqués sur cette rive inconnue, avant même d'avoir soulevé un coin de la bâche, Marco et Bizo devinaient qu'une partie de leur existence venait de s'achever sans recours et qu'une autre commençait. L'âge des songes creux, des jeux futiles, des affections dérisoires était révolu ; venait celui des dures réalités, des luttes dangereuses, des passions violentes. Ils en avaient assez d'être considérés comme des enfants. Le courage dont ils avaient fait preuve à Ensérune, la volonté qu'ils avaient manifestée, malgré les dangers et les fatigues, de prendre part à l'expédition d'Hannibal leur donnaient le droit de revendiquer le titre d'hommes.

— J'ai des fourmis dans les jambes, grogna Bizo. Si nous descendions ?

— Non, répondit Marco. Il est beaucoup trop tôt. Nous devrons attendre que les appontements soient détruits et que l'armée ait repris sa marche. Sinon Hannibal nous ferait rembarquer.

— Nous n'avons plus rien à manger ! Nous ne pouvons pas attendre plus d'une journée.

Marco secoua la tête. Avant l'aube prochaine selon ses prévisions, l'armée aurait levé le camp. Il l'espérait au moins. Depuis trois jours qu'ils vivaient confinés dans leur chariot, ne sortant qu'au milieu de la nuit pour chaparder des vivres, les deux Volces commençaient à trouver le temps long.

Un bruit de tonnerre leur fit lever la tête. Leur chariot avait gagné une petite butte d'où ils pouvaient découvrir le débarcadère et, de l'autre côté, les appontements. Hannibal venait de faire détruire toutes les installations. Il avait suffi de quelques grosses chaloupes lestées de pierres pour les faire voler en éclats.

L'opération achevée, un silence de mort tomba sur toute l'armée. Les hommes suivaient de l'œil les débris de la jetée, des chaloupes, des radeaux, qui descendaient à une vitesse folle au fil du courant. Désormais, pour tous, un retour en arrière était impossible. La grande aventure commençait là, sur cette terre hostile. Des vétérans de la Cohorte Sacrée s'étaient avancés jusqu'à la rive, la gorge contractée par l'émotion, le regard brouillé de larmes, comme s'ils eussent espéré voir se dessiner, loin au-delà du fleuve, les hauteurs de Byrsa, couronnées de temples rayonnants, les blanches villas de Megara, les falaises du cap Gammarth. En fait, sur l'autre rive, on ne distinguait, sur un fond de collines dénudées, que les Gaulois de Boulbo groupés autour de leur nouvelle déesse : la vieille éléphante infirme, revêtue de somptueuses draperies, et qui barrissait interminablement vers ses compagnons.

Sur la fin de la soirée les avant-postes avaient donné l'alarme : une reconnaissance de soldats romains venait de faire son apparition. Ceux-là mêmes sans doute, qui avaient écrasé les cavaliers de Muttinès par surprise. Hannibal n'attacha guère d'importance à cette brusque irruption. Les légions du consul étaient à une ou deux journées de marche.

Lorsque la nuit fut tombée sur le camp où seuls paraissaient vivre les grands feux brûlant aux carrefours, Marco, affamé, quitta sa cachette pour trouver des vivres. Il rampa jusqu'aux chariots de l'intendance, mais ils étaient si sévèrement gardés, de crainte des maraudeurs gaulois, qu'il préféra aller voir ailleurs.

Son regard fut attiré par une grande tente à l'intérieur de laquelle scintillaient des lumières de lampes. Il reconnut la tente d'Hannibal : une masse imposante de toile rouge à galons dorés, que le vent faisait frémir tout entière. Il parvint à s'y glisser par-derrière, reconnut la chambre du général et rampa vers la pièce principale où se tenait une réunion.

Ayant entrebâillé l'entrée, Marco glissa un coup d'œil à l'intérieur. Tous les chefs de l'armée étaient là, autour d'Hannibal : Maharbal méditait en se grattant la barbe ; Bostar, assis sur un siège bas, transpirait affreusement ; Muttinès achevait de reprendre des forces allongé sur un lit de camp ; Imilcon paraissait dormir debout ; Carthalo était assis près d'Hannibal, pensif, sa tunique blanche immaculée ouverte largement sur sa poitrine où brillait la louve de bronze ; Hannon marchait de long en large devant l'entrée. Marco remarqua également la présence de deux étranges personnages qu'il ne connaissait pas : un jeune chef barbare vêtu de cuir des pieds à la tête, malgré la chaleur, et dont la poitrine s'ornait d'une infinité de colliers ; il se tenait auprès d'un grand diable de Barbare obèse, rouge de figure et noir de poil.

Marco prêta distraitement l'oreille à la discussion. Il crut comprendre que le gros Barbare était venu demander l'aide d'Hannibal dans une affaire qui l'opposait à son frère : une histoire de territoires que l'un et l'autre revendiquaient. Hannibal acceptait de prêter main-forte au Gaulois, à condition qu'il lui fournît une certaine quantité de vivres et une solide arrière-garde jusqu'aux premiers cols des Alpes.

Tandis que les discussions allaient bon train, le regard de Marco se porta vers une coupe de fruits qui, installée sur un coffre, paraissait lui faire signe. Un flux de salive lui monta à la bouche. Marco n'hésita pas une seconde. Il se glissa jusqu'au coffre, saisit une pomme, la glissa dans sa poche…

De l'autre côté, la conversation s'animait. Une erreur de traduction de la part de Carthalo avait occasionné un rapide quiproquo. La vérité rétablie, il fut convenu que l'expédition ne s'arrêterait que lorsque le frère du Barbare se serait soumis.

Soudain, le regard de Carthalo se troubla. Il lui avait semblé apercevoir, au fond de la tente, derrière un coffre de cuir, une main qui se tendait. Il crut à une hallucination due à la fatigue, mais, lorsqu'il constata que la coupe avait été plus qu'à moitié vidée de son contenu, il sursauta, se leva et, tirant son poignard de sa ceinture, dit à voix basse :

— Hannibal, ne bouge pas. Un homme vient de s'introduire dans la tente. Ne fais pas un geste.

Lorsque Marco vit apparaître au-dessus de la coupe de fruits le visage crispé de Carthalo et le poignard, il s'aplatit contre le sol, le souffle coupé. Une main ferme l'agrippa par la ceinture, le souleva de terre.

— Toi ! s'exclama Carthalo. D'où sors-tu, maudit gamin ?

— Ne me fais pas de mal ! balbutia Marco. Bizo et moi, nous ne voulions pas retourner à Ensérune.

Laisse-nous t'accompagner. Nous ne ferons plus de sottises, je te le promets !

— Celle-ci est de taille, gronda Hannibal. Je vous ai fait chercher partout, toi et ton compagnon. Où vous étiez-vous donc cachés, vauriens ?

— Sous de vieilles toiles, dans un chariot, répondit Marco d'un ton triomphant. Personne ne nous a aperçus.

Il ajouta, d'une voix qui avait baissé d'un ton :

— Je suis seul responsable. C'est moi qui ai eu cette idée. Punis-moi, mais garde-nous près de toi.

— Je ne vous épargnerai ni l'un ni l'autre, dit Hannibal d'un ton sévère. Je déteste ce genre d'indiscipline. Votre châtiment sera exemplaire.

Hannibal appela un factionnaire, lui ordonna de suivre Marco jusqu'à la cachette où se tenait encore Bizo. En chemin, tout en croquant une pomme, Marco apprit le sort de Vestrix. Il ne put avaler ce qui restait du fruit et le jeta. Il s'était pris de sympathie et d'admiration pour le jeune Gaulois dont le courage tranquille, le souverain mépris de la mort tenaient du prodige. Bizo, lui, fondit en larmes.

La nuit qui suivit, les deux Volces la passèrent attachés à la roue d'un chariot, grelottants de froid et d'angoisse, gardés par deux factionnaires comme des captures de choix. Ils ne purent fermer l'œil jusqu'au matin. Sans relâche, des reconnaissances entraient et sortaient du camp. Des appels mystérieux résonnaient dans la montagne proche. Hannibal redoutait une attaque subite des groupes d'avant-garde romains dont la mobilité était bien connue. Tant que l'armée ne se serait pas engagée dans la montagne, il ne se sentait pas en sécurité.

À cette inquiétude s'en ajoutait une autre, plus lancinante.

Magil lui avait déclaré en hochant gravement la tête :

— Hannibal, tu vas rencontrer les pires difficultés. Il est trop tard pour t'engager dans la montagne. Les neiges viendront tôt cette année…

À peine terminées ses ablutions, Hannibal écouta d'une oreille attentive les rapports qui lui parvenaient des groupes de reconnaissance envoyés dans toutes les directions au cours de la nuit. Ils étaient rassurants : pas d'ennemis en vue, ni au nord ni au sud ; l'armée de Scipion avait au moins deux jours de retard.

— Ces deux lascars, dit Carthalo, que comptes-tu en faire ?

— C'est vrai, fit Hannibal. J'allais les oublier. Que pourrions-nous en faire, sinon les emmener avec nous ? Mais auparavant, je veux leur faire subir un châtiment dont ils se souviendront.

Grelottants de froid et de crainte, les deux Volces furent conduits, encadrés d'une solide escorte, jusqu'à un arbre qui se dressait au milieu du camp. Ils furent attachés étroitement au tronc, le dos vers l'extérieur.

— Que crois-tu qu'on va nous faire ? gémit Bizo.

— Je n'en sais rien, répondit Marco avec irritation. Certainement pas nous distribuer des friandises. Après tout ce que nous avons fait pour Carthalo et pour Hannibal…

Bostar arrivait, précédant Khasil et quelques éléphantarques qui marchaient tête basse, sans oser porter les yeux sur les deux prisonniers.

— Bostar a sorti son fouet de sa ceinture, dit Marco. Il va nous réduire le dos en bouillie.

Il ajouta d'un ton ferme :

— Bizo, mon ami, mon frère, je t'en conjure, que pas une supplication, pas une plainte ne sortent de tes lèvres. Songe à Vestrix. Couvert de blessures, il tenait tête à Hannibal et serait mort sans dire un mot si je n'étais pas intervenu.

— Je te le promets, souffla Bizo.

Bostar s'avança vers Hannibal de son allure de paysan carthaginois, lente et pesante. Son visage mal rasé, difforme grimaçait comme s'il venait d'avaler une gorgée de fiel. Il échangea quelques mots avec le chef punique, revint vers les garçons pour vérifier leurs entraves et faire tomber leurs tuniques jusqu'à la ceinture. Il sentait la fiente d'éléphant. Reculant de quelques pas, Bostar plia à plusieurs reprises le manche de son fouet, le fit claquer dans les basses branches du chêne, coupant chaque fois des ramures grosses comme le poignet.

— Je suis prêt, dit Bostar.

Hannibal se tourna vers les hommes d'armes et les éléphantarques qui se trouvaient rassemblés. Il se mit à parler d'une voix ferme qui glaça les prisonniers.

— Ces deux garçons, dit-il, ont désobéi à mes ordres. Ils ont failli nous faire perdre un temps précieux et, peut-être, compromettre le sort de nos armes. J'ai décidé de leur infliger un châtiment exemplaire. Toute leur vie durant, ils porteront dans leur chair la trace du fouet de Bostar et se souviendront ainsi de la justice d'Hannibal.

Le général se tourna vers les deux Volces, s'approcha d'eux.

— Je ne suis pas un monstre et ceux qui l'affirment me calomnient. C'est pourquoi, avant que Bostar exécute la mission que je lui ai confiée, je tiens à vous offrir la possibilité de vous racheter. Acceptez de votre plein gré de retourner à Ensérune et je vous fais grâce. J'attends votre réponse.

Bizo ouvrait la bouche pour implorer la grâce d'Hannibal et promettre tout ce qu'il demanderait, lorsque la voix de Marco couvrit la sienne.

— Bizo et moi, nous avons juré de ne plus retourner à Ensérune avant la fin de cette expédition. Nous ne pouvons nous parjurer. Le supplice et même la mort ne nous feraient pas changer d'avis.

— Es-tu devenu fou ? gémit Bizo.

— Prends bien garde, murmura Marco. Si tu me trahis, tu le paieras cher. D'ailleurs, tu ne souffriras pas. Il n'y a que le premier coup qui soit douloureux. Les autres, on ne les sent pas. C'est Carthalo qui l'affirme...

Hannibal s'était avancé vers les deux captifs.

— Bizo, dit-il, il semble que tu ne sois pas d'accord avec ton acolyte.

— Je partage son avis, bredouilla le gros garçon. Mais, de grâce, seigneur, demande à Bostar de faire vite.

— Tu as peur, Bizo, mais tu n'oses l'avouer.

— Non, seigneur, j'ai froid. Si ma mère apprenait que tu nous as laissés coucher dehors par un froid pareil, elle ne te le pardonnerait pas.

Les deux Volces bravaient. La peur leur courait en frissons le long de l'échine, faisait perler une sueur glacée à leur front, mais pour rien au monde ils n'eussent admis ce sentiment qu'ils repoussaient de toutes leurs forces.

Hannibal faillit pouffer de rire.

— C'est bien réfléchi ? interrogea une dernière fois Hannibal.

— Dis à Bostar de commencer, seigneur, dit Marco d'une voix presque implorante.

Le silence qui suivit figea le temps autour des deux garçons. Les dents serrées, ils attendaient le premier cinglon du terrible fouet du maître des éléphants.

— Va-t-il se décider ? gémit Bizo. Je sens que je vais hurler, Marco.

Ils entendirent la voix d'Hannibal ordonner :

— Bostar, libère-les !

Le poignard de Bostar rompit les liens qui maintenaient les deux captifs. Ils s'écroulèrent d'un même mouvement. Leurs jambes ne les portaient plus. Comme du fond de ces gigantesques silos à provision fabriqués par les potiers d'Ensérune, ils entendirent la voix d'Hannibal :

— Vous êtes libres. Je vous garde avec moi puisque, désormais, il n'est guère possible de faire autrement. Vous avez enfreint mes ordres. C'est une faute que je pardonne difficilement. Mais votre courage dans l'épreuve que je vous ai infligée rachète votre faute. Je vous préviens tous deux : je ne tolérerai plus la moindre infraction à la discipline. J'ai fait exécuter des hommes pour beaucoup moins, souvenez-vous-en ! La guerre n'est pas un jeu d'enfants ni une partie de plaisir. C'est une action atroce, que l'on n'accomplit jamais que par nécessité. Sachez que, désormais, la souffrance et la mort seront vos compagnes, qu'elles vous suivront pas à pas. Tâchez de montrer le même courage que vous venez de manifester.

Il ajouta à voix basse :

— Et maintenant, rhabillez-vous. Ce soir, lorsque nous installerons le camp, venez me trouver dans ma tente. Je verrai ce que nous pourrons faire de vous.

L'armée punique avait repris sa marche majestueuse et lente dans la chaleur d'août. Peu après le départ du Rhône, trois éléphants avaient dû être sacrifiés. Ils traînaient la patte et ralentissaient la marche de l'armée. Ce fut la curée. Autour des feux de bivouac, les hommes se gorgèrent de viande fraîche. Magil réclama les défenses. Hannibal les lui accorda. Le petit roi voyait dans ces énormes pièces d'ivoire un symbole de puissance en même temps qu'une amulette géante qui devait le protéger du mauvais sort.

Après trois jours de marche, le gros Barbare qui était venu à la rencontre d'Hannibal indiqua un point du fleuve divisé par l'avancée en forme de proue d'une île. Cette terre toute blonde d'éteules, toute verte de regain, s'étendait à l'infini.

— Voilà ma terre, dit-il. Celle que mon frère m'a ravie. Tiens ta promesse, Hannibal, et je tiendrai la mienne. Rends-moi ma patrie !

L'affaire fut rondement menée. Hannibal n'éprouvait aucune intention de s'attarder dans ces parages, aussi agréables fussent-ils. Par contre, Monomaque le pressait d'observer une halte avant qu'on ne s'engageât dans la montagne, afin qu'il pût renouveler quelques équipements et s'approvisionner en vivres.

Hannibal n'eut qu'à paraître à la tête de ses éléphants pour que la bande adverse des Barbares prît la fuite. Il se rendit maître de toute l'île sans avoir à livrer bataille. C'était un paradis regorgeant de richesses. L'île dormait, allongée comme une belle géante entre les bras du fleuve. Hannibal dut se faire violence pour échapper à son charme et, le regret au cœur, tourner bride pour s'enfoncer dans l'inconnu.

Le temps pressait. Des vents glacés commençaient à parcourir la campagne. Lorsque le camp s'éveillait dans la brume et le froid, on devinait que l'hiver, cette année, serait en avance. C'était l'avis de Magil. Il ne cessait de le répéter. En contemplant l'armée qui se traînait sur les premières pentes, il hochait gravement la tête : Hannibal ne parviendrait jamais jusqu'aux sommets.

On pénétrait dans le territoire des Allobroges. Magil y avait souvent séjourné et connaissait bien son peuple.

— C'est une race fière mais ombrageuse, dit-il à Hannibal. Prends garde à ne commettre aucune maladresse qui pourrait les indisposer contre toi. S'ils décidaient de s'opposer au passage de ton armée, il serait plus raisonnable pour toi de rebrousser chemin.

Hannibal haussait les épaules. Le cas échéant, le petit roi pourrait servir de truchement. Le corps expéditionnaire ne faisait que passer sur leur territoire.

— S'ils décidaient de nous barrer la route, crois-tu que nous rebrousserions chemin pour autant ? C'est bien mal me connaître, Magil.

Hannibal était persuadé que Magil, à dessein ou non, noircissait le tableau. Cette expédition, Hannibal l'avait préparée avec le plus grand soin, sans négliger le moindre détail. Les observateurs qui, durant des années, avaient sillonné les Alpes en tous sens, déguisés en muletiers ou en marchands, franchi en toutes saisons les principaux passages, connaissaient les tribus barbares aussi bien que Magil ; ils avaient été unanimes à souligner l'aversion profonde qu'elles nourrissaient contre Rome. Il fallait compter, Hannibal ne l'ignorait pas, avec leurs humeurs versatiles, leur susceptibilité. Mais rien n'indiquait à l'avance que ces tribus fussent mal disposées envers Carthage comme elles l'étaient envers Rome.

On touchait à la mi-octobre lorsque l'armée s'engagea franchement dans la montagne. Le retard était important. Bien que considérablement allégée en effectifs, l'armée n'avançait qu'avec une extrême lenteur, observant, pour faire reposer les éléphants, de nombreuses haltes.

Les journées devenaient courtes et fraîches. Chaque matin, les soldats d'Afrique se levaient transis et courbatus dans le même décor de plaines étroites bordées de falaises inquiétantes, de plateaux étirés à l'infini, de collines couvertes d'immenses forêts. Parfois leur nuit avait été blanche, obligés qu'ils étaient de combattre les bandes de loups de taille géante attirées par l'odeur des chevaux et des éléphants. Ils avaient, en ouvrant leurs yeux brûlés de fatigue, l'impression que cette expédition n'en finirait jamais. Carthage, l'Espagne, reculaient dans leur mémoire, au point qu'ils se demandaient avec angoisse s'ils reverraient jamais leurs déserts et leurs montagnes brûlées. Chaque soir, autour des feux, par le chant et par la danse, ils faisaient renaître des images perdues, des sensations mortes depuis une éternité. Mais, lorsque la dernière note s'était échappée de la gorge des chanteurs, quand les danseurs avaient fini de piétiner la terre grasse qui répondait mal au son de leurs talons, la nuit hostile reprenait possession du monde, avec son vent rugueux soufflant sur les forêts et ses lumières mystérieuses qui brillaient aux quatre coins de l'horizon.

Marco et Bizo, auxquels Hannibal avait confié des responsabilités anodines dans l'escadron des éléphants de Bostar, regrettaient presque leur décision. C'était donc cela, une expédition militaire ? C'était ainsi que l'on désignait cette randonnée sans fin et sans surprise ? Et les Allobroges, dont on parlait tant et que l'on ne voyait jamais ? Où se terraient-ils, ces farouches Barbares ?

— Patience, leur répondait Carthalo. Lorsque nous les trouverons sur notre chemin, peut-être alors regretterez-vous votre empressement. J'ai parcouru cette région, séjourné dans les tribus dont je connais la langue. Ce sont des hommes étranges que ces Allobroges : fidèles jusqu'à la mort s'ils vous considèrent comme des amis, prêts à vous couper la gorge pour peu qu'ils croient deviner une intention de leur nuire.

— Nous n'en ferons qu'une bouchée, rétorquait Marco. Ils ne doivent être ni très nombreux ni très puissants.

— Détrompe-toi, Marco. Les villages que nous avons traversés comptent parmi les plus modestes et n'appartiennent pas à de véritables Allobroges. Les vrais représentants de cette race ont leurs villages plus au Levant et possèdent même de véritables villes établies sur des positions inexpugnables. Si nous devions leur faire la guerre, il nous faudrait des années pour en venir à bout, et sans doute n'y parviendrions-nous jamais.

Les fatigues et les inquiétudes de cette expédition affectaient surtout Bizo. Il avait perdu son appétit, sa bonne humeur, ses joues rondes. Rabroué par Marco, qui lui reprochait sa couardise, il revenait inlassablement à la charge : il n'aurait jamais dû écouter Marco, accepter de se laisser entraîner dans cette aventure décevante et périlleuse !

— Tu as ce que tu voulais ! ripostait Marco. Avant de quitter Ensérune, tu ne cessais de me parler des éléphants. Tu en rêvais toutes les nuits !

Les éléphants… Marco avait raison. On lui avait tant conté de légendes sur ces mastodontes qu'il avait fini par les considérer comme d'étranges et redoutables divinités animales de la lointaine Afrique. Hormis Baal qui, dans sa majesté, sa puissance, son intelligence, paraissait habité par l'esprit du Dieu dont il portait le nom, ces grosses bêtes indolentes, paresseuses, fragiles, le décevaient profondément. Combien il eût préféré être versé dans la cavalerie de Muttinès ou d'Imilcon ! Mais, une fois de plus, Marco avait choisi pour lui.

Lorsque les premières pentes s'étaient amorcées, les Gaulois des bords du Rhône, ayant rempli correctement leur mission et honoré leur promesse, se retirèrent. Hannibal eut beau faire miroiter à leurs yeux ses coffres pleins d'or et d'armes précieuses, rien n'aurait pu les faire s'engager plus avant. À la seule pensée de pénétrer dans ces vallées sauvages, ces braves blêmissaient et perdaient leur belle assurance. À voir leur réaction, on eût pu croire que les montagnes, dont la barrière se dressait devant eux dans le tendre soleil d'automne, étaient peuplées de dieux barbares commandant à des légions de monstres. Magil lui-même tremblait lorsque Hannibal déployait devant lui les cartes qui figuraient ces mystérieuses contrées.

Une autre surprise, plus désagréable encore, attendait le général.

Au moment où l'avant-garde s'engageait dans les contreforts qui précédaient le défilé, les hommes de

Vestrix refluèrent en désordre en poussant des clameurs sauvages. L'un d'eux sauta de cheval en arrivant devant Hannibal et se mit à parler d'une voix précipitée, en pointant l'index en direction de la montagne.

Hannibal fit appeler Carthalo.

— Je ne comprends rien à ce qu'il raconte.

Le visage de Carthalo s'assombrit.

— Cet homme dit que les Allobroges tiennent les abords du passage et qu'ils sont des milliers.

Marco exultait. Il secoua l'épaule de Bizo.

— Nous allons enfin voir ces Barbares dont on nous a tant parlé, dit-il.

Il ajouta, tourné vers Carthalo :

— Est-il vrai qu'ils sont vêtus de peaux de bêtes et qu'ils ont des armes de pierre ?

— Ce sont des légendes, répondit Carthalo. Les Allobroges sont presque aussi bien équipés que nous et vêtus d'habits fort convenables. Ce ne sont pas des sauvages comme ceux que j'ai combattus en Afrique, mais de véritables soldats, courageux et disciplinés. Nous risquons d'en avoir la preuve sans tarder.

Marco et Bizo paraissaient déçus. Ils avaient longtemps rêvé sur les images que les récits fallacieux des soldats de Carthage faisaient naître dans leur esprit. Ils doutaient presque de la parole de Carthalo, se refusant à admettre que les hommes de ces contrées sauvages fussent identiques à ceux des Volces de la Narbonnaise ou du Rhône. Cette interminable randonnée ne pouvait qu'ouvrir sur un pays de légende, peuplé de personnages à mi-chemin entre le rêve et la réalité.

— J'aimerais en avoir le cœur net, murmura Marco.

Hannibal ajourna le départ des légions. Une journée serait nécessaire pour entreprendre des pourparlers et, au cas probable où ils échoueraient, aviser des dispositions à prendre pour disperser ce gigantesque rassemblement de guerriers. Cette halte serait salutaire pour tous, à commencer par les éléphants. Bostar la réclamait depuis que l'armée avait passé le Rhône. Deux autres éléphants avaient dû être abattus et Bostar ne décolérait pas. Son cœur, pourtant endurci, se serrait lorsqu'il voyait un pachyderme traîner la patte et pousser des grognements de souffrance.

Dans la matinée, Marco s'éloigna seul du centre du camp et, avec la permission de Bostar, poussa avec un éléphant jusqu'à une mare qui scintillait au soleil, où, tout à l'heure, le troupeau viendrait s'ébattre. C'est là que Bizo vint le rejoindre. Il héla son compagnon de loin, mais Marco, debout sur l'échine du mastodonte, les bras croisés sur sa poitrine, paraissait abîmé dans ses réflexions, le visage tourné vers la montagne.

— Monte, lui dit Marco.

Il fit ployer les genoux de son éléphant pour permettre à son compagnon de se hisser sans effort sur le dos de la bête.

— Pourquoi restes-tu là, tout seul ? demanda Bizo. Tu as l'intention d'attaquer les Barbares ?

Marco ne parut pas entendre.

— Tout ce que raconte Carthalo, dit-il, je n'y crois guère. Il veut sans doute nous rassurer, éviter que la panique ne gagne l'armée. Je suis persuadé au contraire que ce que le vieux mercenaire de la Cohorte Sacrée racontait hier soir est exact : ces Allobroges sont des sauvages, des sortes de bêtes. Nous allons en avoir le cœur net. Puisque nous avons une journée entière devant nous et qu'ils sont rassemblés là, à deux milles à peine, nous allons en capturer un. Qu'en penses-tu, Bizo ?

Bizo blêmit.

— Tu es plus fou encore que je ne pensais. Tu devrais te souvenir du châtiment que nous a promis Hannibal si nous désobéissions de nouveau.

— As-tu reçu l'ordre de ne pas capturer d'Allobroge dans la montagne ?

— Non, balbutia Bizo. Hannibal n'a rien dit à ce sujet.

— Tu vois bien.

Bizo se reprit, proclama son intention inébranlable de ne pas accompagner son compagnon. Marco éclata :

— Toute la race des Volces te renie par ma bouche ! Tu es un lâche, Bizo ! Je partirai donc seul et, seul, je capturerai un Allobroge. Peut-être ne reviendrai-je pas ? Cela m'est égal. La mort ne me fait pas peur.

Habitué à ce genre de discours, Bizo n'en fut guère impressionné. Par contre, il sentait avec de sourdes délices cheminer dans le tréfonds de son esprit l'idée émise par Marco. Ils saisissaient le premier Barbare venu, si possible ni trop grand ni trop fort, le bâillonnaient, le forçaient à avancer jusqu'au camp. Hannibal en personne se portait au-devant d'eux, les serrait contre sa poitrine, leur faisait effectuer, montés sur Baal, harnaché comme pour la parade, une tournée triomphale du camp…

— Tu n'as plus ta raison, dit-il. Crois-tu que l'on capture un Allobroge comme un lapin au terrier ?

— Ce serait impossible, répondit Marco, si ces Barbares se tenaient en éveil et nous attendaient. Or, le Barbare que nous capturerons ne nous attend pas. L'effet de surprise sera tel qu'en nous voyant paraître il n'aura même pas le temps de se servir de ses armes.

— Et s'ils sont plusieurs ?

— Les autres prendront la fuite.

C'était net et péremptoire. Bizo hocha gravement la tête, exposa quelques objections dont il pourrait faire ressortir le bien-fondé au cas où ils reviendraient bredouilles, ou pas du tout. Puis il fléchit.

— Quand veux-tu partir ?

— Tout de suite. Nous n'avons plus un instant à perdre.

— Sans déjeuner ?

— Nous mangerons un morceau en route.

Bostar leur accorda en grognant la permission qu'ils demandaient d'aller tâter le ventre des truites dans la rivière qui longeait une extrémité du camp. Évitant la tente d'Hannibal, ils s'éloignèrent le long de la rivière en remontant le courant, droit vers le défilé, sous le couvert des saules et des noisetiers.

Le temps était clair, l'air un peu piquant. Des multitudes d'oiseaux pépiaient dans les branches, s'élevaient en nuées vers le soleil, flottaient un instant, à droite puis à gauche, avant de replonger dans la masse végétale où ils poursuivaient leurs querelles. Haut dans le ciel, l'automne traînait des passées d'oiseaux sauvages qui descendaient vers le sud. La montagne paraissait tendre aux deux garçons une main amicale. Ses pentes feutrées d'une herbe encore verte montaient insensiblement vers les rochers plantés capricieusement, en tous sens, comme des danseurs ivres figés dans leur élan. Loin, au fond du défilé, des falaises d'une hauteur prodigieuse, de couleur fauve, barraient le passage.

Marco et Bizo marchaient depuis un long moment lorsqu'ils s'arrêtèrent, le souffle court, le ventre creux. Assis sur un rocher surplombant le vide, ils dévorèrent avidement leur pain accompagné d'un énorme fromage volé à Bostar. En bas, le camp grouillait comme une fourmilière.

— Regarde les éléphants ! s'écria Bizo.

Baal venait de conduire le troupeau jusqu'à la mare. Sur son échine, on distinguait une petite tache claire qui était la tunique blanche de Khasil. Baal, son bain achevé, demeurait debout au bord de la mare, immobile comme ces étranges tables de granit que les anciens hommes avaient dressées sur les landes désertes. Des barrissements de joie montaient du groupe confus des autres mastodontes qui se livraient au plaisir du bain, jouant à s'arroser d'eau boueuse, à se rouler dans la vase épaisse. Marco et Bizo ne se lassaient jamais de ce spectacle qui suffisait à effacer la fatigue des interminables chevauchées. Il y régnait une joie simple, naturelle. C'était l'image même de la paix. Ils songèrent que Tania, l'une des vieilles compagnes de Baal, devait s'être isolée, comme chaque jour, pour s'appliquer, à l'aide de sa trompe, des emplâtres de boue sur une plaie qui n'arrivait pas à se cicatriser et qui la condamnait à brève échéance. Tania était l'une des préférées de Bostar. Il restait parfois longtemps à lui parler, avant de porter le fer rouge dans la plaie pour hâter une guérison qu'il devinait improbable.

Les chevaux avaient été parqués de l'autre côté du camp, en bordure de la rivière, et se gorgeaient d'une herbe juteuse et odorante. À la grande bannière rouge timbrée d'un éléphant d'or, on reconnaissait, au milieu du camp, la grande tente d'Hannibal.

— Nous aurions dû demander à Khasil de nous accompagner, observa Marco. Il sera furieux lorsqu'il apprendra que nous avons capturé sans lui un Allobroge.

— Il aurait refusé. Souviens-toi qu'il a déjà reçu le fouet des mains de Bostar et que, depuis ce jour, il préférerait se faire tuer plutôt que de quitter son service.

Marco se leva, inspecta les crêtes qui couronnaient le défilé. Soudain, il s'aplatit, le nez dans un pied de bardane.

— Baisse-toi ! souffla-t-il. Les Barbares sont tout près. Il y en a plein la montagne !

Relevant le nez avec précaution, les garçons ne purent réprimer un frisson de crainte. Les éclaireurs gaulois n'avaient pas exagéré. Sur les crêtes, le long des pentes, accrochés aux falaises, par groupes, par chapelets sans ordre apparent, des milliers et des milliers de guerriers immobiles paraissaient attendre que les légions de Carthage s'avancent jusqu'à eux.

— Nous n'aurons que l'embarras du choix, constata Marco.

Bizo se demanda si son camarade plaisantait ou parlait sérieusement. Il suivit Marco sur un signe. Glissant de roc en roc, de touffe de genêt en gerbe de fétuque dorée, ils atteignirent le premier rebord de la crête et reprirent souffle. Ils devinaient qu'une frontière passait par là, invisible mais redoutable.

— Nous sommes tout près à présent, dit Marco. Ouvrons l'œil.

En quelques bonds, ils franchirent un espace d'herbe rase. Marco poussa Bizo du coude, lui montra, à quelques pas, pointant au-dessus d'une table de roche, la fusée d'une lance terminée par un fer de taille impressionnante.

— J'approcherai à pas de loup, murmura Marco. Arrivé au-dessus du Barbare, je lui arracherai sa lance et, par-derrière, je l'assommerai avec une pierre. Tu te souviens, c'est ainsi que Carthalo a capturé un soldat romain, en Sicile.

— Je me souviens, dit Bizo, l'œil pétillant de plaisir. Ne manque pas ton coup, sinon il va crier et donner l'alerte.

— Tu peux avoir confiance en moi, dit Marco avec autorité. Ce sera notre premier prisonnier. Je ne tiens pas à le manquer.

Ces Allobroges, quel peuple bizarre ! Ils tendaient un piège à leurs ennemis et dédaignaient de le dissimuler. Hannibal ne pouvait s'empêcher de frémir en songeant à ce qui serait advenu s'il avait engagé son armée à l'aveuglette dans le défilé, sans avoir envoyé de reconnaissance. À l'heure présente, une bonne partie de son armée eût été anéantie par des attaques parties des deux versants et par des avalanches de rochers et de pierres, tactique dans laquelle, selon Carthalo, les Allobroges étaient passés maîtres.

Hannibal ne tenait plus en place. Cette situation risquait de s'éterniser. Il avait songé à prendre une autre direction ; mais cela l'obligeait à revenir sur ses pas et à allonger singulièrement le trajet, sans compter que le même inconvénient risquait de se produire ailleurs. Parlementer ? L'idée lui en était venue, mais Carthalo l'en avait dissuadé : avant que les Allobroges en aient référé à leur conseil, les transactions pouvaient durer des jours pour aboutir à un refus de livrer passage aux légions. Attaquer, tâcher de passer en force après avoir nettoyé les abords du défilé ? Il y avait trop de risques.

— Ces Barbares, dit Carthalo, ont une curieuse coutume. La nuit venue, ils quittent leurs positions pour se replier sur la ville la plus proche afin de dormir en paix. Il semble qu'ils redoutent de se trouver dehors la nuit. J'ai consigné cette observation dans un des rapports que je te communiquais naguère.

— C'est vrai, dit Hannibal. Je m'en souviens.

Il se leva, se mit à arpenter la tente de long en large, sans mot dire. Les officiers respectèrent son silence. Soudain, Hannibal s'arrêta.

— Voici mon plan, s'exclama-t-il. Dès la tombée de la nuit, je prendrai le commandement de la Cohorte Sacrée. Nous irons occuper les postes qui commandent les abords du défilé. Il faut qu'à l'aube, lorsque les Barbares viendront réoccuper leurs positions, ils les trouvent prises et solidement défendues d'un côté par moi et de l'autre par Carthalo. Au matin, Maharbal engagera les avant-gardes dans le défilé.

Hannibal occupa le reste de la journée à une inspection complète du matériel et de l'équipement. Les légions étaient dans un état meilleur qu'il ne le pensait. Il était occupé à passer en revue le détachement gaulois de Vestrix lorsqu'il vit Bostar accourir aussi vite que le lui permettaient ses courtes jambes. Le maître des éléphants paraissait affolé. Il dit d'une voix hachée :

— Seigneur… Marco et Bizo… Ils ont disparu !

Au début de la matinée, Bostar leur avait accordé la permission d'aller jusqu'à la rivière pêcher quelques truites. Ils avaient dû s'aventurer en direction du défilé et tomber sur une patrouille de Barbares.

— As-tu bien fouillé le camp et les abords ? Khasil ne les aurait-il pas aperçus ? D'ordinaire ils vont ensemble au bain des éléphants.

— Khasil ne les a pas vus. Ils n'étaient pas au bain des éléphants. Un factionnaire les a aperçus alors qu'ils se dirigeaient vers la rivière avec des cordelettes à la ceinture.

« Des cordelettes ? Qu'ont-ils bien pu encore inventer ? » se demanda Hannibal.

Le général fit retomber le gros de sa colère sur le maître des éléphants, lui reprochant de s'occuper davantage de ses bêtes que de ses hommes. Bostar était responsable des deux Volces. À lui de les retrouver.

— Qu'ils soient rentrés au couvre-feu ! gronda Hannibal. Sinon il t'en cuira !

À la nuit tombante, les deux garçons n'avaient pas reparu au camp. Le couvre-feu sonna, les cordons de factionnaires furent mis en place sans qu'ils aient donné signe de vie. « Ils sont bel et bien perdus », songeait Hannibal en sautant en selle. Debout à l'entrée du camp, il sonda l'immensité déserte qui s'étendait devant lui, jusqu'aux abords du défilé. Pas une ombre n'y bougeait. Pas un appel n'en montait. Il se résigna enfin faire signe à la Cohorte Sacrée de se grouper derrière lui. Lorsque les éclaireurs, chevauchant à l'abri des arbres qui bordaient la rivière, vinrent lui confirmer que les Barbares s'étaient retirés, il donna, la mort dans l'âme, le signal du départ.

Les dernières lueurs étaient à peine éteintes dans le ciel du couchant, que les abords du défilé furent occupés sans coup férir. Ils étaient déserts !

Hannibal disposa ses hommes par petits groupes, tandis que, sur l'autre bord, Carthalo faisait de même. Sa tâche terminée, il s'enroula dans son épais manteau de laine rouge, à même le sol. Mais il ne put trouver le sommeil. Le froid le tenaillait, mais aussi une sourde angoisse. Il ne pouvait se résoudre à croire que les deux Volces eussent été enlevés et massacrés par les

Barbares. Il ne pouvait se défendre à leur égard d'une affection rude mais profonde. S'ils étaient perdus à jamais, il manquerait autour de lui cette juvénile gaieté, cette innocence, cette confiance naturelle qui exorcisaient la fatalité, la souffrance, la guerre.

Bizo salivait de plaisir comme devant une table bien garnie. Il envoya une bourrade dans le flanc de Marco.

— Nous n'avons plus à hésiter ! dit-il. Passe devant. Je t'attends ici en faisant le gué. Dès que ce Barbare sera hors d'état de nuire, tu m'appelleras et je viendrai à ton aide pour le ficeler.

Il montra avec un sourire de confiance la cordelette qui pendait à sa ceinture. Il y avait de quoi lier une dizaine de Barbares.

Sans inquiétude, il suivit de l'œil son compagnon.

Celui-ci franchissait, en rampant, les dernières coudées qui le séparaient de la roche plate derrière laquelle le Barbare, peut-être, s'était endormi au soleil. En chemin, Marco cueillit une grosse pierre, l'assura au creux de sa paume. Parvenu à un pas de la lance, il la saisit, tira sans rencontrer de résistance. Enhardi, il bascula de l'autre côté de la table de pierre, la lance dans une main, la pierre dans l'autre, et s'écria :

— À moi, Bizo !

Sa voix s'enraya dans sa gorge. Il se trouvait nez à nez avec une demi-douzaine de Barbares qui, en le voyant surgir comme une couleuvre de son trou, tirèrent leur glaive du fourreau et se regroupèrent, prêts à faire face à une attaque. Marco blêmit, recula de quelques pas, prêt à prendre la fuite.

Ces Barbares étaient des hommes de belle taille, barbus, chevelus, vêtus d'étoffes de laine agréablement bariolées, et de cottes de cuir ouvragé. Deux femmes et leurs bambins étaient assis dans un coin, au soleil.

Écrasé d'humiliation, Marco prit le seul parti raisonnable qui s'offrait à lui : il se mit à rire, afin de se préserver au moins du ridicule. La main levée, il lança un salut en dialecte volce. Les Barbares se regardèrent sans comprendre.

En guise de réponse au salut de l'étranger, les Barbares se ruèrent sur lui et sur Bizo, qui n'arrivait pas à s'arracher à la roche où il se tenait toujours à plat ventre, cloué par la terreur. En un tournemain, ils se trouvèrent ligotés avec leurs propres cordes, jetés à terre avec une pointe de lance sur la poitrine.

— Je savais que ça finirait mal ! pleurnichait Bizo.

— Tais-toi donc ! riposta Marco. Ils ne nous feront pas de mal. Te rends-tu compte de la chance que nous avons ? Nous sommes au milieu de l'ennemi. Nous pourrons l'observer à loisir et rapporter à Hannibal des renseignements précieux.

— Il faudrait d'abord que nous puissions nous évader !

— Laisse-moi faire. J'ai plus d'un tour dans mon sac. Te souviens-tu de la manière dont Carthalo s'est évadé de cette tribu de Gétulie où il était retenu prisonnier ?

Quelques minutes s'écoulèrent avant que les Barbares ne s'intéressent de nouveau aux deux Volces. Des guerriers les obligèrent à se lever et à les précéder jusqu'à une sorte d'excavation sommairement aménagée où se tenait, assis sur un tronc d'arbre, revêtu d'une ample peau d'ours, un personnage singulier. C'était sans nul doute un dignitaire, à voir le respect dont il était entouré. Coiffé d'un casque de bronze cabossé en maints endroits et empanaché de plumes noires sous lesquelles son front disparaissait, il se dressa lentement et croisa ses bras puissants sur son torse orné de colliers et de breloques. Ses yeux s'allumèrent d'une lueur fauve.

Le notable écouta le récit de la capture, son visage amplement couvert de poils gris soudain crispé par une expression terrible. Il força les deux captifs à s'agenouiller et, tirant son glaive, fit mine de leur trancher la gorge. Devant l'expression des deux garçons, fous de terreur, il éclata soudain d'un rire qui paraissait remonter du fond de ses entrailles. Il se renversa en arrière pour en faciliter la libération, piqua de nouveau en avant en se tapant sur les cuisses. Puis il remit posément son glaive au fourreau. Ce n'était qu'un jeu.

Plus morts que vifs, les deux Volces l'entendirent énumérer quelques noms de peuplades voisines. Marco secoua la tête, tenta d'expliquer au guerrier qu'ils venaient d'Ensérune et qu'ils appartenaient au peuple des Volces de la Narbonnaise. Le chef parut satisfait. Il mordillait d'un air méditatif une pointe de sa moustache. La tête légèrement penchée, il se mit à contempler avec une attention soutenue ces deux hardis garnements qui avaient failli assommer l'un de ses hommes. Le silence se prolongeait. Pour le rompre, Marco se tourna vers la plaine, se toucha la poitrine de la pointe du menton, qu'il tendit ensuite en direction du camp en prononçant ce simple nom :

— Hannibal...

Ce fut comme s'il avait craché au visage du Barbare. Le géant aux plumes noires se mit soudain à gronder comme un torrent en colère, à gesticuler, à rouler des yeux furibonds. De longues palabres n'étaient pas nécessaires pour comprendre l'aversion qu'il vouait au Punique. Glacés de frayeur, les deux captifs s'attendaient qu'on les forçât de nouveau à tendre la gorge au fer du Barbare et, cette fois-ci, pas en guise de jeu. Marco s'apprêtait à réparer son erreur, lorsque le Barbare lâcha un énorme juron à l'adresse du général de Carthage. Cette expression devait être universellement connue, car Marco sursauta comme s'il venait d'être souffleté. À son tour, malgré Bizo qui le pressait de se taire, il se lança dans un discours ponctué de grimaces éloquentes que le chef dut juger de la dernière inconvenance, car il mit fin à la diatribe en pointant l'aigu de son glaive sur la gorge du téméraire.

— C'est bon, soupira Marco, les dents serrées. Je ne dirai plus rien.

De fait, ni lui ni Bizo ne proférèrent une parole lorsqu'on les fit monter sur le dos d'une mule, ligotés ensemble, dos à dos, pour éviter qu'ils ne prennent la fuite. Ils s'engagèrent ainsi, accompagnés d'une modeste escorte, au cœur de la montagne, par des sentiers abrupts à donner le vertige à un chamois.

Après une longue marche, la petite troupe atteignit une sorte de citadelle aux murailles faites de pierres et de rondins bousillées avec un mauvais torchis qui laissait apparaître des brèches et des lézards. À l'intérieur des remparts, que les machines de Maharbal n'eussent pas eu à battre longtemps pour les faire s'écrouler, s'entassaient quelques dizaines de cabanes de terre et de pierre, circulaires, coiffées d'un toit de chaume conique percé en son sommet d'un pertuis par où s'échappaient des fumées. Au centre de ce qui ressemblait à une place, où des porcs noirs paissaient en liberté, le ventre dans la poussière, en compagnie de volailles squelettiques, se dressaient trois demeures de pierre brute aux massives architectures.

La ville paraissait déserte. Seules, quelques fumées bleues trahissaient des présences humaines. Au seuil d'une hutte, un groupe de vieilles femmes travaillait à des ouvrages de cuir. Elles levèrent les yeux, lorsque le singulier équipage traversa la place.

— La ville semble abandonnée, observa Bizo.

— As-tu remarqué, dit Marco, que des femmes et des enfants avaient suivi les guerriers ? Ils comptaient sans doute qu'Hannibal s'engagerait dans le défilé avec toute son armée et que les femmes et les enfants seraient d'un précieux secours pour le pillage.

Bizo ne concevait pas d'autre explication. Le voyage interminable s'achevait. Les guerriers de l'escorte firent descendre les prisonniers de cheval et les détachèrent. Ils prirent néanmoins la précaution de leur entraver les chevilles et de maintenir leurs mains liées dans le dos. On les poussa dans une hutte déserte, qui sentait la fumée et la viande avariée. « Drôle de prison », songèrent les captifs. De toute évidence, les Allobroges n'avaient pas coutume de faire des prisonniers.

Allongés sur des grabats faits d'une litière grasse, imbibée de fiente de porcs, Marco et Bizo, gardés par un seul factionnaire, s'efforcèrent de prendre leur mal en patience. Le soir tombait insensiblement. Par l'ouverture étroite qui servait d'entrée, un pic d'une merveilleuse pureté se dégageait du ciel où flambaient les bûchers du crépuscule. Bizo s'était endormi, la tête appuyée contre l'épaule de Marco qui, lui, luttait contre le sommeil. De temps en temps, au moindre geste qu'il esquissait, le factionnaire, un vieil homme encore robuste, affligé d'un énorme goitre, se retournait vers lui et poussait un grognement qui se voulait impressionnant.

À la nuit tombante, la bourgade reprit vie. Les gens de la tribu remontaient les pentes en chantant, pénétraient en longues files dans la citadelle. Chaque hutte se remplissait comme une ruche lorsque les abeilles, le soir venu, regagnent leurs pénates.

Marco n'en croyait pas ses yeux. Il poussa Bizo du coude, l'obligea à se réveiller.

— Je ne comprends pas ce qui se passe, dit-il. Ou les légions sont passées sans livrer combat, ou les Allobroges ont abandonné leur poste pour la nuit. Cette éventualité est sûrement la bonne.

Il ajouta :

— Que ferais-tu, dans ce cas-là, si tu t'appelais Hannibal ?

Bizo se passa la langue sur les lèvres, avala péniblement sa salive :

— Je commencerais par me mettre à table. Puis je dormirais toute la nuit.

— Tu ne penses qu'à cela : manger et dormir. Moi, je prendrais quelques milliers de fantassins et j'irais occuper les postes que les Barbares viennent de dégarnir. Le matin, quand ils se présenteraient…

La soudaine intrusion du chef des Allobroges dans la hutte interrompit Marco. Il fit comprendre aux captifs qu'on allait leur porter de la nourriture et faire du feu. Après avoir vérifié les attaches, il se retira avec une expression faussement menaçante. En attendant la pitance et le feu, Marco se mit à penser à la manière dont Carthalo se fût comporté en pareille circonstance, aux ruses qu'il eût pu inventer pour se tirer d'affaire. Il paraissait évident qu'il n'aurait pas patienté plus d'une journée dans une telle sentine, lui qui avait le souci maniaque de la propreté. D'autant que la « prison », mal gardée, paraissait inviter à l'évasion. Carthalo avait la phobie de la captivité. Il aurait trouvé le moyen de s'évader d'une tombe, même de ces tombes puniques qui gardent leurs pensionnaires enfouis à des profondeurs impressionnantes.

— Non, murmura Marco. Pas une journée…

— Que dis-tu ? demanda Bizo.

— Nous ne sommes restés que trop longtemps ici. Il faut absolument que nous trouvions un moyen de fausser compagnie à ces Barbares, dès cette nuit.

— Rien ne presse. Avec un bon repas et un feu toute la nuit, nous pourrons prendre notre mal en patience. D'ailleurs, j'ai la certitude que Carthalo est déjà en marche pour venir nous délivrer.

— J'en doute. Personne ne sait où nous sommes. Et cela vaut mieux ainsi, pour nous.

— Que veux-tu dire ?

— Si Hannibal nous délivre, nous n'y coupons pas d'un châtiment sévère. Par contre, si nous parvenons à nous évader, et si nous lui indiquons l'emplacement de cette citadelle, il viendra s'en emparer, grâce à nous et nous en saura gré.

— Qu'en ferait-il ?

— Tu n'as donc pas remarqué que les écuries sont pleines de mulets et de chevaux, que les étables regorgent de bétail ? Une telle prise vaut bien un détour. La bourgade sera d'autant plus facile à enlever que, de jour, elle n'est pour ainsi dire pas gardée.

— Reste à trouver un moyen de s'évader. Je n'en vois pas.

Marco haussa les épaules :

— Tu refuserais de voir une porte ouverte s'il y avait en travers une bonne table !

Bizo ne releva pas la boutade. Toute son attention était requise par l'arrivée de deux femmes aux robes longues, joliment brodées, qui venaient de pénétrer dans la hutte. Tandis que l'une d'elles préparait le feu, l'autre déliait sans douceur les poignets des captifs pour leur permettre de manger. La pitance était maigre et sans recherche, mais le feu ne leur fut pas ménagé, au point qu'ils crurent rôtir tout vifs.

Tout le temps que dura le repas composé d'un mauvais pain noir et de viande bouillie, les deux femmes restèrent assises en face des garçons, les regardant avec une intense curiosité. Lorsqu'ils laissèrent tomber à leurs pieds leurs écuelles de bois, soigneusement récurées, elles rattachèrent les entraves que le factionnaire vint vérifier. L'homme jeta deux grosses bûches sur les braises et s'allongea en travers de la porte avec la ferme intention, semblait-il, de ne pas perdre une minute de sommeil. Marco en conçut un vague ressentiment : on ne les traitait pas comme de véritables prisonniers mais comme des enfants punis.

À peine était-il allongé, roulé dans son manteau, l'homme se mit à ronfler, sa lance serrée contre lui, le visage tourné vers le feu. À plusieurs reprises, Marco tenta de l'éveiller en l'appelant à voix basse : le factionnaire ne broncha pas.

Lorsque la bourgade ne fut plus qu'une paisible île de sommeil, Marco rampa jusqu'au foyer, dégagea une braise. Ce lui fut un jeu que de se libérer des liens qui lui enserraient les poignets. Il parvint en quelques instants à se dégager entièrement et à libérer Bizo par le même procédé.

Ils se glissèrent comme des ombres à l'extérieur. La nuit était claire et froide. Derrière une sombre lisière de forêts, la lune montait insensiblement. Il était temps.

Une fois entièrement dégagée, sa lueur rendrait l'évasion plus difficile.

Marco prit la main de son compagnon.

— Suis-moi et ne crains rien, dit-il. Je reconnaîtrai facilement le chemin.

Passant d'une hutte à l'autre, ils arrivèrent à la grande place. Elle était déserte, sauf dans les parages de l'une des demeures de pierre où un groupe discutait avec animation autour d'un feu en vidant des gourdes de vin.

La lune venait d'éclaircir le plein ciel lorsque les deux Volces parvinrent à la porte principale de la citadelle. Ils ne s'étonnèrent pas de la trouver close, barrée sur toute la largeur de ses deux vantaux par une énorme poutre. Tenter d'escalader ce monument de bois à moitié pourri mais encore solide eût été pure folie, d'autant qu'au sommet des deux tours de rondins qui l'encadraient veillaient deux guetteurs.

— Nous voilà bien avancés, gémit Bizo. Jamais nous ne pourrons sortir d'ici.

— Cesse de geindre ! souffla Marco. J'ai une idée. Suis-moi.

Ils s'accroupirent dans l'ombre. Marco montra à son compagnon les étables où, ce matin, il avait entendu des meuglements.

— Nous allons y pénétrer, détacher quelques bêtes et les diriger vers la porte. Les deux guetteurs ne pourront faire moins que d'abandonner leur poste. Alors, nous passerons tranquillement.

— Et comment pourrions-nous redescendre de l'autre côté ?

— Je n'en sais rien. Du moins pas encore. Nous allons tâcher de découvrir une corde dans l'étable.

Ils se glissèrent dans le bâtiment sans donner l'éveil. Marco parvint à mettre la main sur une corde d'attelage qui pendait au mur, tandis que Bizo tâtonnait pour détacher la première bête. Soudain, un aboiement féroce retentit dans le fond de l'étable. Bizo, glacé d'effroi, se sentit agrippé au mollet que protégeait fort heureusement une jambière de cuir. Il se mit à hurler comme s'il eût eu un troupeau d'ours à ses trousses. Des voix partirent du coin réservé aux vachers, tandis que les étincelles d'un amadou étoilaient l'ombre.

À coups de pied, Marco parvint à faire lâcher prise au molosse qui se retourna contre lui avec une rage accrue. Il ne restait plus qu'à tenter de fuir. Ce ne fut pas sans mal. Une fois dehors, Marco parvint à tirer la porte derrière lui et à la fermer par un crochet de bois.

Il n'était plus question de tenter l'escalade de la porte principale, d'autant que les deux gardes, mis en éveil par le vacarme, embouchaient la corne d'alarme.

— Cette fois-ci, nous sommes perdus ! décréta Bizo d'une voix tremblante.

— Non ! répondit Marco. Pas encore.

Il saisit son compagnon par le poignet, l'entraîna derrière le bâtiment qui donnait sur les remparts. L'endroit était désert, baigné de lune. La muraille de pierre et de bois qui se dressait en face paraissait infranchissable. Marco songea intensément à Carthalo, tâcha de faire en sorte que le Libyen se substituât à lui, ou du moins l'inspirât. Peine perdue. Marco se sentait vide, accablé, prêt à renoncer, à retourner comme un chien battu à la hutte qu'ils venaient de quitter. Un mouvement qui leur vaudrait peut-être la grâce du chef…

Il se redressa lentement, prêt à s'avancer vers les deux guetteurs qui, descendus de leur perchoir, accouraient, en brandissant leur torche, au secours des vachers. Soudain, il avisa une longue échelle qui donnait accès au fenil.

— Aide-moi, dit-il à Bizo. Cette échelle devrait nous permettre de franchir la muraille.

Ils la transportèrent au point qui leur parut le plus accessible, constatèrent qu'il s'en fallait de deux coudées pour qu'elle atteignît la crête dentelée du rempart. Ils l'escaladèrent malgré tout, parvinrent non sans peine jusqu'au faîte. Après avoir rejeté l'échelle vers l'intérieur, ils se laissèrent glisser à l'aide de la corde jusqu'au sol.

Il était temps. Libérés par les guetteurs, les vachers étaient déjà au pied de la muraille, accompagnés non plus d'un seul mais de trois ou quatre chiens dont les aboiements réveillèrent des échos dans toute la montagne.

À travers la nuit claire, Marco et Bizo dévalaient dans une course éperdue la pente de prairie limitée, en direction de la vallée, par un torrent aux rives envahies par d'énormes tables de pierre qui brillaient sourdement dans la clarté de la lune. Avant d'y arriver, ils se retournèrent et constatèrent avec effroi que la grande porte de la citadelle venait de s'ouvrir, libérant une meute de chiens et un groupe d'hommes porteurs de torches.

— Nous allons marcher un moment dans le torrent, dit Marco. C'est le plus sûr moyen pour qu'on ne retrouve pas nos traces.

De trous d'eau en rochers, se déchirant aux aspérités, chutant dans le torrent glacé, perdus dans l'immensité de la nuit, ils parvinrent à brouiller leur piste.

Lorsque, harassés, les mains ensanglantées, ils se retournèrent, les Barbares erraient en amont, dispersés, hésitants. Les chiens eux-mêmes paraissaient désemparés. Leurs aboiements retentissaient très loin, étouffés, presque rassurants.

Les deux fugitifs marchèrent une partie de la nuit, talonnés par la peur. La montagne et les ténèbres les écrasaient de leur masse. Les forêts dont ils longeaient les lisières leur soufflaient de l'angoisse aux oreilles. Parfois, des ombres inquiétantes sortaient des buissons.

— Des lumières ! s'écria soudain Bizo. Là, en bas ! C'est le camp d'Hannibal.

Ce n'était qu'une harde de loups aux yeux phosphorescents qui remontaient de la vallée. Allongés derrière un buisson, les deux Volces, le souffle suspendu, les laissèrent passer. Grelottants de froid, luttant contre le sommeil, ils se reposèrent, puis reprirent leur route lorsque les étoiles, plus brillantes, annoncèrent l'aube.

Le jour allait paraître lorsque, du haut d'un gigantesque redent qui surplombait le vide, ils aperçurent, tout au fond de la vallée, à portée de la main leur sembla-t-il, de petits points lumineux que la distance faisait clignoter.

— Cette fois, dit Marco, la gorge contractée, c'est bien le camp d'Hannibal.

Ils allaient s'engager dans la pente lorsqu'une voix, derrière eux, timbrée d'un sonore accent africain, les héla :

— Qui va là !

Avant qu'ils aient pu revenir de leur surprise, ils étaient plaqués contre le sol, la pointe d'un glaive sur leur gorge. Ils crièrent leur nom et les deux factionnaires relâchèrent leur pression.

— Relevez-vous et suivez-nous ! commanda une voix.

Hannibal se tenait assis sur un rocher. Dans la clarté laiteuse de l'aube, emmitouflé dans sa grosse couverture de laine rouge qui laissait seulement apparaître son visage aux traits tirés, il ressemblait à une inquiétante statue de dieu barbare.

Tête basse, Marco et Bizo laissèrent passer le torrent de colère que le général devait comprimer en lui depuis des heures. Cette fois-ci, leur équipée était bien terminée. Ils seraient châtiés devant toute l'armée puis confiés à une escouade de Gaulois qui allait repartir vers le Rhône.

Quand il eut achevé sa diatribe, Marco dit d'une voix qui tremblait à peine :

— Je suis seul responsable. C'est sous la menace que Bizo m'a suivi. Mais je ne regrette pas ce que j'ai fait. Nous t'apportons la possibilité de te procurer à bon compte des vivres, du bétail, des montures…

Hannibal fronça les sourcils.

— Quel est encore ce mensonge ?

— Ce n'est pas un mensonge, seigneur.

En quelques mots, Marco raconta leur odyssée, décrivit la ville, l'état d'abandon quasi total où elle se trouvait dans la journée, les richesses qu'elle contenait. Il saurait retrouver les chemins qui y menaient. L'accès en était relativement facile.

— Si ce que tu avances est vrai, dit Hannibal, je renoncerai à votre châtiment. Sinon, c'est la mort pour vous deux. Vous m'entendez ? La mort !

X

BATAILLES DANS LES VALLÉES

L'interminable défilé des légions avait commencé dès l'aube.

Les Gaulois de Vestrix tenaient l'avant-garde. Monomaque lança derrière eux tout son train d'équipage, bêtes de charge et chariots. Suivaient les cavaliers conduits par Muttinès et Maharbal, puis l'infanterie espagnole d'Imilcon, les vétérans d'Afrique encadrant les autres troupes. Venaient ensuite les éléphants de Bostar, Baal en tête, et une arrière-garde gauloise que le petit roi Magil tenait de main ferme, très fier du poste qu'on lui avait confié et qui n'était pas le moins périlleux.

La traversée du défilé paraissait devoir s'effectuer sans surprises. Le beau temps frais se maintenait. La montagne resplendissait de lumière et de rosée. Du haut des crêtes d'où, aux premières lueurs de matin, ils avaient vu surgir les Barbares, les mercenaires de la Cohorte Sacrée surveillaient les abords du défilé sous les ordres d'Hannibal et de Carthalo, chacun tenant une crête. De paisibles sons de trompe transmettaient les signaux convenus, afin que chaque corps de troupe s'ébranlât à temps voulu. Les Barbares avaient disparu. Constatant que leurs positions étaient prises, ils s'étaient retirés sans réagir. Où se trouvaient-ils ? Ni Hannibal ni Carthalo n'eussent pu le dire avec certitude. Les éclaireurs moins encore.

Au milieu du jour, alors que les éléphants de Bostar s'engageaient à leur tour dans le défilé, un bruit se répandit comme un grondement de tonnerre : les Allobroges attaquaient les convois de Monomaque !

Hannibal fut le premier informé de cette attaque par un détachement de reconnaissance. La situation était dramatique. De tous côtés, les Barbares dévalaient les pentes, fondaient sur les chariots et les bêtes de charge, massacraient les équipages, pillaient et incendiaient.

Ce qui restait du train de Monomaque éprouvait les pires difficultés du fait du relief : les pistes sillonnaient des pentes abruptes, caillouteuses, semées d'obstacles. Un chariot bloqué entre deux masses de roches suffisait à immobiliser le reste du convoi, l'obligeait à un détour. Un chariot qui versait entraînait sur son passage, en dévalant, des chevaux et des mulets qui se trouvaient en contrebas.

Le désordre était indescriptible et les Barbares en profitaient sans vergogne. Ils jaillissaient de partout : des moindres anfractuosités, des forêts qui allongeaient leurs proues de ténèbres au-dessus de l'abîme. Ils bondissaient de roc en roc avec l'aisance des chèvres sauvages, s'abattaient sur l'ennemi qui n'avait pas le temps de prendre le moindre dispositif de combat. Lorsqu'ils constataient que toute tentative de pillage était vaine, ils incendiaient purement et simplement les chariots, ajoutant encore à la confusion.

À l'autre extrémité du défilé, Hannibal, à peine informé, décidait de frapper un grand coup. Il ne pouvait, de propos délibéré, laisser massacrer les bêtes de charge et d'attelage et piller les réserves, alors que l'on allait pénétrer dans une contrée particulièrement inhospitalière où tout ravitaillement deviendrait aléatoire. Il communiqua ses décisions par signaux à Carthalo : les deux groupes de fantassins de la Cohorte Sacrée qui s'étiraient sur les crêtes devraient prendre à revers les Barbares. Pour difficile qu'elle fût à exécuter, cette opération était la seule qui pût sauver ce qui restait encore de l'avant-garde.

L'effet de surprise sur lequel comptait Hannibal pour arrêter le torrent des Barbares fit merveille. Pris dans un gigantesque étau de fer dont les bords se rapprochaient en les broyant, pas à pas, les Allobroges se jetaient à corps perdu contre les rangées de mercenaires bardés de bronze. Lorsque les deux groupes de la Cohorte eurent effectué leur jonction au point le plus bas du défilé, à l'endroit où s'était massé le train d'équipage entouré des cavaliers de Vestrix et de Maharbal, les Allobroges avaient cessé de combattre. La plupart avaient été anéantis ; une centaine d'autres avaient pris la fuite.

La cavalerie gauloise avait été tellement éprouvée que les chefs firent annoncer à Hannibal leur intention de ne pas pousser plus avant ; certains manifestèrent même sans ambage leur intention de retourner sur leurs pas. Ils ne répugnaient pas à se battre, mais dans des conditions normales, et non au fond d'un piège, harcelés de toutes parts sans pouvoir charger. Mais ce n'était rien encore, à côté de la famine qui les guettait. Tous les vivres pillés ou détruits, comment subsisterait-on ?

Hannibal tint à venir lui-même les rassurer. Avant que ne se lève le jour, un prodige se produirait : le train de Monomaque, la réserve de vivres seraient reconstitués. Les Gaulois ricanèrent, réaffirmèrent leur intention de camper sur place tant que le prodige annoncé par le chef punique ne se serait pas produit.

— Il va falloir tenir parole, dit Hannibal en rejoignant les deux Volces. Cette ville dont vous nous avez parlé, il va falloir la retrouver. Nous allons nous mettre en marche sur l'heure de façon à y arriver avant le crépuscule. Malheur à vous si vous avez menti !

— Si nous avons menti, dit Marco en gonflant sa poitrine, tu nous feras égorger devant toute l'armée.

Le jour était encore dans tout son éclat lorsque les infatigables mercenaires de la Cohorte punique, guidés par Marco dont le sens de l'orientation se révélait exceptionnel, parvinrent sur la berge du torrent d'où ils pouvaient distinguer les murailles de la vieille citadelle barbare. Elle était pratiquement déserte et ce fut un jeu que de s'en emparer.

Les garçons n'avaient pas exagéré en décrivant les richesses de la bourgade. Outre les chevaux, les bêtes de somme, le bétail, les officiers africains découvrirent des silos où étaient entreposées des quantités considérables de grains et de salaisons.

Hannibal exultait :

— Avec une telle quantité de vivres, nous parviendrons au sommet de ces montagnes sans avoir à redouter la famine.

Il ajouta d'une voix plus basse :

— À condition que d'autres Barbares ne se trouvent pas sur notre route...

Ce n'est pas sans un sentiment de plaisir et d'orgueil que Marco et Bizo se virent réaffecter dans l'escadron des éléphants. Bostar les accueillit avec rudesse, malgré l'équipement neuf : tunique de lin, cotte de cuir, large baudrier et casque de bronze, dont Hannibal les avait pourvus. Il en avait assez de ces jeunes fous qui prenaient cette expédition pour une partie de plaisir et passaient leur temps à méditer des farces qui risquaient de dégénérer en tragédies. Khasil n'était pas éloigné de partager cette opinion ; de plus, il pardonnait difficilement à ses deux compagnons de ne pas l'avoir informé de leur équipée dans le camp des Barbares ; quelque chose était rompu dans leurs relations, que les prévenances de Bizo et la bonne humeur de Marco n'arrivaient pas à réparer.

Baal lui-même avait changé d'attitude à leur égard. Lorsque les deux Volces s'approchaient de lui pour caresser sa trompe, le roi des éléphants esquissait une reculade, avec un petit raclement de colère au fond de la gorge. Marco en fit la remarque à Khasil qui répondit aigrement :

— Baal est malade. Il a une grosse diarrhée...

La même réprobation sourde se manifestait dans leurs rapports avec les autres éléphantarques, et avec les cavaliers chargés de faire escorte au troupeau. C'était comme si les deux garçons avaient trahi leur confiance. Marco, voulant en avoir le cœur net, interrogea Khasil qui lui répondit avec un sourire ironique :

— Tous autant que nous sommes, dans l'escadron de Bostar, nous aurions poussé un soupir de soulagement en apprenant que les Barbares vous avaient fait griller à petit feu. Nous ne serons pas rassurés tant que nous vous saurons à proximité. Monomaque aurait dû vous confier l'un de ses chars à bœufs.

Marco se retira, mortifié. Bostar, Khasil, tous les autres, oubliaient un peu trop facilement que, sans eux, l'armée tout entière souffrirait déjà de la disette. En regard des services qu'ils avaient rendus à l'expédition, la grâce d'Hannibal et l'équipement neuf qu'il leur avait confié leur semblaient des récompenses dérisoires. Ils pouvaient prétendre à d'autres honneurs, par exemple à la conduite d'un éléphant, alors qu'on les utilisait à des tâches sans grandeur et sans utilité bien définie. Au lieu de répondre aux moindres sollicitations des éléphantarques comme de vulgaires garçons d'écurie, ils eussent dû trôner en toute souveraineté sur le garrot de l'un de ces dieux de la savane qui continuaient à les fasciner.

Ils décidèrent de s'enfermer dans une solitude hautaine de seigneurs bafoués. Chevauchant botte contre botte derrière le troupeau, ils répondaient avec mépris ou ne répondaient point lorsqu'on s'adressait à eux pour quelque menu service. Ils se seraient vite ennuyés à mourir si la montagne n'avait déployé autour d'eux ses grandioses paysages.

Dès que les brumes du matin se levaient, les Alpes resplendissaient d'une lumière de naissance du monde. Elle haussait ses neiges éternelles par-dessus les coulées de forêts endormies dans le silence de l'automne, contre le ciel où planaient des aigles aux envergures gigantesques. Marco et Bizo allaient de surprise en émerveillement. Jamais le ciel ne leur avait paru si clair, le soleil si neuf, l'air si léger et si pur. Le désir secret les prenait parfois de s'écarter de la caravane pour se plonger dans la solitude et le silence des forêts de sapins, s'arrêter pour pêcher quelques truites dans le torrent, se jeter sur la piste d'un chamois ou d'une des chèvres sauvages qui erraient par troupeaux sur les pentes herbeuses. À plusieurs reprises, ils avaient tenté de se livrer à quelque innocente flânerie. Immanquablement Bostar les rappelait à l'ordre, ou alors ils se trouvaient, comme si quelque mot d'ordre les concernant avait circulé, entourés de quelques cavaliers africains méprisants et silencieux sous leur djellaba.

La contrée qu'ils traversaient était pourtant d'un calme extraordinaire.

Depuis la bataille contre les Allobroges, aucun Barbare n'avait eu l'audace de se montrer. La leçon avait porté ses fruits. Hannibal n'ignorait pourtant pas que les épreuves étaient loin d'être terminées. Les quelques dizaines de Barbares qu'ils avaient capturés ne dissimulaient pas leurs appréhensions ; plus haut, c'étaient le froid, la famine, les difficultés sans nombre. Ils laissaient entendre, avec un sourire plein de morgue dédaigneuse, que d'autres peuplades, plus audacieuses, plus nombreuses que les Allobroges, vivaient derrière les pics qui se dessinaient dans le lointain, au cœur des montagnes boisées que l'on ne tarderait pas à découvrir.

Ces prédictions laissaient Marco sceptique. Les prisonniers cherchaient à semer le découragement dans l'armée.

— D'ici à trois jours, quatre tout au plus, dit Marco, nous aurons atteint les sommets. Dans une semaine, nous camperons chez les tribus amies de la Gaule cisalpine, chez le petit roi Magil. Un mois encore et nous serons devant Rome, et les Scipion, les Manlius, les Simpronius trembleront de peur derrière leurs remparts, en voyant apparaître les éléphants. Il ne se passera pas un an avant que nous ayons réduit l'Italie à merci et que nous soyons embarqués dans un port de Lucanie en direction de Carthage…

Marco rêvait. Il lui suffisait de sentir le vent des neiges flotter autour de lui, de suivre de l'œil les pistes qui fuyaient sous le couvert des forêts, d'observer un oiseau, aigle ou vautour, planant en plein zénith, pour sentir s'ouvrir toutes grandes les portes de la liberté et celles de Carthage en même temps. Il ne désirait vraiment qu'une chose, mais il la désirait profondément : entrer dans Carthage au milieu des populations d'Afrique, par la voie triomphale qui mène du port à Byrsa, si possible à dos d'éléphant.

Bizo, lui, avait d'autres préoccupations. Hannibal avait commencé à réduire les rations et cela l'affectait plus que tout. Le ventre creux, Bizo était dépourvu de toute imagination et de tout enthousiasme. De plus, il avait froid. Il grelottait de conserve avec les cavaliers du désert dont il partageait le cantonnement et que le matin trouvait dansant d'un pied sur l'autre, emmitouflés dans leur djellaba de laine brune. La neige des cimes qui miroitait fabuleusement n'inspirait à Bizo qu'aversion. Les chemins de la victoire, il ne consentait à les arpenter d'un cœur léger qu'à condition d'avoir l'estomac bien lesté et des souliers confortables — or les siens avaient laissé leurs semelles aux cailloux des pistes, en vertu d'un décret d'Hannibal ordonnant d'épargner le plus possible les montures.

Les pieds couverts d'ampoules et de plaies, l'estomac creux, Bizo ironisait :

— Dans un mois à Rome, dis-tu ? Qui sait seulement si nous pourrons atteindre le prochain col ? Que la neige se mette à tomber, et ce sera le désastre. Que des peuplades plus puissantes que les Allobroges nous attaquent, et nous ne tarderons pas à servir de proie à ces rapaces que tu vois tourner là-haut. Sait-on seulement ce qui nous attend, une fois ces montagnes franchies ? Qui nous dit que Magil n'est pas venu à notre rencontre pour nous trahir ?

Les événements paraissaient donner raison Bizo. L'armée africaine se traînait interminablement de vallée en vallée, avec plus d'une heure de marche entre l'avant-garde gauloise qui avait accepté, non sans réticences, de reprendre la route, et les arrières commandés par Magil. Les éléphants faisaient peine à voir, progressant avec difficulté sur les pistes dangereuses où même les mulets avaient parfois du mal à avancer. En l'espace de trois jours, depuis que l'on avait quitté le défilé des Allobroges, quatre d'entre eux étaient morts des suites de chutes vertigineuses. Une dizaine de ceux qui restaient avaient dû être abattus parce qu'ils refusaient d'avancer ou devenaient fous de souffrance. Bostar ne décolérait pas. Son troupeau fondait à vue d'œil. À ce rythme, tous les éléphants auraient disparu avant l'arrivée au col. Parfois, il levait des yeux terribles vers le ciel, dressait un poing menaçant vers les rapaces qui tournoyaient en permanence au-dessus de la harde. Un matin, Marco le vit agenouillé, seul, auprès d'un éléphant. L'animal était si épuisé qu'il ne pouvait même plus se dresser sur ses pattes. Bostar lui caressait la trompe, lui parlait avec des mots tendres dans un étrange dialecte d'Afrique. Le pachyderme était l'un de ses préférés, la vieille femelle Tania ; elle avait reçu dans le ventre plusieurs javelots barbares et n'arrivait pas à guérir car elle avait perdu d'énormes quantités de sang. Lorsque les bouchers de Monomaque étaient arrivés pour tuer la bête et la débiter, Bostar les avait repoussés en les menaçant de son fouet. Il avait fallu l'intervention de Maharbal pour que Bostar consentît au sacrifice.

Baal, malgré la maladie dont il était affligé, se comportait avec dignité. Son calme faisait impression. Le soir, à l'étape, dans l'enceinte tendue de cordes qui leur servait de parc où elles pouvaient évoluer dans une semi-liberté sous l'œil des Indiens, les bêtes regroupées autour de lui paraissaient solliciter un conseil ou un réconfort. Il était le chef à la fois vénéré et redouté. Sa trompe se promenait sur l'échine de ses compagnons, leur prodiguait des encouragements. D'un tendre barrissement, il consolait une femelle malade de fatigue ou blessée. Il gourmandait par de petits cris irrités des mâles indisciplinés, des jeunes qui avaient fait montre d'imprudence. Parfois, il quittait le troupeau, s'isolait aux confins du parc et chacun respectait son désir de solitude. On pouvait le voir alors, la trompe balancée sur un rythme régulier, dansant d'une patte sur l'autre, tourné vers l'ouest, s'abandonner à une sorte de rite invocatoire. Baal, dans ces moments-là, paraissait humer le souvenir des bonheurs disparus, l'odeur de la lointaine Afrique, la chaleur oubliée des savanes de l'oued Draa.

L'aube du quatrième jour se levait, emmitouflée de brumes épaisses et glacées, lorsque les cavaliers d'une reconnaissance vinrent prévenir Hannibal qu'une troupe de Barbares avait fait irruption à la tête de l'armée et sollicitait une entrevue.

Hannibal fit signe à Maharbal de le suivre. Parvenus à l'extrémité du camp, ils se trouvèrent en présence d'un gigantesque rassemblement de Barbares ; ils devaient être plusieurs milliers ; leur foule éparse sur les flancs de la montagne se perdait dans la brume.

— Cela ne me plaît pas du tout, murmura Hannibal en parcourant du regard leurs rangs serrés.

Maharbal fit observer qu'ils n'étaient pas armés.

— Cela ne suffit pas pour me rassurer, répondit Hannibal. Souviens-toi du siège de Salamanque et de ces femmes qui avaient caché leurs armes sous leur robe pour égorger nos soldats par surprise.

Non seulement les Barbares n'étaient pas armés, du moins en apparence, mais ils paraissaient animés des meilleures intentions. Ils portaient à la main des rameaux de paix, et des couronnes coiffaient leur tête. Ils attendaient, pour s'avancer vers lui, un signe d'intérêt et de sympathie de la part du chef punique. Hannibal hésitait. Ces Barbares avaient appris des Allobroges vaincus la dangereuse puissance de l'armée de Carthage ; ils savaient que, par la force, il ne leur serait pas possible d'en venir à bout et que, seule, la ruse pouvait leur réussir. Ils n'hésiteraient pas à l'employer.

Hannibal ne pouvait tergiverser plus longtemps. Il envoya chercher Carthalo, qui se trouvait tout près de là, et qui, seul, pouvait servir d'interprète.

Sans difficulté, Carthalo traduisit les propos d'un vieillard au visage rose comme celui d'un enfant, à peine ridé, mais dont les cheveux et la barbe démesurément longs, attestaient l'âge avancé. Le vieillard avait appris que les soldats d'Afrique s'étaient rendus maîtres d'une ville importante, chez le peuple voisin des Allobroges, qu'ils avaient repoussé leurs attaques. Les légions d'Hannibal avaient montré qu'elles étaient invincibles. Humblement, le vénérable vieillard venait prier Hannibal de ne pas occasionner de souffrances à son peuple, de ne pas lâcher sur ses guerriers « les monstres qui ont un bras à la place du nez ».

— Accepte, puissant seigneur, concluait le vieillard, et nous promettons de t'aider à franchir par les chemins les plus faciles et les plus rapides ces montagnes qui sont sur notre territoire.

La proposition était séduisante. Hannibal réfléchit quelques instants, prit conseil de Maharbal et des quelques officiers groupés derrière lui. La réponse qu'il fit au Barbare fut accueillie avec des murmures : rien ne lui prouvait les bonnes intentions du chef. Le vieillard parut outré. De toute évidence, il n'était pas accoutumé à ce qu'on mît sa parole en doute.

Un jeune Barbare à la carrure puissante, au visage énergique, se détacha du groupe. Si le seigneur d'Afrique doutait encore de la promesse du chef, nombreux seraient les gens de son peuple à se proposer comme otages.

C'était là un mouvement de bonne volonté qui ne pouvait laisser Hannibal insensible. Mais, dans le style emphatique et fleuri qui paraissait de mode dans ces contrées, il fit comprendre aux Barbares qu'il ne pouvait décider seul.

— Lorsque la brume qui voile encore les sommets de ces augustes montagnes se sera dissipée, dit Hannibal, le seigneur de Carthage fera connaître sa décision au vénérable chef.

Le vieillard s'inclina sèchement. Puis il fit signe au groupe qui l'escortait de s'éloigner de quelques pas des abords du camp. De son côté, avant de se retirer sous la tente pour examiner avec ses officiers les mesures à prendre, Hannibal fit établir, face aux Barbares, un solide cordon de factionnaires de la Cohorte Sacrée, doublée d'une puissante ligne de cavaliers numides. Il envoya des patrouilles dans toutes les directions avec ordre de l'alerter à la moindre menace.

— Je ne suis nullement rassuré, avoua Hannibal. Le comportement de ce peuple n'est pas compatible avec sa fierté légendaire. Les renseignements que j'ai pu recueillir sur eux le confirment. Il n'est pas dans leurs habitudes de se jeter aux genoux de leur ennemi avant même qu'il n'ait manifesté la moindre hostilité à leur égard.

Carthalo approuva sans réserve.

— Pour échapper à notre colère, il leur suffisait de se réfugier dans leur montagne.

— Cette offre de paix est fallacieuse ! s'exclama Hannon. Nous n'avons aucune promesse à leur faire. Si ces Barbares ont des intentions sincères, ils se retireront et nous laisseront passer parce que nous leur aurons montré que nous ne les craignons nullement. Par contre, s'ils sont décidés, ce que je crois, à nous tendre un traquenard, quoi que nous fassions, nous n'y couperons pas, à moins de les exterminer sur le champ.

— Tu oublies qu'ils proposent de nous confier des otages, corrigea Maharbal. Cela ne suffit-il pas à montrer leur bonne foi ? Acceptons leur proposition, mais tenons-nous sur nos gardes. De plus, vous n'ignorez pas que nous allons avoir un besoin urgent de vivres. Nous ne sommes pas encore parvenus au sommet et nous n'y parviendrons pas avant plusieurs jours.

Tout bien pesé, l'opinion de Maharbal prévalait dans l'esprit d'Hannibal. Il convenait de tirer le plus de services possible de ces montagnards en parant à toute éventualité. Une autre conviction le poussa à accepter cette solution : la route que les légions avaient empruntée sur la foi des vieux plans d'Hamilcar, vaguement rectifiés depuis sa mort, ne paraissait guère avantageuse. Les montagnards avaient proposé de conduire l'armée jusqu'au sommet par une piste plus rapide. La proposition était à considérer.

Sa décision prise, Hannibal prépara une réception fastueuse à l'intention du chef. À l'heure prévue pour l'entretien, la tente d'Hannibal, tendue de draperies de pourpre à galons d'or, était entourée par les éléphants les plus valides, ramenés en hâte des arrières, pansés et caparaçonnés avec soin. La Cohorte Sacrée, disposée depuis l'entrée du camp jusqu'à la tente de réception, formait une haie, véritable mur de bronze d'une parfaite régularité.

L'effet de surprise sur lequel comptait Hannibal dépassa ses espérances. Lorsque le chef, accompagné de sa délégation et des porteurs de présents, parvint aux abords du camp dans le roulement des tambours de guerre et les éclats des buccins, il eut un mouvement de recul. Les éléphants surtout parurent l'impressionner.

— Ne crains rien, lui dit Hannibal. Ces monstres sont les plus pacifiques des êtres. Par contre, sur un champ de bataille, rien ne leur résiste. Ils sont habités par l'esprit du dieu de la Guerre.

L'accord se fit sans difficulté et, apparemment du moins, sans suspicion de part et d'autre. Les montagnards acceptèrent de livrer du bétail contre de l'or dont les coffres d'Hannibal étaient encore bien garnis. Il fut convenu que les Barbares escorteraient les légions par une piste qui leur permettrait d'atteindre le col en trois jours, quatre au plus. Quant aux otages, Hannibal lui-même en fixerait le nombre et la qualité.

— Moi, dit Marco, si j'étais Hannibal…

Il s'arrêta pour avaler un morceau de viande bouillie, et poursuivit :

— Si j'étais Hannibal, je n'agirais pas de la sorte. Ces montagnards n'ont qu'une idée en tête : nous tendre un piège. Il faudrait profiter de ce qu'ils sont désarmés pour les neutraliser.

— Mais voilà, s'exclama Bizo, tu n'es pas Hannibal ! D'ailleurs, rien ne prouve que tu aies raison.

— J'ai bien observé le manège des montagnards qui serviront d'otages. Ils ont cherché à entrer en contact avec les prisonniers que nous avons faits chez les Allobroges.

Bizo cessa brusquement de manger. Pourquoi Marco n'avait-il rien dit ?

— On me reprocherait encore de me mêler de ce qui ne me concerne pas. Que l'on cesse de nous surveiller comme on le fait depuis plusieurs jours, et que l'on s'occupe davantage des prisonniers et des otages !

Bizo repoussa son écuelle de viande, ramassa les morceaux qui restaient de son plantureux repas pour les ranger dans les fontes de sa selle. Si Marco disait vrai ? Si les montagnards armaient secrètement les prisonniers allobroges ? Si tous ensemble, à la faveur de la nuit, massacraient leurs gardiens pour prendre la fuite ? Bizo, très pâle, se leva lentement.

— Qu'as-tu ? lui demanda Marco.

— Rien... Je... je crois que j'ai trop mangé.

Une seule lampe brûlait encore dans la tente d'Hannibal. L'aube froide d'un nouveau jour pointait sur les sommets. Repus, ivres, les montagnards ronflaient dans un désordre indescriptible, au milieu des nappes souillées, des sièges renversés, des outres vides.

Seuls demeuraient lucides Hannibal, Carthalo, et l'un des fils du chef, un nommé Sicario, celui-là même qui s'était avancé la veille pour proposer des otages. Les trois hommes s'observaient durant les longs silences qui coupaient leurs entretiens. Ils grappillaient distraitement quelques fruits dans les coupes disposées devant eux. Malgré les braseros que l'on avait installés sous la tente, la température était glaciale, mais ils ne paraissaient nullement en être incommodés. Les instants qu'ils vivaient, où le temps paraissait s'être figé, s'étendaient entre eux comme un champ de neige vierge où chacun eût aimé inscrire sa vérité. Mais qui commencerait ?

— Mon frère Sicario, dit Hannibal, est la sobriété même. Je ne l'ai pas vu avaler une seule coupe de vin. C'est à peine s'il a touché aux viandes. Craindrait-il que nous ayons l'intention de l'empoisonner ?

Sicario se redressa fièrement. Le trait avait porté. Il riposta avec une véhémence mal contenue :

— Si une telle crainte m'avait effleuré, j'aurais refusé l'invitation du seigneur de Carthage. La sobriété est l'une des vertus auxquelles je suis le plus attaché. Le prince de l'Afrique paraît lui-même obéir à ces sages principes…

— C'est vrai, reconnut Hannibal avec un mince sourire. Nous sommes d'une race de guerriers. Nous gardons toujours dans un coin de notre cœur une place pour cette autre vertu élémentaire : la méfiance. Le jeune seigneur de la Montagne n'a guère confiance dans la foi jurée des soldats d'Afrique. Qu'il réponde avec sincérité.

— Les hommes de la Montagne, répondit Sicario d'un air sombre, se méfient des étrangers qui pénètrent sur leur territoire. C'est un principe auquel ils n'ont jamais dérogé. Nous avons appris à mettre en question les alliances les mieux établies. Tant que les légions d'Afrique n'auront pas disparu de notre territoire, nous nous tiendrons sur nos gardes.

Hannibal passa une main glacée sur son visage.

— Je m'en doutais, dit-il. Dès que j'ai vu le seigneur Sicario, j'ai compris qu'il ne serait jamais tout à fait notre allié, qu'il garderait toujours en notre présence un poignard caché sous sa tunique. Et pourtant, je réaffirme que nous n'avons aucune intention belliqueuse envers son peuple. Notre ennemi est Rome et nous n'en connaissons pas d'autre, dans la mesure où l'on nous laisse en paix. Le seigneur Sicario croit-il que nous ayons des hommes et du temps à gaspiller à lui faire la guerre, alors que nous n'aurons pas assez de toutes nos forces pour affronter les légions de Scipion ?

Sicario eut un mouvement d'impatience.

— À quoi bon revenir sur ce qui a été décidé ? Mes hommes guideront l'armée africaine jusqu'au sommet des Alpes. Nous aurons ainsi honoré notre promesse.

Hannibal comprima en lui la colère dont il sentait monter le goût âpre dans sa gorge.

— Je sais que les hommes de la Montagne nous trahiront à la première occasion. La chose leur sera aisée puisqu'ils nous tiennent à leur merci. Les otages ne sont pas une garantie suffisante. En acceptant d'être nos prisonniers, ils savent qu'ils se sacrifient pour le bien supposé de leur peuple.

Sicario bondit. Pourquoi, dès lors qu'il était persuadé de sa félonie, Hannibal ne le faisait-il pas exécuter ?

— Parce que le seigneur Sicario est mon hôte. À Carthage, les lois de l'hospitalité sont sacrées. J'aurais fait de même avec mon pire ennemi, avec Scipion...

Hannibal ajouta d'une voix tranquille mais ferme :

— Quoi que puissent faire les hommes de la Montagne, quel que soit le piège qu'ils aient décidé de nous tendre, mes légions passeront. Je n'ai failli en aucune circonstance à la parole donnée. Je me montrerai impitoyable pour le seigneur Sicario s'il me trahit.

Au-dehors, dans le lancinant appel des trompes, les barrissements des éléphants qui réclamaient leur nourriture, les hennissements des chevaux sous l'étrille, le camp s'éveillait. Au seuil de la tente, le brouillard s'effilochait en traînées roses comme du sang dilué dans le courant d'une rivière.

— Nous n'avons plus de temps à gaspiller, observa durement Hannibal. Le pacte que nous avons conclu tient toujours pour ce qui me concerne.

— Les otages répondront de ma parole, dit Sicario.

— Cela ne me suffit plus. Au nombre prévu, il faudra en ajouter un de plus. Le seigneur Sicario...

Sicario se mordit les lèvres. Ses paupières cachèrent ses yeux froids.

— Cette condition n'était pas prévue, dit-il. Mais je l'accepte.

Les légions reprirent leur marche.

Durant les deux journées qui suivirent, Hannibal n'eut qu'à se louer des services de ses nouveaux alliés. Sicario avait guidé le corps expéditionnaire par des pistes qui se révélaient beaucoup plus praticables que celles que le général, sur la foi de ses observateurs, avait consignées sur ses tablettes. Malgré la pluie qui s'était mise à tomber, malgré le brouillard dense qui, à certaines heures, bouchait l'horizon, les pertes en animaux de bât étaient dérisoires. On n'avait eu à se séparer que d'un seul éléphant, après une chute dans un ravin qui lui avait rompu la colonne vertébrale.

Hannibal en venait à se demander si ses préventions contre les montagnards étaient fondées et si la réserve de Sicario n'était pas le fait d'une méfiance naturelle qui ne visait pas spécialement le chef de l'armée africaine.

À la fin d'une sombre matinée, l'armée cheminait dans une gorge fort étroite et qui allait en se rétrécissant. Les brumes de pluie qui stagnaient aux flancs de la montagne en dissimulaient les crêtes, au point qu'un rassemblement de Barbares eût pu s'y produire sans que les Carthaginois en fussent avertis. Hannibal ne quittait pas Sicario de l'œil. Le Barbare cheminait à ses côtés. Il paraissait parfaitement indifférent. Aux questions qu'Hannibal lui posait afin d'apaiser ses inquiétudes de plus en plus lancinantes, Sicario répondait :

— Mes hommes savent où ils te conduisent.

À l'aube, animé par un vague pressentiment, Hannibal avait pris la précaution de placer sur ses arrières la Cohorte Sacrée, sous les ordres de Maharbal. La colonne de tête était constituée par le train des chariots où s'entassaient les bagages. Au centre, en file interminable, s'allongeaient les légions de cavalerie et d'infanterie. Si les Barbares se décidaient à passer à l'attaque, le gros de leurs forces se porterait sur les arrières, de manière à contraindre l'armée à se replier sur elle-même au fond du cul-de-sac auquel le défilé paraissait aboutir. Avec un corps d'élite comme la Cohorte, un tel plan n'avait guère de chances de réussir.

Plus il avançait, plus Hannibal avait le pressentiment de marcher vers sa perte. La gorge dans laquelle Sicario l'avait fourvoyé était de plus en plus étroite et sinistre. Un véritable tombeau de plusieurs milles de longueur, avec à peine un jet de flèche de l'un à l'autre bord. Pour comble, il tombait une pluie glacée, mêlée de neige fondante qui paralysait les membres. En guise de chaussures, la plupart des hommes n'avaient que des sandales de cuir léger dont il ne restait que des lambeaux. Circulant d'un bout à l'autre de la gorge, un courant d'air glacé rabattait la pluie sur le visage des soldats et les aveuglait à moitié. Derrière lui, Hannibal sentait monter un murmure de mécontentement qui risquait, étant donné la longueur de la colonne, de s'achever en véritable mutinerie.

Ce qu'Hannibal redoutait faillit bien se produire. Un messager d'Imilcon, arrivant à bride abattue, lui annonça que les cavaliers maures refusaient de pousser plus avant.

Hannibal descendit de cheval, invita Sicario à l'imiter, le tira à part en compagnie de Carthalo.

— Cette fois-ci, c'en est assez ! Tes hommes n'attendent que ton signal pour attaquer. Pourquoi ne le donnes-tu pas ? Crains-tu donc pour ta vie ?

Le visage du Barbare se contracta. Puis un mince sourire détendit ses lèvres.

— Tu persistes décidément à croire que je complote ta perte. Si l'un de nous deux craint pour sa vie, ce n'est pas moi, Hannibal. Tu trembles sous ta vieille cotte de cuir, mais ce n'est pas de froid. Au moins, avant de mourir, aurai-je assisté à ce spectacle rare : le seigneur de Carthage pris au piège et grelottant de peur.

La seule pensée que Sicario avait raison retint Hannibal de lui sauter à la gorge. C'est vrai qu'il avait peur. Une peur inconnue de lui, toute différente de celle des combats qui se libère dans la lutte. Celle qu'il ressentait couvait dans le noir et dans le froid, tassée sur elle-même, ignoble, honteuse.

— Tu t'es joué de moi, dit-il. Maintenant, tu vas payer.

Hannibal fit encadrer Sicario par deux robustes Libyens de sa garde, blêmes de froid sous leur casque de cuir détrempé. À la première alerte, les deux colosses devraient abattre le parjure Sicario. Aussitôt, des éclaireurs partirent comme des flèches pour ordonner le dispositif général de combat, tandis que les cornes faisaient éclater dans la montagne des échos sinistres. La résistance serait difficile. Étirée comme elle l'était en mince colonne allongée sur des milles de distance, l'armée risquait d'être exterminée avant même d'avoir livré une véritable bataille.

— Pourquoi Sicario m'a-t-il dupé ? Pourquoi ? répétait Hannibal. Ce jeune chef ne paraît ni sot ni malfaisant. Ces Barbares sont décidément bien difficiles à comprendre.

Pour Carthalo, au contraire, tout était très clair. Une fois de plus, les calomnies répandues par Rome avaient produit leur effet. Si les Barbares avaient poussé leur méfiance envers les Carthaginois jusqu'au mépris de leurs engagements, c'est qu'ils avaient la certitude qu'Hannibal avait pour habitude de ne jamais tenir ses promesses.

À peine Carthalo avait-il fini de parler qu'un orage parut éclater sur la montagne. Ce fut tout d'abord un grondement sourd, puis un tumulte profond et enveloppant. Il semblait que les deux flancs de l'étroit défilé allaient s'ébranler pour se refermer sur l'armée tout entière. Les hommes écoutaient, les yeux levés vers les crêtes qui disparaissaient dans les brumes de pluie, figés de crainte, puis agités d'une sourde panique au fur et à mesure que le grondement s'amplifiait. Lorsque Hannibal clama l'ordre de dispersion générale, il était trop tard. Des avalanches de pierres, de moellons, de troncs d'arbre et de rochers dévalaient sur les deux flancs du défilé. Lorsqu'ils percèrent la brume, le même cri déchirant s'éleva, comme poussé par une seule gorge et répercuté à l'infini.

Hannibal et Carthalo eurent tout juste le temps de se jeter à terre. À quelques pas de là, l'un des Libyens commis à la garde de Sicario s'écroula, la poitrine défoncée par une pierre. Le second avait tiré son glaive et s'apprêtait à le lever contre Sicario, lorsque le prisonnier le lui arracha des mains et le lui plongea dans la gorge. Bousculant Hannibal qui se précipitait vers lui, il sauta sur un cheval dont le cavalier avait été désarçonné et qui tournoyait, affolé, au milieu de la grêle des projectiles. Avant de piquer des deux vers l'arrière, il salua Hannibal d'un sourire de défi, son glaive levé.

Lorsqu'il fut de nouveau sur pied, Hannibal chercha autour de lui un cheval valide. Ils gisaient tous, plus ou moins éclopés, de même que la plupart des hommes de l'avant-garde. Carthalo n'avait pas attendu. Sabre au clair, il s'était lancé en courant sur les traces de Sicario qui le devança rapidement.

Hannibal allait l'imiter lorsque, au tonnerre de l'avalanche, succéda le grondement de centaines de voix. En hâte, il opéra le regroupement de l'unité dont Carthalo avait le commandement.

Il était temps. De toutes parts, les Barbares passaient à l'attaque.

Marco avait dressé l'oreille. Levant la tête vers les sommets, il décréta :

— C'est un orage. Il ne manquait plus que cela…

Bizo, lui, avait beau prêter l'oreille, il n'entendait rien que le ruissellement de la pluie sur les pentes. Par contre, les chevaux et les éléphants paraissaient surexcités.

— Il faut prévenir Bostar, ajouta Marco. Il se passe quelque chose de peu ordinaire.

Lorsque Marco arriva en tête de l'unité, Bostar était déjà en alerte. Des navettes l'avaient prévenu de se tenir sur ses gardes. Une attaque était imminente. Loin devant, il semblait que la montagne tremblât sur ses bases. Un éclaireur, au visage ensanglanté, s'écroula aux pieds du maître des éléphants. Les convois de

Monomaque et l'unité de Carthalo avaient été écrasés entre deux avalanches de rochers provoquées par les Barbares, lesquels avaient déclenché ensuite une attaque en règle. Un autre éclaireur confirma les inquiétudes de Bostar : Maharbal et la Cohorte Sacrée avaient été pris à partie par un fort contingent de Barbares qui leur livraient des assauts terribles.

Bostar savait que l'ennemi n'attaquerait le centre qu'en dernier lieu, et avec quelques précautions. C'est là, en effet, par petits groupes, qu'Hannibal avait dispersé prudemment les otages. Bostar donna l'ordre de surveiller étroitement ces derniers ainsi que les autres captifs. S'ils parvenaient, profitant de la panique, à prendre le large, les Barbares n'hésiteraient plus à fondre de toutes parts. On les apercevait déjà, massés sur les crêtes qui se dégageaient lentement de la brume, immobiles et silencieux comme d'interminables alignements de pierres levées.

À peine hors de protée d'Hannibal, Sicario avait abandonné sa monture. Peu après, en remontant la pente, il tombait sur un groupe de ses congénères.

— Désormais, dit-il, l'armée africaine est à notre merci. Nous allons l'anéantir lentement d'ici à la tombée de la nuit. Ce soir, le seigneur Hannibal sera mon prisonnier.

Il apprit avec une joie sourde que son plan s'était déroulé à la perfection. À l'extrême avant-garde, les éclaireurs qu'il avait fournis à Hannibal opéraient le pillage systématique des chariots et des bêtes de charge et se rapprochaient de l'unité de Carthalo, où se trouvait Hannibal. À l'arrière, la Cohorte Sacrée n'avait pas reculé d'un pouce. Ce n'était qu'une question de temps, l'essentiel demeurant qu'elle ne pût se porter au secours des autres unités.

L'anéantissement du centre préoccupait davantage Sicario. Il fallait à tout prix isoler les unités dans lesquelles Hannibal avait disséminé les otages et les prisonniers. Il décida que deux solides colonnes de guerriers couperaient la vallée de manière à tronçonner l'armée ennemie en son centre pour éviter un massacre des montagnards. Il faudrait agir vite et prudemment. Seul l'intriguait le comportement des éléphants. Il devina la même crainte chez ceux qui l'entouraient.

— Ces monstres sont moins redoutables qu'on a voulu vous le faire croire, dit-il. Si nous les attaquons sans qu'ils puissent charger, ils seront plus dangereux pour l'ennemi que pour nous.

Comme il l'avait annoncé, Sicario lança perpendiculairement à l'armée punique des attaques en colonnes sur divers points. Les torrents de Barbares ruisselèrent sur le flanc gauche, après d'impressionnantes mais peu meurtrières chutes de pierres qui contribuèrent à occasionner un désordre dont les Barbares comptaient profiter.

Cette première partie de l'opération réussit avec un plein succès. Sicario se posta avec un fort détachement de braves face à la partie de la vallée où, au jugé, il estimait que devaient se tenir les éléphants. Son ambition secrète était d'anéantir le troupeau de Bostar. Sa seule crainte était que la panique s'emparât de ses guerriers avant même qu'ils ne fussent entrés en contact avec les mastodontes. Cette inquiétude était fondée. À la vue des bêtes monstrueuses qui, avec une lente majesté, entouraient un groupe de prisonniers d'une procession puissante et silencieuse, les Barbares marquèrent un recul. Seul, Sicario s'avança jusqu'à l'extrême pointe d'un rocher dominant la gorge. Il jeta un regard méprisant à ces montagnes de peau grise et ridée qui tournaient en rond au-dessous de lui.

Lorsque les prisonniers l'aperçurent, ce fut un concert de supplications.

— Mes guerriers sont des lâches ! répondit Sicario. Regardez-les reculer comme des femmes ! À la seule vue des éléphants, les armes tombent de leurs mains !

La voix de Sicario s'éteignit soudain dans sa gorge. Il venait de voir surgir, à quelques pas au-dessus de lui, un adolescent, armé d'un glaive, qui le dévisageait avec une froide ironie. Il portait une cotte de cuir et, jetée par-dessus, la cape rouge des cavaliers de Carthage, attachée à l'épaule par une grosse fibule de bronze.

D'en bas, une voix frêle retentit :

— Marco, reviens ! Tu vas te faire tuer !

Celui qu'on appelait Marco ne parut entendre que le bruit de sa propre colère ; il ne voyait que cet homme, là, au-dessous de lui, visiblement surpris, au point qu'il ne se tenait même pas sur la défensive.

— Sicario ! s'écria Marco, dis à tes hommes de se retirer sans toucher aux éléphants, sinon tous les dieux de Carthage vont accourir et anéantiront ton armée.

Sicario ne comprenait pas un mot de ce discours véhément. Par contre, les intentions de son adversaire paraissaient indubitables : il cherchait un combat singulier. En d'autres circonstances, cette bravade eût diverti Sicario. Mais il n'avait pas de temps à gaspiller.

Sicario tira son glaive.

Les quelques rudiments de la science des armes que Marco avait appris de Carthalo et des vétérans de la Cohorte Sacrée ne seraient, pensa le garçon, que d'une efficacité dérisoire en face d'un Sicario qui devait avoir appris depuis son plus jeune âge à se battre. Marco comprit que sa seule chance consisterait à déconcerter l'adversaire en lui laissant croire que la victoire ne serait qu'un jeu pour lui. Il dégrafa lentement son manteau lourd de pluie qui risquait de gêner ses mouvements, et, d'un bond de fauve, sauta sur Sicario qu'il dominait de la hauteur de la roche sur laquelle il venait d'apparaître. Le Barbare s'effondra, se rattrapa tant bien que mal à une touffe de genêts qui arrêta sa chute. En s'écroulant, il avait laissé échapper son glaive. Marco, magnanime, le lui renvoya de la pointe du pied.

Voyant leur chef en péril, les Barbares avaient levé leur javelot sur Marco. Sicario coupa leur élan d'un geste de la main. Il voulait en finir rapidement, mais seul, avec ce jeune fou.

Les deux adversaires s'observèrent l'espace d'un instant. L'attaque brutale de l'adolescent avait ébranlé Sicario, qui se demandait s'il n'allait pas avoir en fin de compte à en découdre avec un adversaire sérieux. Il eût aimé lui faire comprendre que son sacrifice ne rimait à rien, que son acte serait perdu dans l'immense massacre qui se préparait, que mieux vaudrait pour lui, jeune encore comme il l'était, de tâcher de survivre au lieu de provoquer délibérément sa perte. Ce regard hardi lui plaisait. Quel âge pouvait-il avoir, ce Marco ? Le sien, à deux ou trois années près. L'âge où rechercher la mort est une absurdité.

De son côté, Marco ne pouvait se défendre d'un mouvement de sympathie pour ce jeune chef vif et puissant, au regard aigu, à la prestance majestueuse. Sa nervosité, son impatience d'en finir apparaissaient au Volce comme les signes d'une faiblesse dont il devrait s'attacher à profiter. Pour lui, rien ne pressait.

Il ne s'était jamais senti aussi maître de lui, plein d'un tranquille courage, assez riche de sang et de vie pour en gaspiller. Il savait que deux armées avaient les yeux braqués sur lui, que ce combat singulier, s'il ne déciderait point de l'issue de la bataille, pourrait, s'il parvenait à neutraliser le jeune chef, en infléchir le cours. Marco ne visait pas à tuer Sicario, simplement à s'affirmer comme son égal, le contraindre à le reconnaître comme tel.

Insensiblement, tandis que Sicario, le glaive prêt à frapper, attendait une nouvelle charge, Marco avait escaladé quelques degrés en direction de la crête, de sorte qu'il se trouvait dominer son adversaire et lui couper la route vers les siens. Sicario entreprit de reconquérir le terrain perdu. À chaque pas qu'il hasardait, Marco simulait un bond en avant, qui obligeait le Barbare à reculer.

À grand-peine, Sicario tenta de se hisser sur un entablement rocheux, de manière qu'un seul bond pût mettre désormais son adversaire à sa portée. Conscient du danger, Marco déchaussa d'un coup de talon une pierre branlante qui, roulant sur la pente, heurta violemment Sicario à l'épaule.

Au cri que poussa le jeune chef, les javelots, de nouveau, se braquèrent vers le Volce.

— Non ! s'écria Sicario. Laissez-le-moi !

Son glaive entre les dents, incapable de se tenir en équilibre, Sicario s'était laissé glisser jusqu'à l'endroit qu'il avait tenté de quitter. Reprenant son souffle, il attendit que Marco vînt vers lui, mais Marco ne bougea pas d'un pouce. Il cherchait à gagner du temps. Son visage ne trahissait aucune hâte, aucune nervosité, aucune inquiétude. Il attendait Sicario.

Le Barbare contourna l'entablement, suivi à distance par son adversaire qui, du bout de ses chaussures, le criblait de petites avalanches de pierres. Parvenu à un endroit de la pente relativement facile à escalader, Sicario prit son élan, et, s'accrochant à une touffe de bruyères, parvint à se hisser, avec un râle de douleur et de rage, à la hauteur de Marco. À demi plié en avant, il se mit en garde. Son bras droit, engourdi par le choc de la pierre, avait du mal à tenir l'arme, mais il comptait sur la maladresse de son adversaire pour compenser cette infériorité.

Sicario passa à l'attaque. Son glaive tinta contre celui de Marco. Des étincelles jaillirent. Au sommet de la crête comme au creux de la gorge, un concert de vociférations éclata, chaque parti encourageant son champion. Les deux adversaires bondissaient comme des loups en train de jouer dans une clairière. Ils se jetaient l'un vers l'autre dans des assauts fulgurants, parant les coups tant bien que mal. Parfois ils se confondaient, pareils à deux lutteurs, les glaives tendus au-dessus de leur tête, arc-boutés l'un contre l'autre ; nul n'eût su dire auquel des deux adversaires échappait le sang qui coulait sur la roche.

À la suite d'une maladresse, Marco roula sur la pente entre les rochers qui le meurtrirent durement. Un grondement d'inquiétude monta derrière la rangée des éléphants. Des hommes se précipitèrent pour lui porter secours, mais Bostar arrêta leur élan d'une voix ferme : cela équivaudrait à déclencher l'attaque qu'il redoutait.

Marco parvint à s'immobiliser entre des touffes d'alfa que ses mains avaient agrippées. Il se sentit perdu et contint l'envie qui l'assaillait de se jeter en arrière pour tâcher d'échapper au glaive de Sicario. Il avait perdu son arme. Tout son corps, rudement meurtri, lui faisait mal.

Par-dessus son bras gauche replié, Marco observa Sicario. Le Barbare paraissait en proie à un dilemme. Il lui eût été facile de tuer Marco, mais le souvenir de la générosité du Volce le hantait avec insistance. Ne pas y répondre par un geste identique, c'était déchoir aux yeux de son peuple.

Il descendit lentement vers son adversaire, poussa l'arme de la pointe du pied vers Marco. Le Volce fit mine de tendre une main crispée vers l'arme et de ne pouvoir s'en saisir. Il savait maintenant que Sicario ne l'achèverait pas. Sicario, lui, demeurait indécis. Avec précaution, il s'approcha du blessé, lui empoigna les cheveux à pleines mains et, lui soulevant la tête, prononça quelques mots que Marco ne comprit pas.

Soudain, avant qu'il ait pu comprendre ce qui lui arrivait, Sicario se sentit agrippé par une main robuste, tiré violemment sur la pente, la tête la première. La montagne bascula dans le cri sauvage qui jaillit de sa gorge. Il lui sembla que son corps était broyé par des dents de pierres, qu'il sombrait, interminablement, dans un abîme. Une douleur fulgurante lui fit perdre conscience.

Sicario ouvrit les yeux sur un visage qu'il connaissait bien : celui de Marco. Un visage tuméfié mais qui respirait une joie profonde.

— Les dieux soient loués, dit Marco, tu es sauvé. Tiens, bois !

Sicario avala goulûment quelques gorgées d'eau fraîche à la gourde que Marco appliqua à ses lèvres. À son tour, Carthalo s'approcha du Barbare.

— Tu n'es pas gravement blessé, dit-il dans le dialecte de la montagne.

— Tu vas me faire exécuter, n'est-ce pas ? demanda Sicario.

Carthalo secoua la tête.

— Marco, ce garçon qui t'a vaincu, a imploré ta grâce auprès d'Hannibal et l'a obtenue. Tu vivras, mais tu seras notre prisonnier. Tu as de la chance, Sicario. Beaucoup de chance.

Sicario eut un triste sourire. Il tenta de se soulever sur ses coudes.

— Mon armée ? Où est-elle ?

— Tu parles de cette horde de lanceurs de pierres ? Elle est en fuite, Sicario. Pendant que tu étais évanoui, nous avons contre-attaqué. À l'heure qu'il est, un grand nombre des tiens sont la proie des vautours.

— Je ne puis te croire.

— Alors, regarde !

Carthalo montrait d'un geste large les pentes garnies de soldats puniques, les crêtes où les manteaux des guerriers d'Afrique faisaient de petites taches rouges sur le fond de l'aube froide.

— Comment ai-je pu dormir si longtemps ? demanda Sicario.

— Tu ne dormais pas. Lorsque nous t'avons relevé, tu étais comme mort. Je t'aurais volontiers achevé de ma main si Marco n'était intervenu. Te rends-tu compte du prix de ton parjure ? Plusieurs milliers de morts, Sicario, alors que nous n'avions aucune intention malveillante à l'égard de ton peuple. Quel aveuglement ! Quelle stupidité !

Sicario détourna la tête, ferma les yeux. Ses mâchoires, dont l'une était fendue d'une large balafre sanguinolente, se contractèrent. Carthalo le saisit sans douceur par les cheveux, l'obligea à affronter son regard implacable.

— Pourquoi tant de méfiance, tant de haine à notre égard, Sicario ?

Le Barbare avala péniblement sa salive, le visage contracté de douleur :

— Nous n'avons jamais toléré la présence des étrangers sur notre territoire. On ne peut jamais rien en attendre de bon.

— Quoi encore, Sicario ?

— Nous étions persuadés que, pour entreprendre une traversée aussi audacieuse, vous possédiez quelque vertu magique, quelque secret dont nous pourrions profiter si nous parvenions à vous écraser.

— Ce n'est pas tout...

Sicario secoua la tête.

— Mon peuple... mon peuple et moi pensions que de mauvais génies se cachaient sous les manteaux rouges de Carthage, que votre parole ne pouvait être prise en considération, que vous vous nourrissiez de chair humaine, que vous sacrifiiez vos propres enfants en les jetant aux pieds de vos dieux, dans les flammes.

— Qui a fait courir ces bruits, Sicario ? Qui ?

— Les Massaliotes, les Romains... Nous les avons crus.

— Et maintenant, crois-tu toujours ces fables ?

Sicario se tendit sous un accès de douleur violente. La sueur perla sur son front.

— Laisse-moi, dit-il.

Il ajouta, en cherchant des yeux autour de lui :

— Où m'as-tu conduit ?

— Nous n'avons guère bougé de place. Durant la nuit, la cavalerie et les bagages ont repris la route. Dès que le soleil se sera montré, le reste de l'armée suivra. Dis-moi, Sicario : sommes-nous dans la bonne direction ?

Sicario hocha affirmativement la tête. Il retint Carthalo par le poignet au moment où le Libyen se levait.

— Un mot encore. Si tu te trouvais dans ma situation, que ferais-tu, Carthalo ?

— Je regretterais de vivre encore avec un tel poids de parjure, d'erreur, de félonie sur la conscience. C'est ce que tu ressens ?

— Oui, dit Sicario. C'est pourquoi je vais te demander un ultime service. Avant de partir, laisse-moi ton glaive en prenant soin que Marco ne te voie pas.

Carthalo secoua la tête.

— Je n'en ai pas le droit, dit-il. Ni l'envie, d'ailleurs. Vivre sera ton châtiment. Tu dois l'accepter.

— Je ne pourrais jamais, souffla Sicario. Mes guerriers m'attendent dans les pays du couchant d'où l'on ne revient jamais. Laisse-moi les rejoindre. Je leur expliquerai qu'ils sont morts pour rien. Ton glaive, Carthalo…

Carthalo se redressa, passa sa longue main brune sur son visage, d'un air hésitant.

— J'accepte, dit-il. Je crois qu'à ta place j'aurais fait de même.

Carthalo renvoya Marco et Bizo en leur signifiant de ne plus importuner le prisonnier qui avait besoin de repos. Ils pourraient revenir dans un moment.

Lorsqu'ils revinrent, un groupe de soldats entourait Sicario. Le prisonnier avait cessé de vivre.

XI

LA MORT AU BOUT DE LA ROUTE

Hannibal bondit jusqu'au bord du promontoire de roche nue d'où il pouvait dominer la vallée. Il y soufflait un blizzard d'une puissance telle qu'il faillit être balayé comme un brin d'herbe. Son armée était là, à ses pieds, dispersée sur plusieurs milles dans un désordre que la vue d'ensemble rendait plus frappant. Ses unités mélangées, le corps expéditionnaire n'était plus qu'une horde qui s'égrenait sur la neige.

— Une armée, ça ? s'exclama Hannibal. Qu'une compagnie de Barbares fasse irruption, et c'est la débandade. Regarde, Maharbal ! On ne distingue plus aucune unité. Seule la Cohorte Sacrée a encore quelque apparence de légion. Le reste n'est qu'un ramassis de soudards qui n'ont même plus le courage d'avancer.

— Tu es trop sévère, répondit le vieux capitaine. Que nous soyons parvenus jusqu'ici est déjà un exploit extraordinaire. Songe que nos hommes ne sont pas accoutumés à de telles températures, que beaucoup n'avaient jamais vu la neige avant de pénétrer dans ces contrées.

— Je suis un Africain, comme eux.

— Ils n'ont plus de nourriture.

— Je n'ai rien mangé depuis hier.

— Ils sont épuisés.

— Je le suis autant qu'eux. Maharbal, c'est dans de telles circonstances qu'on juge de la valeur d'une armée. Quelle déception ! Nos hommes ne marchent plus : ils se traînent. S'ils étaient sûrs d'en réchapper, ils feraient demi-tour, tous ! Ce sont des lâches !

Maharbal baissa la tête. Des glaçons pendaient à sa barbe grise, à la place où la respiration se condensait ; ses cils n'étaient que des broussailles de givre.

— Tu n'as pas le droit de parler ainsi de ton armée, Hannibal. Elle a fait ce que nulle autre armée au monde n'aurait même accepté de tenter. Tu voudrais que chaque homme soit à ton aune. Quel orgueil t'anime !

Hannibal retint sa colère dans sa gorge. Maharbal avait raison, il le savait bien, mais il se refusait à l'admettre. Lorsqu'un chef commence à s'attendrir sur son armée, qu'il cherche des excuses à la faiblesse de ses hommes, c'est que cette armée est bien près de lui échapper. Hannibal rajusta autour de lui les pans de son manteau que le vent avait rabattus sur ses épaules. Il maugréa :

— Demain, dès que nous aurons atteint le sommet du col, je leur parlerai. Si nous arrivions ainsi en Italie, nous n'aurions aucune chance de faire front victorieusement aux légions romaines.

— C'est cela, harangue-les, Hannibal. Mais souviens-toi que ce sont des êtres humains et qu'aucun d'eux n'est parfait.

Le col… Le sommet… Maharbal avait fait le point avec Magil. On devait y arriver dans la matinée du lendemain. Mais les difficultés ne seraient pas terminées pour autant. Au dire du petit roi, le versant opposé était plus dangereux encore.

En arrivant dans la vallée, Hannibal sentit que le sol se dérobait sous lui. La montagne vacilla comme une grande draperie rouge, puis la nuit tomba, brutale. La fraîcheur de la neige dont on lui frottait le visage réveilla Hannibal. Il était allongé au milieu de ses officiers. Maharbal l'aida à se lever.

— Pardonnez-moi, dit-il. Ce n'est qu'une faiblesse. Cela va mieux, à présent. Maharbal, fais prévenir l'armée que nous observerons un repos de deux jours en arrivant au sommet.

Il eut un triste sourire en murmurant à l'oreille de son second :

— Vouloir dépasser ses limites, ce n'est plus être un héros mais un fou.

Marco et Bizo s'aplatirent derrière le rocher jaillissant d'une mousse épaisse, gorgée d'eau glacée et d'épines de sapins. L'ouverture de l'anfractuosité était là, en face d'eux, distante de quelques pas. À travers la lumière glauque qui baignait la forêt, ils distinguaient dans la tanière un remue-ménage entrecoupé de grognements.

— Tu crois qu'il est seul ? demanda Bizo.

— Je l'ignore, répondit Marco.

Ils avaient rencontré l'ours au moment où il pénétrait dans son antre pour y préparer son hivernage. C'était une bête puissante et majestueuse, un ours brun à fourrure dense sous laquelle ondulaient des muscles fabuleux. Ni Marco ni Bizo n'avaient chassé ce genre de gibier qui ne fréquentait pas les collines d'Ensérune. Armés qu'ils étaient de javelots et d'un glaive, ils se demandaient s'ils pourraient jamais venir à bout d'un tel monstre. Si Bizo n'avait écouté que sa raison, il se fût retiré sans chercher noise au grand fauve. Mais une voix — celle de ses entrailles — lui parlait de viandes rôties, ruisselantes de jus odorant. Il avait consenti à suivre son compagnon.

Marco prit une pierre, l'envoya à toute volée dans la tanière. L'ours mit le nez dehors, inspecta les environs, grogna en respirant des effluves insolites. Lorsqu'une deuxième pierre l'atteignit au museau, il recula puis ressortit d'un bond, s'avança avec précaution une fois dehors, en balançant sa lourde tête aux yeux vifs. C'était le moment choisi par Marco. Dressé sur la roche, il poussa un cri déchirant et décocha son javelot en direction de l'ours. La bête se dressa, chercha de ses pattes puissantes à arracher l'arme qui s'était fichée dans son flanc droit. Debout, elle paraissait plus impressionnante, plus haute qu'un homme de haute taille comme l'était Sicario. Marco ne put réprimer un frisson. Saisissant l'autre javelot, il décocha l'arme en plein dans la poitrine de l'ours.

Les deux Volces constatèrent avec stupéfaction que les deux terribles blessures qu'il avait reçues n'avaient fait que rendre le monstre furieux. Il parvint même à arracher le javelot planté dans sa poitrine et à le briser comme un fétu.

Marco dégaina son glaive, repoussa Bizo qui tentait de l'arrêter.

— Sous cette descente de lit, dit Marco d'un air farouche, il y a des jours de nourriture pour plusieurs hommes. Nous ne pouvons pas la laisser échapper.

— Allons chercher du renfort.

Marco secoua la tête d'un air têtu. Il se souvenait de ce récit que Carthalo lui avait fait de sa lutte contre un énorme lion de Numidie. Ce que Carthalo seul avait réussi, les deux Volces devaient parvenir à le réaliser. Sans compter qu'un ours est moins dangereux qu'un lion.

— Toi, dit Marco, tu vas contourner la tanière et tâcher de prendre la bête à revers tandis que je l'attaquerai de front.

À peine Bizo s'était-il éloigné de quelques pas que l'ours le chargea avec une extraordinaire vélocité. Les deux Volces se sentirent des ailes. Ils prirent la fuite en direction du camp. Lorsque Marco, qui avait pris les devants, se retourna, il ne vit plus son compagnon. Bizo avait buté dans une souche et était allé donner, la tête la première, contre le tronc d'un sapin. Marco se mit à appeler à l'aide. Quelques instants plus tard, il tombait sur un groupe de vétérans de la Cohorte Sacrée en train de glaner du bois mort.

— Bizo ! haletait Marco. Un ours est en train de le dévorer.

Les vétérans se jetèrent dans la forêt derrière Marco. Soudain, ils s'arrêtèrent, stupéfaits. Assis sur un tronc d'arbre mort, Bizo se frottait la tête. L'ours avait tourné autour de lui, l'avait flairé sur toutes les coutures avant de regagner sa tanière.

— Il l'a cru mort, dit un vétéran. Les ours ne s'en prennent jamais aux cadavres. Vous avez de la chance de vous en tirer à si bon compte. Un ours brun, quand il est blessé, devient redoutable. Nous ne serons pas trop nombreux pour l'abattre.

Prêt pour affronter l'hivernage, l'ours de Marco était gras et charnu à point. Il régala une dizaine d'hommes. Ce qui restait, taillé en lanières et fumé, serait précieux pour la fin de l'expédition.

Le soir, un semblant de joie baignait le camp. Une hécatombe de gibier, abondant dans ces contrées forestières, avait permis aux hommes de manger à leur faim pour la première fois depuis des jours. Hannibal avait repris vie et s'était offert, en compagnie de Baal, une promenade dans les parages, sous le ciel crépusculaire tendu de rouge comme le palais du Sénat de Carthage.

L'armée tout entière venait d'émerger au milieu des forêts, des profondeurs de la nuit et de la peur.

Dix fois par jour, durant cette dernière semaine, un vent de panique avait soufflé sur la horde terrorisée. À peine les trompes avaient-elles sonné l'alarme, qu'on voyait de petits groupes de Barbares fondre du haut des crêtes comme une avalanche. Ils passaient en rafale, tuant et pillant avec une rare férocité. Le temps de prendre la formation de combat, ils s'étaient évanouis dans la montagne. À l'endroit où leur passage avait coupé la colonne comme un serpent tranché par un coup de sabre, il ne restait que des cadavres épars dans la neige, des blessés que l'on devait abandonner après leur avoir donné le coup de grâce, de larges plaques de sang. À l'arrière de l'armée les vautours tombaient des nuées comme des pierres, et les loups sortaient en troupe des forêts.

La harde de Bostar était réduite à une dizaine de têtes. Seuls, les plus robustes parmi les éléphants avaient survécu. Les autres, minés par plusieurs jours de jeûne, blessés à la suite d'une chute ou au cours d'un combat, paralysés par le blizzard, avaient dû être abattus pour fournir quelque subsistance à l'armée qui, sans cette réserve de viande sur pied, eût perdu deux fois plus d'hommes.

C'était pitié que de voir les colosses de Carthage, à l'approche de la mort, projeter leur trompe en tous sens à la recherche d'un souffle d'air chaud, d'une odeur de verdure, d'un dernier goût de vie. Lorsque l'un d'eux, épuisé, s'écroulait dans la neige, il se trouvait tout de suite quelque sage pour l'inciter à se relever. L'éclopé se redressait lentement. Ses congénères se groupaient en masse compacte autour de lui pour le soutenir, jusqu'à ce qu'enfin, ses jambes ne le portant plus, il s'écroulât.

C'était chaque fois le même spectacle. Un Indien s'approchait, après que Bostar, à coups de fouet, eut obligé le reste du troupeau à s'éloigner. D'un coup de poinçon dans le cervelet, il foudroyait la bête qui tressautait à peine. Souvent, les hommes n'attendaient pas que la bête fût morte pour la dépecer. Ils se ruaient sur elle et, à coups de glaive, taillaient dans sa chair vivante des morceaux qu'ils emportaient comme des voleurs.

Marco fermait les yeux et sentait un vide vertigineux se creuser en lui. Il avait ainsi vu disparaître des bêtes riches encore de puissance et de vie quelques jours auparavant, quand elles paissaient dans les profondes prairies des Allobroges. Tous ces éléphants dont on laissait les carcasses derrière soi, il les connaissait par leur nom, il savait leur caractère, leur degré d'intelligence. Les éléphants l'aimaient et lui rendaient son amitié. Ils l'avaient adopté. Au moment où la mort planait sur eux, si Marco se trouvait dans les parages, c'est vers lui qu'ils tendaient leur trompe, c'est lui que cherchaient leurs petits yeux myopes.

— Ils devinent lorsque la mort va venir, assurait Khasil. Un dieu habite en eux, qui survit à leur mort et qui va rejoindre les savanes d'Afrique.

Marco avait rêvé souvent sur ces vagues migrations d'esprit par-delà les mers, à ces rassemblements de spectres au cœur du désert, dans les montagnes brûlées où jamais n'avaient erré les pas d'un homme.

Tout paraissait oublié des épreuves passées. Marco et Bizo, accroupis devant une flambée, dans l'herbe jaune que l'on avait retrouvée sous la neige, se demandaient s'ils avaient vraiment vécu ce cauchemar.

Marco pourrait oublier le froid, la faim, la fatigue. Jamais le nom et le visage de Sicario ne disparaîtraient de sa mémoire. C'est ce visage aux yeux ouverts sur le vertige de la mort qu'il voyait se dessiner au-dessus des flammes, sur le fond de la nuit. Un visage dont la bouche grande ouverte paraissait crier son nom. Sicario… Il ne le considérait déjà plus comme un prisonnier mais comme un compagnon, à l'égal de Bizo. Ils chevauchaient côte à côte sur les pistes de Lombardie, vers les riches cités du Latium, à travers des campagnes toutes dorées par l'immensité des blés mûrs. Rome vaincue, c'est entre Bizo et Sicario, derrière Baal, qu'il pénétrait dans Carthage. Revenu de ses erreurs, Sicario aurait payé sa dette à Carthage en se battant comme un lion. Et voilà que Sicario était mort.

Carthalo le consolait à sa manière un peu rude :

— Des Vestrix, des Sicario, le monde en est plein. Il faut les oublier, laisser ton cœur libre pour de nouvelles affections.

Marco n'oublierait jamais Vestrix ni Sicario.

La nuit était glacée, mais la chaleur du feu montait le long des jambes de Marco, jusqu'à sa poitrine, jusqu'à sa nuque enfoncée dans la toison de l'ours. Le monde le portait comme dans une nacelle de chaleur et de silence. Marco rêvait que ce voyage ne s'arrêterait pas jusqu'aux chauds rivages d'Afrique. Il verrait bientôt la ville toute blanche s'ouvrir devant lui, avec ses portes monumentales, ses deux ports, ses temples dressés sur le fond des montagnes pelées, ses ruelles grouillantes de tous les peuples de la Méditerranée, ses odeurs et ses bruits.

Un souffle chaud passa sur le visage de Marco. Ouvrant les yeux, il aperçut, voltigeant au-dessus de sa tête, un étrange objet mobile qui paraissait vouloir se poser sur son visage.

— Ne crains rien ! s'écria la voix joyeuse de Khasil. C'est Baal qui vient te dire bonsoir.

La trompe énorme vola légèrement dans les airs, au milieu des étoiles froides. Baal poussa un barrissement d'amitié.

— Baal est de bonne humeur, dit encore Khasil. Il a pu manger son content ce soir. Nous avons pu trouver de l'herbe pour tous les éléphants.

Baal paraissait flotter dans un vêtement trop grand pour lui. Il avait pourtant retrouvé la vivacité de son œil, la majesté de sa démarche. Le troupeau de Bostar avait souffert, et le maître des éléphants se demandait avec angoisse s'il parviendrait à sauver une seule tête de son troupeau. Qu'au moins Baal survive afin qu'une fois en Italie, il apporte le témoignage de l'exploit accompli par l'armée de Carthage.

Le regard de Marco remonta le long de ce monument de chair grise et flasque, jusqu'au garrot où était juché Hannibal. Le général souriait dans la clarté du feu :

— On m'a rapporté que tu avais abattu un ours.

— Je n'étais pas seul, dit Marco.

— Je le sais. Mais tu as tout de même fait preuve de courage. J'ai longtemps cru que ta témérité n'était que de l'inconscience, et sans doute n'avais-je pas tout à fait tort. Je crois maintenant que tu as l'étoffe d'un soldat. Dès que nous aurons atteint l'Italie, que nous aurons fait la jonction avec nos alliés, tu viendras me trouver. J'aurai des choses importantes à te dire.

Hannibal fit un salut de la main. Khasil frotta du talon la joue de Baal qui recula et, après une lourde volte-face, s'éloigna dans la nuit. Les yeux embués de larmes de gratitude, Marco suivit des yeux l'équipage qui louvoyait parmi les bivouacs comme un navire au milieu des récifs.

Dans le petit jour glacé, une bonne surprise attendait Hannibal. Une partie des chevaux, des mulets et même des bœufs qui s'étaient égaillés dans la montagne et que l'on croyait perdus, avaient rejoint le campement durant la nuit. En attendant le jour, les factionnaires les avaient groupés au fur et à mesure qu'ils se présentaient. Les cavaliers africains qui, sans leur monture, étaient privés du meilleur de leur force, reprirent goût à l'existence. La montagne n'était pas si cruelle, qui leur rendait leur bien le plus précieux.

Toute la journée qui suivit fut occupée à recomposer tant bien que mal les équipements, à réparer les chaussures, à fourbir les armes. Pendant que des hommes s'occupaient à ce travail, que d'autres donnaient aux bêtes les soins que nécessitait leur état, le reste de l'armée parcourait les forêts avoisinantes pour faire provision de gibier.

Hannibal passa la majeure partie de la journée à dresser avec ses officiers le compte de ses effectifs. Il fallait se rendre à l'évidence : les pertes étaient énormes. Plusieurs dizaines de milliers d'hommes avaient disparu depuis qu'on avait franchi les Pyrénées. L'armée d'Afrique, orgueil de Carthage, avait fondu de moitié et ce qui restait était dans un piètre état.

— Combien serons-nous, demanda Maharbal d'un air sombre, lorsque nous atteindrons les territoires de nos alliés de la Cisalpine, si nous les atteignons jamais ?

Le surlendemain, au rassemblement, Hannibal parcourut, légion par légion, l'étendue de neige et de boue sur laquelle son armée était rangée en ordre de départ. Il sentit son cœur se serrer. Cette expédition, il le savait, ne s'achèverait pas sans qu'il eût à sacrifier une bonne partie de ce qui lui restait de ses troupes. Au moment de s'adresser à ses hommes, de leur annoncer de nouvelles épreuves, plus terribles encore que celles qu'ils avaient déjà affrontées, il se sentait accablé d'un accès de découragement.

L'aigre sifflet de Maharbal réclama le silence. Toute l'armée se tut. Seuls, au zénith, de grands vols de corbeaux qui ondulaient comme des draperies sombres, troublaient l'immobilité et la paix de ces hauteurs.

Hannibal parla durant de longues minutes. Les chefs de légions répétaient en les traduisant ses paroles à leurs soldats. Au fur et à mesure que son éloquence pénétrait les rangs serrés des mercenaires, elle y faisait éclater une ardeur contenue, jaillir des cris de colère à l'encontre des Barbares et des Romains, elle suscitait des explosions de haine. Des soldats se jetaient hors des rangs, comme possédés par la démence, bravaient de la voix et du geste des ennemis invisibles, des dieux inconnus, les forces aveugles de l'adversité liguées contre les légions de Carthage. Peu à peu, l'ivresse gagna toute l'armée. Elle parut frémir sur elle-même, libérant des grondements de colère qui, s'enflant comme une marée, venaient mourir aux pieds de Baal.

Le délire fut à son comble lorsque le général, dressé sur l'échine du roi des éléphants, son casque étincelant au soleil, son visage rendu plus sombre et luisant par un voile de graisse animale destiné à le protéger du froid, tendit son glaive en direction de l'Italie en s'écriant :

— Soldats ! Là-bas se trouve Rome... Sur le chemin qui nous en sépare encore, des populations vous attendent. Elles sont là, dans ces plaines qui s'étalent sous vos yeux. Gloire à Carthage ! Que la terre s'entrouvre pour engloutir Rome !

Le vacarme des glaives heurtant les boucliers l'empêcha de poursuivre. Il avait d'ailleurs atteint son but et démontré qu'il était toujours maître de son armée. Il fit un geste et, comme un torrent, elle s'ébranla dans le tonnerre des chants sur les pentes qui menaient à Rome.

Une main avait secoué l'épaule d'Hannibal.

— Réveille-toi, seigneur. Le jour va naître, dit Maharbal.

L'air était froid et dur comme une pierre sous la tente tellement raidie par le gel que le vent qui grondait la faisait à peine trembler. La lumière de la lampe à huile éclairait le mât central où étaient accrochés les armes et l'uniforme du général. La cotte de cuir d'Hamilcar, couturée de glorieuses balafres, bougeait faiblement, légère comme la carapace vide d'un gros insecte.

— La température a encore baissé depuis que nous avons quitté le col, ajouta Maharbal. L'eau est gelée dans la tente. Tu devras partir sans faire ta toilette.

Hannibal se leva, maussade, jeta un regard au-dehors. Une lune d'une luminosité intense s'échouait au couchant sur une grève de forêts sombres. De l'autre côté du ciel, une clarté sourde annonçait le jour. Du côté de l'Italie...

— Il a neigé cette nuit, constata Hannibal. Cela nous promet une mauvaise journée. Fais sonner le réveil. Nous n'aurons pas de temps à perdre.

Le meuglement lugubre de la trompe parcourut l'immensité de la vallée, suscita, dans les groupes confus, un insensible mouvement, des protestations et des plaintes. Ce matin encore, comme la veille, une dizaine d'hommes ne se réveilleraient pas. On les enfouirait tant bien que mal dans la neige d'où les loups viendraient les dégager dès que l'armée aurait levé le camp.

Hannibal, peu avant le départ, écouta le rapport, la mine sombre. Les loups avaient attaqué une sentinelle et l'avaient blessée à mort. Chez les Baléares, un homme, devenu fou, avait dû être abattu. Un groupe d'une dizaine de cavaliers africains de Muttinès avaient déserté en emportant une quantité importante de nourriture. Imilcon rapporta que cinq fantassins espagnols étaient morts de froid. Un éléphant, annonça Bostar, ne s'était pas levé, malgré les sollicitations de ses congénères qui essayaient de le mettre debout avec leurs défenses ; il allait falloir l'abattre. Magil ne se présenta pas : il était souffrant ; une toux atroce lui déchirait la poitrine. Une centaine d'hommes avaient les pieds ou les mains gelés.

Maharbal proposa que l'on procédât à une cérémonie de sacrifices mais Hannibal repoussa avec fermeté cette proposition.

— Nous n'avons pas le temps, maugréa-t-il. D'ailleurs, d'où nous sommes, il est peu probable que les dieux de Carthage puissent se montrer sensibles à nos offrandes.

Les Barbares n'avaient pas tardé à surgir de nouveau.

Tant que les Africains étaient restés groupés, ils s'étaient tenus prudemment sur la réserve. Mais, dès qu'ils se furent engagés sur les pistes abruptes qui descendaient vers le Levant, les autochtones firent leur réapparition. Ce n'était plus l'armée commandée par Sicario, mais de petits groupes féroces de pillards qui harcelaient les traînards, emportant les chevaux et les vivres et disparaissant à la moindre menace de riposte comme des vols de corbeaux.

Sur les conseils de Magil, Hannibal avait fait prendre à son armée le chemin le plus court mais le plus difficile. Dispersées, confondues, les légions s'étiraient sans fin sur les pentes vertigineuses, troupes d'ombres grelottantes errant à travers un désert glacé balayé par des ouragans de neige. Les hommes peinaient pour tenir debout, car la neige cédait traîtreusement sous leurs pas. Aux endroits que le blizzard avait recouverts d'une couche de glace, ils glissaient, et c'était la chute, souvent mortelle. La longue marche était ponctuée par les cris déchirants de ceux qui s'abîmaient ainsi, roulant sans rien trouver pour arrêter leur chute. Tantôt c'étaient des hommes, tantôt des chevaux, parfois un éléphant. En une seule journée, trois pachydermes périrent ainsi. À peine s'étaient-ils immobilisés au fond de la vallée que les hommes se précipitèrent sur eux pour les dépecer. Les protestations véhémentes de Bostar, la menace de son terrible fouet n'y faisaient rien. Les Indiens étaient les premiers à la curée.

Sur la fin du jour, un éclaireur vint prévenir Hannibal que Baal refusait d'avancer et qu'il paraissait souffrir atrocement. Hannibal rebroussa chemin, redoutant que Bostar ne l'eût fait abattre. Il trouva la petite unité du maître des éléphants immobilisée sur le bord de la piste. Baal était encore vivant, mais Bostar proposa ce qu'Hannibal redoutait. Le général faillit lui sauter à la gorge. Il eût préféré sacrifier un millier d'hommes plutôt que d'abattre le roi des éléphants. Celui-ci était le symbole vivant de la puissance de Carthage. Sans lui, l'armée d'Afrique perdait la plus éloquente de ses enseignes.

— Baal s'est déchiré la jambe sur un rocher, dit Bostar. Il a perdu beaucoup de sang. Maintenant, il refuse d'avancer.

Hannibal s'approcha ; une trompe amicale vint à sa rencontre, flotta autour de son visage, renifla ses mains pour y découvrir une hypothétique friandise. Lorsqu'il tâta la plaie, la bête poussa un barrissement qui ressemblait à un reproche. Le sang jaillissait encore par saccades de la plaie longue d'une coudée.

— Je ne puis l'abandonner, dit Hannibal, la gorge serrée. Il faut lui faire un garrot et le faire avancer coûte que coûte.

Avec des lambeaux de tente dont il entoura un tampon de foin sec, Bostar réalisa sans peine un pansement sommaire qu'il attacha fortement avec les ceinturons que lui tendirent Marco et Bizo. Baal se laissait faire sans se plaindre, la peau agitée de frissons comme l'eau d'un étang. Tandis qu'on opérait, Khasil distrayait l'éléphant en jetant au creux de sa trompe des miettes de biscuit puisées au tréfonds de ses fontes.

Quand l'opération fut terminée, Bostar sortit son fouet pour faire avancer Baal. Il promena la terrible lanière durcie par le gel sous la trompe de la bête qui recula avec un barrissement de colère.

— Laisse, dit Hannibal. Ce n'est pas la bonne méthode. Baal n'est pas un éléphant ordinaire. Nous allons le monter, Khasil et moi. Ainsi, il avancera.

— Vous courrez un grand danger, observa Bostar. Baal ne peut aller bien loin. Au moindre faux pas, il basculera dans un ravin et vous deux avec lui.

Hannibal ne parut pas entendre. Baal s'agenouilla sagement, et, tandis que Khasil caressait sa trompe avec des mots mystérieux, Hannibal montait jusqu'au garrot où l'Indien ne tarda pas à le rejoindre. Baal leva bien haut sa trompe, se redressa et, dans un barrissement de joie, reprit sa marche en avant.

La nuit venait de tomber lorsque l'armée fit halte dans une sorte de cirque où tonnait la voix sinistre du vent. La neige continuait à tomber dans le crépuscule qui jetait sa dernière lueur par une échancrure de la montagne. Il n'était pas question de pousser plus avant.

Ce fut une nuit atroce. Pour leur éviter de geler sur place, les sentinelles étaient remplacées fréquemment. Les hommes dormaient, entassés les uns sur les autres ou contre le ventre des chevaux et des mulets. À l'aube, une cinquantaine d'entre eux ne se relevèrent pas. Deux autres éléphants étaient morts de froid et d'épuisement durant la nuit. Baal, lui, était encore vivant, mais dans un tel état d'accablement, malgré les toiles de tentes dont on l'avait recouvert et le liquide brûlant qu'on lui avait fait ingurgiter de force, que Bostar dut de nouveau faire appel à Hannibal pour le faire avancer.

Ce fut une sombre journée.

L'armée cheminait dans un défilé encaissé entre deux falaises fort abruptes. Hannibal marchait en queue de l'avant-garde, toujours installé sur l'échine de Baal avec Khasil comme conducteur. Le temps s'était radouci. Le vent ne soufflait qu'en certains points de la vallée, ouvrant sur d'autres vallées plus étroites, qui descendaient des sommets perdus dans les nuages gorgés de neige.

Bien que leur progression fût rendue difficile en raison des champs de glace dénudés par le piétinement des montures et des hommes, les légions avançaient régulièrement et l'on pouvait espérer trouver sur le soir un campement au milieu des prairies dont Magil assurait qu'elles étaient nettes de neige et de glace.

Soudain, un tumulte de cris et d'imprécations s'éleva à l'avant-garde.

— Les Barbares ! s'écria Hannibal.

Ce n'étaient pas les Barbares. À une centaine de pas environ des premiers éléments conduits par Magil, une énorme masse de neige venait de glisser, barrant la piste sur une longueur de plus de six cents pieds.

— Nous sommes prisonniers, dit Magil. Tâcher de contourner cette avalanche serait dangereux et inutile. Jamais les chevaux, les mulets, et surtout les éléphants ne pourront y parvenir.

— Que proposes-tu ? demanda Hannibal.

— Le mieux est de faire demi-tour, de revenir à notre point de départ de ce matin, et de prendre la piste la plus longue mais aussi la plus facile.

— Tu n'y songes pas sérieusement. Les hommes refuseraient de faire un pas de plus en arrière. Cela ferait une mutinerie !

Après en avoir délibéré avec ses officiers, Hannibal prit la décision de frayer une première piste provisoire afin de faire passer chevaux et mulets. Pour les éléphants et le convoi de chariots, on creuserait un chemin plus profond et plus stable.

Hannibal confia à Muttinès et à ses cavaliers africains le soin de déblayer le terrain en travaillant par équipes, tandis que le reste de l'armée s'occuperait de trouver du ravitaillement dans les forêts les plus proches.

— Il faut que d'ici à trois jours cet obstacle soit franchi, dit-il. Faites savoir aux hommes que, lorsque nous en serons venus à bout, l'Italie sera à nos pieds.

L'établissement d'un campement sur ces pentes enneigées se révéla difficile. Le moral des mercenaires n'avait jamais été aussi bas. Ils se jetèrent néanmoins avec une sorte de rage sur les outils de fortune qu'ils trouvèrent, s'aidant de leurs glaives et de leurs casques pour déblayer la neige et tracer une piste. Ils travaillèrent avec tant d'acharnement que, dès le soir, l'ouvrage était terminé. Les chevaux et les bêtes de bât purent passer sans encombre. Hannibal, d'un cœur léger, les vit, dans le crépuscule blafard où la neige recommençait à tomber, s'éloigner et disparaître sous la brume qui enveloppait la montagne.

Ce soir-là, malgré ce succès, les hommes se sentirent plus seuls, plus perdus qu'ils ne l'avaient jamais été. Les équipes d'approvisionnement n'avaient ramené que de maigres provendes : quelques perdrix, trois bouquetins, une dizaine de lièvres. Il fallut se résoudre à anticiper sur les pertes de l'armée et abattre quelques mulets étiques conservés vivants en prévision d'une famine.

Les deux Volces avaient fort vaillamment participé au travail des équipes de Muttinès. Marco avait bien supporté l'épreuve. Par contre, Bizo avait dû renoncer à poursuivre, avant que son équipe fût relevée. Il sentait ses forces l'abandonner, des sueurs froides lui inonder le corps à chaque effort qu'il faisait. Marco se moquait de lui lorsqu'il le voyait assis sur un amas de neige, la tête inclinée, ses mains pendant entre ses genoux. Il lui reprochait, avec une certaine aigreur, de ne penser qu'à la nourriture et d'oublier tout le reste.

Bizo ne répondait pas. Ce n'était pas la faim qui le tourmentait. Lorsque la relève survint, il s'enveloppa dans son manteau et s'allongea dans la neige sans mot dire. La fièvre bourdonnait à ses oreilles au point qu'il n'entendait même plus les sarcasmes de Marco. Bizo grelottait, bien qu'il eût l'impression de baigner dans une eau brûlante. Bizo n'était plus Bizo. Ou du moins il se trouvait en plusieurs endroits à la fois : au creux de ce nid de neige, près de Marco, en train de plaisanter, entre les pattes de Baal. Il ne parvenait pas à savoir avec certitude où il se trouvait véritablement. À travers ses dents qui s'entrechoquaient, il appela Marco qui survint et le brocarda cruellement : Bizo n'était qu'une poule mouillée ; il ne ferait jamais un bon soldat mais finirait comme son père, entre deux fourneaux de cuisine.

— J'ai faim, dit Marco, en s'asseyant près de son compagnon. Ne te reste-t-il rien à manger ?

Bizo trouvait toujours, au creux de sa besace, quelque morceau de viande sèche, des miettes de biscuit ou de pain dur, de la farine conservée dans des sachets de cuir à l'abri de l'humidité, quelques oignons. C'était vrai : la faim était sa suprême obsession ; il avait horreur du gaspillage : bien avant les premières disettes, il avait commencé à rassembler des vivres prélevés sur ses rations et celles de Marco. Grâce à ces vertus d'économie et de prévoyance, les deux Volces avaient pu affronter sans trop en souffrir les terribles épreuves de la traversée des Alpes.

Bizo fouilla d'une main tremblante sous sa couverture, remonta sa précieuse besace à l'air libre et la tendit à Marco.

— Il ne reste plus grand-chose, dit-il. Ne prends que ce qui t'est nécessaire. Tu peux manger ma part.

Marco fronça les sourcils, se pencha vers son compagnon.

— Tu n'as pas faim ? Alors, c'est que tu es vraiment malade ?

Bizo sourit faiblement. La main de Marco chercha son front sous la couverture rabattue. Il était brûlant.

— Tu as la fièvre, dit-il.

— Ce n'est rien, répondit Bizo d'une voix grelottante. Un peu de fatigue. Demain, il n'y paraîtra plus.

Marco mangea du bout des dents un oignon et du pain dur comme du bois. Vite rassasié, il replaça ce qui restait de nourriture dans la besace, puis resta un moment immobile, à contempler la couverture secouée de gros frissons. Une pensée fulgurante lui traversa l'esprit, lui sécha la gorge : « Et si Bizo allait mourir ? » Il retrouva dans sa mémoire, encore fraîche, des images tragiques ; des hommes avançaient dans la bourrasque. Soudain, ils tombaient sur les genoux, restaient un moment le torse droit, puis, lentement, s'affaissaient sur eux-mêmes. Combien Marco en avait-il vus mourir ainsi, sous ses yeux, dévorés par la fièvre, la poitrine grondant d'un mauvais râle ? On les abandonnait à la neige, au vent, sans attendre que la mort les eût délivrés, en prenant soin cependant de rafler dans leur barda ce qui pouvait encore être utile, et jusqu'à leurs vêtements.

Glacé de crainte, Marco tâchait d'imaginer ce que serait la fin de cette aventure sans le bon gros Bizo. Il se plaisait à le rabrouer, lui reprochant sa poltronnerie, sa gourmandise, son sens de l'économie, qu'il jugeait outré, mais il savait bien que, sans cette présence fidèle à ses côtés, cette odyssée perdrait son sens.

Marco ne cédait souvent à l'attrait des entreprises téméraires que pour contraindre Bizo à sortir de sa réserve et pour prendre plaisir à le voir blêmir d'inquiétude. L'audace un peu folle qu'il déployait avait un autre but : se poser aux yeux de son compagnon comme un héros digne de l'armée de Carthage. Bizo lui permettait de se projeter en plein ciel d'héroïsme, de vivre les angoisses délicieuses du danger et des modestes victoires sur lui-même qu'il déguisait en triomphes.

Marco s'allongea près de Bizo pour tenter de le réchauffer. Le malade n'arrêta pas de s'agiter et de délirer. Il ne s'assoupit qu'au petit matin, épuisé. La fièvre parut observer une trêve. Lorsque Marco se leva, Bizo ouvrit les yeux, le retint par la main.

— Reste près de moi, murmura-t-il. Si tu t'éloignes, je mourrai.

Marco le rassura. Il ne s'éloignait que le temps de trouver ce vétéran de la Cohorte Sacrée qui possédait des herbes contre de nombreuses maladies. Il les vendait cher mais elles se montraient souvent efficaces.

Marco revint quelques instants plus tard. Il avait dû, pour se procurer une poignée d'herbe semblable à du foin, donner le pendentif en or auquel il tenait beaucoup. Bizo avala de mauvaise grâce le liquide amer et brûlant que lui tendait un colosse au corps noueux comme le tronc d'un vieil olivier. Marco, pendant ce temps, dressa un abri de fortune avec de vieilles toiles de tentes et des piques, qu'il recouvrit de neige.

— Crois-tu qu'il guérira ? demanda Marco.

Le vétéran haussa les épaules et ne répondit rien.

— Tâche de trouver un lièvre et de le capturer vivant, dit-il. Nous le sacrifierons à Eshmoun, dieu de la Médecine. J'ai vu des malades guérir par ce procédé. Eshmoun est le Maître des Corps. S'il lui plaît de faire guérir Bizo, il peut le faire dans l'instant même où tu célébreras le sacrifice.

Marco se mit en chasse sans tarder. Peu après, le vétéran le voyait réapparaître serrant contre sa poitrine un « blanchon » qu'il était parvenu, non sans mal, à assommer au seuil de son terrier. C'était une grosse boule de poils blancs ; seules, les oreilles avaient conservé la couleur brune du pelage estival.

Le « blanchon » fut sacrifié sans douleur. Avec son sang, on traça des signes mystérieux sur le visage de Bizo. Après une fumigation d'herbes destinée à attirer l'attention du dieu, le vétéran se retira en emportant le gibier.

Peu après, Hannibal vint rendre visite au malade. Il resta quelques instants penché sur lui, le visage soucieux, serrant dans sa main celle de son petit compagnon.

— Il faut que tu sois guéri demain, dit-il. Nous sommes tout près du but à présent. Tu entends, Bizo : demain, nous verrons les plaines de Lombardie.

Bizo sourit et hocha la tête.

— Quand ce cauchemar sera terminé, ajouta Hannibal, vous m'accompagnerez, Marco et toi, jusqu'à Carthage. Je vous donnerai autant de chevaux que vous voudrez, et des éléphants. Vous aurez une villa pour vous seuls, au bord de la mer, avec une foule d'esclaves noirs...

Bizo se souleva légèrement, fit effort pour articuler :

— Ensérune... C'est là que je veux revenir. Mes parents m'attendent, seigneur...

— Tu reverras Ensérune, je te le promets, et tes parents et ton vieil ami, Pailhès. Mais il faudra être courageux, fermer tes oreilles à la voix du mal qui est en toi, faire comme s'il n'existait pas. Si tu sens bouger les ombres de la mort, il faut les balayer.

Bizo sourit.

— Je serai courageux. Je te le promets, seigneur, mais je sens bien que c'est la fin.

Le chemin rétabli, à l'aube du troisième jour, alors que les dernières équipes de Muttinès reformaient en silence leurs unités, Hannibal donna l'ordre du départ.

Épuisés, transis de froid, affamés, les mercenaires avaient du mal à tenir debout. Les chevaux n'avançaient que poussés par une sorte d'instinct qui leur faisait deviner, à proximité, des pâturages profonds. Parmi les éléphants, seul, Baal, qui jouissait d'un régime spécial, avait encore quelque apparence de santé. Hannibal avait renouvelé ses recommandations à Bostar : il fallait que Baal arrivât jusqu'en Italie.

Avec l'aide de Carthalo, Marco obtint de Bostar la permission de faire transporter Bizo par Baal. Ils construisirent un traîneau rudimentaire relié à l'éléphant par des traits constitués par des piques solidement articulées l'une à l'autre. C'est dans cet équipage que Bizo franchit la montagne de neige où les mercenaires avaient tracé une piste large et solide. Le traîneau glissait sans trop de heurts sur la neige tassée. Khasil, du haut du garrot, veillait à éviter tout obstacle par de petites pressions derrière les grandes oreilles de Baal.

Au cœur de l'après-midi, Marco se précipita vers son compagnon, lui secoua l'épaule.

— Bizo ! Réveille-toi ! Nous avons retrouvé le reste de l'armée avec tous les chevaux. Regarde ! La neige a disparu. La montagne est couverte de verdure…

Bizo parvint à se dresser sur ses coudes. Le vent tiède apportait jusqu'à lui des odeurs de résine, de verdure, de fumée. En contrebas, dans une lumineuse prairie d'un vert de printemps, des chevaux broutaient au bord d'un torrent, dans une brume d'eau que le soleil irisait. Les tentes d'Afrique faisaient des taches de couleur fanée au milieu des herbes grasses.

— Nous sommes arrivés ! s'écria Bizo. Ensérune… Ensérune…

XII

ADIEU AUX ARMES

Ce n'était plus une armée qui dévalait les pentes des Alpes, mais une horde débridée. De quel enfer sortait ce monstrueux agrégat de vagabonds et de bandits ? Quels maux avaient-ils endurés pour s'abattre sur les troupeaux, les villages qu'ils balayaient comme une coulée de lave ?

Une horde : voilà ce que les Alpes, le précoce hiver avaient fait des orgueilleuses légions d'Hannibal Barca qui avaient conquis l'Espagne, traversé le sud de la Gaule, passé le Rhône, franchi les montagnes.

Les montagnes... Lorsque Hannibal portait son regard vers les sommets où pesaient les lourds nuages de fin d'automne, il avait le sentiment d'avoir quitté un domaine hanté par des forces mystérieuses, d'avoir bravé le courroux des dieux barbares assis sur leurs trônes de neiges éternelles.

Qu'allait-il faire maintenant de ce semblant d'armée ? Lui appartenait-elle encore ? Il en doutait. Autant commander à des chiens. On ne l'écoutait plus. On le saluait à peine. Les rassemblements n'étaient que des kermesses de fous dont il se sentait le roi provisoire, comme jadis à Babylone, lorsque les rois déléguaient leurs pouvoirs à la populace qui élisait son souverain parmi les ivrognes des bas quartiers. Les châtiments qu'il infligeait à ses hommes pris en flagrant délit de pillage ne servaient à rien. Leur poignet droit tranché, les mercenaires aboyaient des injures sur ses talons et on les retrouvait occupés à leur triste besogne le lendemain. Hannibal avait fini par renoncer à tout châtiment qui n'aboutissait qu'à diminuer encore son armée. Muet, solitaire, monté sur l'unique éléphant qui avait pu survivre dans les dernières pentes vertigineuses, il se contentait de tracer le chemin et de décider des étapes.

— Pourquoi ne réagis-tu pas, seigneur ? demandait Maharbal. Réunis toute ton armée, parle-lui comme tu sais le faire.

Hannibal secouait la tête. Il avait essayé de ramener quelque apparence de raison chez ces bêtes humaines déchaînées. Peine perdue.

— Mes hommes ont trop souffert, répondit Hannibal. La souffrance a détruit en eux la voix de la raison. Ils ont trop attendu les jours que nous vivons pour ne pas se gorger de plaisirs. Bientôt, je mettrai bon ordre à tout cela. Lorsque nous camperons dans les plaines, je reprendrai en main ce troupeau et j'en ferai de nouveau une armée. Tout ce que je tenterais avant serait inutile.

La pluie avait succédé à la neige. Puis le temps s'était mis au beau. Une lumière blonde rayonnait sur les forêts et les prairies où galopaient des troupeaux de chèvres sauvages. L'air avait un goût de miel et de paradis. L'horizon du Levant, avec ses contreforts bleutés, ses vallées opulentes, ses rivières tranquilles, fascinait les hommes. Ils étaient comme possédés par un mal étrange qui ne s'apaiserait que lorsque, sous leurs pas, ils trouveraient une terre plane et douce comme un tapis, de grasses bourgades, un horizon humain.

Cette terre, elle était là, sous leurs yeux, et sa seule vue leur faisait tourner la tête. Ils se gavaient de tout ce qui s'offrait à eux.

Bizo luttait toujours contre la mort.

— Tiens encore jusqu'à demain, le suppliait Marco. Nous sortons de la montagne. Tu vas guérir.

Bizo hochait la tête. Pour lui, le bout de la route, c'était Ensérune habillée de soleil, allongée sur la plaine comme une déesse blonde, au milieu des cyprès, des oliviers et des vignes. Le temps des vendanges approchait. Les perdrix cacardaient dans les vignes chaudes, saoules de raisin. Le bruit du vent dans les garrigues se mêlait au fredon des guêpes. Bientôt, au fond des caves d'Ensérune, les hommes danseraient, jambes nues, à la lueur des lampes à huile, dans les cuves de terre gorgées de grappes écrasées. Les femmes disposeraient les longues tables dans l'ombre des jardins. Des tables débordantes de victuailles.

Bizo parlait, parlait… Toute sa vie s'était réfugiée dans sa voix et dans ses yeux où la fièvre étincelait.

Une âcreté de larmes au fond de la gorge, Marco s'arrachait à son compagnon, remontait à cheval, se tendait tout entier vers l'horizon qui s'ouvrait devant l'armée de Carthage.

Par un tiède après-midi, la troupe arriva aux abords d'une bourgade entourée de remparts de terre et de bois, dans le royaume des Insubres, dont la capitale était une ville lointaine, Milan. Hannibal avait eu toutes les peines du monde à convaincre son armée que, désormais, la montagne franchie, la discipline se ferait de nouveau inflexible. Il s'opposa, seul, avec Baal, à un groupe de mercenaires qui s'étaient mis en tête de donner l'assaut à la bourgade où s'étaient retirées les populations terrorisées.

Sous la conduite de Magil, une délégation avait été envoyée aux notables pour leur signifier les bonnes intentions d'Hannibal Barca. Magil constata que le général arrivait précédé d'une fâcheuse réputation. Toute son éloquence, l'or qu'il fit ruisseler sous les yeux des notables ne furent pas superflus pour convaincre les Gaulois des bonnes intentions du Carthaginois à leur égard.

Les notables acceptèrent que l'armée campât dans les parages, sous réserve qu'une centaine d'otages leur seraient confiés.

Pour Hannibal, ce fut une bonne nouvelle. Malheureusement il en apprit une autre, stupéfiante, de la bouche de Magil : Publius Scipion se portait à marches forcées au-devant des Puniques.

Les Gaulois ayant manifesté leur désir de voir de près l'un de ces monstres que les armées de Carthage emmenaient avec elles dans toutes leurs guerres, Hannibal leur donna satisfaction. Le soir même, dans la lueur des torches, Baal, gavé de foin frais, l'œil net, la trompe nerveuse, se promena à travers les rues et les places de la bourgade en joie. Le premier moment de stupeur passé, les Gaulois se disputaient pour monter sur son échine, à côté de Khasil. Des femmes tendaient à l'éléphant des paniers pleins de friandises. La fête dura jusqu'au moment où Baal, excédé par ces démonstrations abusives, balaya de la trompe, sans ménagement, un groupe de curieux, avant de reprendre d'un pas dansant, dans une stridente sonorité de trompette, le chemin du camp.

C'est cette nuit-là que mourut Bizo.

Jusqu'à la fin, il avait tenu dans sa main la main de Marco, refusant de le laisser s'éloigner. Lorsque la lutte ultime se faisait plus âpre, plus difficile, Bizo se cramponnait désespérément à ce dernier lien qui l'unissait au monde des vivants. Il n'avait même plus la force de parler et de se plaindre.

Hannibal l'avait fait transporter dans la bourgade. Magil l'avait confié à une vieille femme habile dans l'art de guérir des fièvres. Mais les remèdes qu'on lui avait administrés, les simagrées dont on l'avait entouré n'avaient servi à rien.

Carthalo arriva peu après que Bizo eut rendu le dernier soupir. Il se pencha vers son compagnon, souleva la tête encore toute chaude de fièvre, la serra contre sa poitrine.

— Je n'oublierai jamais ce que tu as fait pour moi, à Ensérune. Tu étais courageux, Bizo. Courageux et plein de sagesse. Tu étais mon ami et tu le resteras à jamais.

Carthalo entrouvrit le haut de sa tunique, enleva le collier qui portait l'insigne de la louve de bronze et le passa au cou du mort.

— Que cette image t'accompagne au pays des ombres jusqu'à la fin des temps.

Carthalo se redressa, dégaina son poignard et, lentement, en signe de deuil, se fit une profonde incision à la joue gauche.

Dehors, toute la population en liesse acclamait Baal, dieu des éléphants de Carthage, colosse vainqueur de la montagne. Dans le bruit des tambours et des flûtes de roseaux éclataient des cris de joie.

— Baal est le dieu de Carthage ! s'exclamait le petit roi qui avait bu plus que de raison. Vénérez-le, Insubres. Baal est dieu !

Marco pénétra, la tête basse, dans la tente d'Hannibal. Il venait d'assister à l'incinération de Bizo, à l'enfouissement de ses cendres contenues dans une amphore punique en terre noire, aux formes lourdes. Depuis, désemparé, il cherchait du regard autour de lui, comme si son compagnon allait réapparaître soudain, lui tendre sa besace avec un bon sourire : « Tu as faim, Marco ? »

— Je t'ai fait venir, dit Hannibal, pour une raison grave. Je sais la peine dont tu souffres, et je la partage. Je m'étais habitué à votre présence, à vos facéties. Vous avez souvent provoqué ma colère, mais je vous aimais bien.

— Je désire rester avec toi ! dit précipitamment Marco.

— C'est impossible. Quoi qu'il m'en coûte, je refuse de t'entraîner plus loin dans cette aventure. Je n'en ai pas le droit. Plus tard, si les dieux de la Guerre ne sont pas repus, je me souviendrai de toi, Marco. Plus tard…

— Je veux rester avec toi ! répéta Marco, comme s'il n'avait rien entendu.

Hannibal soupira. Son bras puissant enveloppa l'épaule de Marco.

— Va, dit-il. Nous reparlerons de tout cela un autre jour.

Marco se sentait léger comme une ombre, vide, abandonné. Il passait des heures entières assis sur le garrot de Baal, insensible à la pluie, à regarder l'armée reprendre forme.

Monomaque avait acheté tout ce qu'il pouvait trouver dans la bourgade et dans les villages d'alentour en fait d'équipements. Il avait installé une forge de campagne où des hommes travaillaient sans relâche, jour et nuit, à fabriquer des armes et à réparer celles qui pouvaient l'être.

Pour éviter à ses mercenaires une inaction dangereuse, Hannibal les faisait manœuvrer chaque jour dans les forêts, les prairies gorgées d'eau, les marécages, dans les conditions mêmes où se dérouleraient les combats contre les troupes de Publius Scipion. La plupart des Africains avaient en horreur la boue et le froid. Il fallait briser cette appréhension et Hannibal s'y employait sans défaillance.

Le jour du départ approchant, Hannibal fit de nouveau convoquer Marco, en présence de Maharbal et de Carthalo.

— Es-tu toujours prêt à me servir ? demanda Hannibal.

— Ma vie t'appartient, répondit Marco.

— J'ai besoin de toi pour une mission délicate. Tu devras te rendre auprès de mes deux frères : Hasdrubal et Magon. Dès demain, tu quitteras cette ville avec une escorte. Tu devras atteindre la mer sans encombre, trouver un navire léger qui puisse rapidement te conduire à Barcelone. Cela ne sera pas facile, car les côtes sont bien gardées et la population est favorable à Rome. Tu te garderas d'exposer inutilement, par bravade, ta vie et celle de tes hommes. Tu me le promets ?

Marco hocha la tête. De Barcelone, il devrait descendre jusqu'à Carthagène, rencontrer Hasdrubal et Magon, leur remettre un message pour réclamer des hommes et des éléphants dans les meilleurs délais, pour faire face aux légions romaines. Sa mission accomplie, il se rendrait à Ensérune où il attendrait les ordres. Maharbal allait lui présenter les dix hommes de son escorte. Carthalo lui ferait les dernières recommandations et lui donnerait quelques précieux conseils.

Marco sortit de cette entrevue gonflé d'une joie profonde. Hannibal se décidait à lui faire confiance. Il lui permettait enfin de donner la mesure de sa valeur. C'était comme si, brusquement, il passait des ténèbres de l'enfance, avec ses doutes et ses hésitations, au plein soleil de l'âge adulte. Autour de lui, les choses prenaient une autre dimension, s'éclairaient d'une lumière nouvelle. Il se sentait riche de force et de sagesse, bien à l'aise dans sa peau. La confiance d'Hannibal avait fait de lui mieux qu'un soldat : un homme.

— Seigneur, dit Maharbal lorsque Marco se fut éloigné, es-tu certain que cet adolescent soit digne de ta confiance ?

— Il l'est ! dit fermement Hannibal.

Le général ajouta avec un sourire entendu :

— Parmi les hommes qui accompagneront Marco, il en sera un qui aura en fait la responsabilité de cette mission. Mais il devra faire en sorte que Marco ne s'en aperçoive pas. Je veux avant tout que Marco regagne Ensérune sain et sauf. Là est sa place. Ce qu'il a vu de la guerre suffit pour toute une existence.

Le spectacle auquel il assistait ce matin-là, Marco en avait pris l'habitude mais il ne s'en lassait jamais.

Son ceinturon bourré de pièces d'or, vêtu et équipé de neuf, monté sur un cheval choisi parmi les meilleurs de ceux que les tribus du voisinage étaient venues livrer aux Puniques, il se tenait non loin d'Hannibal, en face de l'armée déployée dans la plaine sous les remparts de la bourgade. Derrière lui, en bon ordre, se tenaient les dix hommes que Maharbal lui avait affectés.

Lorsque les tambours commencèrent à rouler comme un orage, l'armée carthaginoise frémit tout entière, pareille à un serpent dérangé dans son sommeil. Les boucliers ronds à cloutage de bronze de la Cohorte Sacrée jetèrent des éclairs dans la timide clarté du soleil qui perçait sous les nuages de pluie. Les disques rouges enrubannés de cuir des enseignes se levèrent comme une forêt.

Sur un signe d'Hannibal, l'avant-garde, composée de nouvelles recrues gauloises de la Cisalpine, prit la route du Levant sous la conduite de Magil, par une piste s'enfonçant dans le cœur de la forêt. La redoutable infanterie espagnole menée par Hannon lui faisait suite, en bon ordre, suivie à peu de distance par le corps des frondeurs baléares à la démarche indolente. Dans un piétinement sourd accompagné du cliquetis des armes, les cavaleries lourde et légère venaient ensuite, les capes de couleurs variées chatoyant au soleil. Il y avait là, groupés par petites unités, les cavaliers des steppes africaines, drapés majestueusement dans leurs djellabas brunes, sous la conduite de Muttinès ; puis les Espagnols aux fins javelots de fer, aux saies colorées du plus vif incarnat sous la direction d'Imilcon ; enfin un lourd escadron d'Ibères commandés par Bostar qui, provisoirement, avait dû renoncer aux éléphants. La légion des Libyens qui venait ensuite avait fière allure. Hannibal en avait confié le commandement à Carthalo ; le jeune chef chevauchait entre deux étendards rouges timbrés d'images dorées de dieux africains aux visages d'animaux ; lorsque Carthalo passa à la hauteur de Marco, il tourna la tête dans sa direction, sourit et lui adressa un petit signe amical de la main ; avant de disparaître dans la grande forêt, il se retourna à plusieurs reprises.

Dans un tonnerre de tambours et de cymbales venait enfin l'orgueil de Carthage, la Cohorte Sacrée, émanation de la sombre et terrible puissance de l'Afrique. Maharbal chevauchait à sa tête, impassible, sa barbe rugueuse soigneusement coupée, un poing au creux de sa hanche, l'autre main tenant la bride de sa monture. Il était encadré de cavaliers du désert, porteurs d'enseignes et d'étendards. Marco sentit un frisson lui courir de la nuque aux orteils. Fasciné, la gorge sèche, il suivait de l'œil le flot continu des mercenaires d'Afrique, pareils à de gros insectes à carapace de métal. Au moment où cette unité arrivait au niveau de Baal, une clameur scandée s'éleva d'un bout à l'autre de la Cohorte, tandis que les glaives, tirés avec un bel ensemble de leur fourreau, retentissaient sur les cuirasses étincelantes. Hannibal répondit par un salut.

Tandis que s'écoulait, sous la surveillance de Monomaque, le train des chariots lourdement chargés et des bêtes de somme, Hannibal descendit de sa monture et fit appeler Marco. Il enveloppa de son bras nu l'épaule du Volce, le tira à part.

— Dans moins d'une semaine, dit-il, nous aurons pris contact avec les légions de Publius Scipion. La véritable guerre va commencer. Qui peut dire quand elle finira et qui l'emportera, de Carthage ou de Rome ?

Hannibal respira profondément.

— Marco, poursuivit-il, il ne faut pas m'en vouloir de t'avoir éloigné des combats que nous allons livrer. Cette guerre sera longue et atroce. D'avance, je la déteste. J'aime la paix plus que tout au monde, mais je ne pourrais vivre en acceptant que ma patrie soit bafouée. Si je n'avais pas entrepris cette campagne, les Romains, un jour ou l'autre, se seraient portés sur Carthage pour l'écraser. Je vais leur prouver qu'en détestant la guerre on peut la mener à bonne fin lorsqu'elle nous est imposée. Je vais faire en sorte d'en finir au plus tôt avec cette campagne. Dès que nous serons parvenus sur l'autre rive de cet enfer, nous nous retrouverons à Carthage, dans ma villa au bord de la mer, à Byzacène. Ensemble, nous avons découvert la guerre ; c'est ensemble que nous apprendrons la paix.

La main d'Hannibal Barca serra l'épaule de Marco :

— Un mot encore. Mon épouse, Imilcée, m'attend en Espagne avec mon fils, Hamilcar. Depuis que nous avons quitté les Pyrénées, j'ai perdu jusqu'au souvenir de cet enfant qui est ma propre chair. Marco... j'aimerais qu'il te ressemble. Lorsque je combattrai dans les campagnes d'Italie, et que je penserai à lui, c'est ton visage que je reverrai. Va maintenant, et que les dieux te protègent.

Marco retint les larmes qui lui brûlaient les yeux, tandis qu'Hannibal le serrait contre sa vieille cotte de cuir. Avant de s'éloigner, Marco s'approcha de Baal, caressa longuement la trompe qui s'enroulait autour de sa poitrine comme pour l'enlever dans les airs, l'empêcher de partir.

— Adieu, Khasil ! s'écria Marco. Prends bien soin de Baal.

— À bientôt ! répondit l'Indien. Rendez-vous à Carthage !

Marco remonta à cheval. Les derniers chariots de Monomaque s'enfonçaient sous les couverts flamboyants de la forêt lorsque Hannibal, accompagné d'une solide unité de cavaliers libyens, s'y engagea à son tour. Marco le suivit longuement des yeux. Il ne se décida à faire volte-face que lorsque la puissante silhouette grise de Baal eut disparu.

Il fit un signe de la main, et son escorte prit la direction du sud, vers une autre grande forêt sur laquelle pesaient des nuages de pluie.

TABLE DES MATIÈRES

PREMIÈRE PARTIE

DEUXIÈME PARTIE

Pocket junior

plus de 150 romans à découvrir

Les quatre filles du Docteur March
Louisa M. Alcott

L'Amérique, pendant la guerre de Sécession : tandis que les États-Unis modernes naissent dans la souffrance des batailles, quatre sœurs intrépides et tendres affrontent la vie en attendant le retour de leur père. Meg, Jo, Beth et Amy : quatre visages désormais inoubliables, pour des millions de lecteurs et de spectateurs.

Les aventures du capitaine Corcoran
Alfred Assollant

Les Indes, milieu du XIXe siècle. Contre l'occupant anglais, la révolte s'organise. Au fond de son palais de Bhagavapour, la douce princesse Sita ignore les complots dont elle est l'enjeu. C'est alors que débarque, flanqué de son inséparable tigresse Louison, le fringant et généreux capitaine Corcoran.

Le pont de la rivière Kwaï
Pierre Boulle

1942. Des prisonniers anglais sont contraints par les Japonais de construire la voie ferrée Bangkok-Rangoon. Pour passer la rivière Kwaï, il faut bâtir un pont. Le colonel Nicholson accepte ce travail à condition qu'il soit fait dans le respect des conventions internationales sur les prisonniers de guerre. Mais d'autres ont décidé de faire sauter le pont…

Anibal
Anne Bragance

Quand ses parents lui annoncent qu'ils vont adopter un petit Péruvien, Edgar croit qu'ils blaguent. Mais Anibal débarque avec sa bouille désarmante, ses crises d'asthme, et peut à peu Edgar craque. Ce petit frère, il se met à l'aimer autant que les fleurs dont il a la passion. À la fin de l'été, Edgar doit partir en pension. Être séparé d'Anibal ? Impossible. C'est la fugue.

Le cri du loup

Melvin Burgess

Ben a commis une grave erreur en révélant à un chasseur qu'il existait encore des loups dans le sud de l'Angleterre. Car ce chasseur est un fanatique, constamment à la recherche de proies inhabituelles. Très vite, l'homme n'a plus qu'une idée en tête : exterminer les loups jusqu'au dernier.

Jésus, le fils du charpentier

Bernard Clavel

Bernard Clavel nous raconte l'histoire de Jésus telle qu'elle lui est apparue au cours de son enfance, avec une pauvre crèche dont, chaque hiver, sa mère tentait de recoller les personnages. À propos de ce texte, l'auteur dit : « Ce qui m'a conduit à écrire ce livre, c'est l'enfant Jésus et ceux qui l'aimaient. Tant de tendresse et tant d'amour, pour aboutir à tant de violence et de cruauté. »

Les chasseurs de loups

James Oliver Curwood

Découvrez le Grand Nord canadien, le Désert Blanc cher à Curwood comme à son maître Jack London : sur les pas d'un jeune Américain, plongez dans cet univers rude et hostile, parcourez ses épaisses forêts de sapins et ses montagnes enneigées, hantées par les élans, les loups et de féroces tribus indiennes. Dans la bonne humeur comme dans la peine, vous partagerez les aventures de Roderick Drew qui s'initie à la vie de trappeur avec son ami Wabi et le vieil Indien Mukoki.

Le secret du roi des serpents et autres contes

Jean-François Deniau

Sais-tu qu'on peut devenir roi en apprenant le langage des animaux ? Que le bonheur peut surgir à l'improviste par une nuit d'orage ? Et qu'il est tout à fait possible de battre le diable à une partie de poker ?

Un mari délicieux et autres contes

Jean-François Deniau

Une princesse grignotant son mari, ça n'existe pas, ça n'existe pas. Un garçon incapable de pleurer et une fille ne sachant pas rire, ça n'existe pas, ça n'existe pas. Des enfants tombés aux oubliettes, ça n'existe pas, ça n'existe pas. Et pourquoi pas ?

Pompéi (Anthologie)

Alexandre Dumas, Théophile Gautier, Gérard de Nerval

Pompéi, ensevelie sous le Vésuve, retrouve, ici, les couleurs de la vie. Dumas, Gautier, Nerval, Jensens, voyageurs et poètes, en explorent les mystères dans de célèbres nouvelles : Arria Marcella, Isis, Gradiva. Cette anthologie entraîne le lecteur dans une Pompéi de rêve, où le temps a été suspendu et où de modernes héros rencontrent d'antiques et mystérieuses héroïnes.

Le prince d'Omeyya
Anthony fon Eisen

La plus blanche des juments galope dans le désert. Son cavalier, le jeune prince d'Omeyya, est poursuivi par les cruels guerriers noirs du calife. Une tendre amie, de vaillants compagnons viennent à son aide. De Bagdad à Cordoue, à travers l'Empire arabe, l'histoire vraie du dernier des Omeyyades.

Histoire d'un conscrit de 1813
Erckmann-Chatrian

Il était jeune, un peu frêle, un peu boiteux, il aimait sa cousine Catherine, ils devaient se marier... Mais Napoléon avait décidé de conquérir le monde. Et c'est par les yeux de Joseph Bertha, le jeune conscrit de 1813, que nous découvrons la face cachée, humaine et souffrante, de l'épopée napoléonienne.

Ana Laura Tango
Joachim Friedrich

Ana Laura est sûre d'avoir reconnu son père dans un taxi. Mais celui-ci est mort il y a tout juste deux ans. Serait-elle devenue folle ? Ana Laura n'a plus qu'une idée en tête : découvrir qui est cet homme. En menant son enquête, elle lève le voile sur un secret de famille dont la clé est liée à l'Argentine et au mot « tango ».

Toufdepoil
Claude Gutman

Sa maman partie, Bastien a dû apprendre à vivre seul avec son papa et Toufdepoil, son chien, son meilleur ami. Mais soudain tout est remis en question. Belle-Doche s'installe à la maison et déclare la guerre à Toufdepoil. « C'est lui ou moi. » Bastien prend peur. Son père est tout à fait capable de céder au chantage et de se débarrasser de son Toufdepoil.

Pistolet-souvenir
Claude Gutman

Avec sa petite taille, ses vieux vêtements et ses piètres résultats scolaires, Petit-Pierre est devenu la brebis galeuse et le souffre-douleur de la 6e D. Mais le jour où il débarque dans la classe, le visage tuméfié, plus personne ne rit. Julien décide de l'aider. Il réussit à gagner sa confiance et Petit-Pierre livre son terrible secret.

Les oiseaux de nuit
Tormod Haugen

Entre Sara qui raconte n'importe quoi, Julie et Tora qui le traitent de trouillard, Roger qui joue les gros bras et Papa qui déprime, Joakim est en permanence sur le qui-vive. D'autant plus qu'il a une imagination débordante : sa voisine de palier est sûrement une sorcière, et dans l'armoire de sa chambre se cachent des milliers d'oiseaux prêts à l'attraper à la première occasion.

Plumes
Veronica Hazelhoff

Maya, reproche à Nini, sa sœur jumelle, de parler tout le temps. Nini trouve insupportable que Maya puisse avoir les mêmes pensées qu'elle. Chacune est persuadée que l'autre est la plus aimée. La jalousie s'intensifie entre les jumelles lorsqu'elles rencontrent une jeune fille, dont l'amitié devient un enjeu. Réussiront-elles à s'accepter malgré leurs différences ?

Le cœur en bataille
Marie-Francine Hébert

Qui m'aime ? se demande Léa. Plus personne. Même pas elle. Et surtout pas les garçons. Elle se croit bien trop ordinaire pour séduire. Que vient alors faire Bruno, le plus beau garçon de la classe, dans tout ça ?

La bille magique
Minfong Ho

Dix ans après, Dara se souvient. Elle a douze ans. Avec sa famille, elle fuit son village natal au Cambodge, ravagé par la guerre. Réfugiée dans un camp à la frontière thaïlandaise, elle se lie d'amitié avec Jantu, une fille de son âge, et la vie reprend ses droits. Mais les combats se rapprochent. Il faut repartir. Dans l'exode, Dara se retrouve seule, avec pour tout bagage une bille d'argile, cadeau de Jantu.

Petite Princesse
Frances Hodgson Burnett

Elle a douze ans, elle est belle, intelligente et riche, avec un papa qu'elle adore. Sara est une petite princesse que le destin a gâtée dans le Londres des années 1870. Mais brutalement la chance tourne : plus de père, plus d'argent, le bonheur s'est envolé. Malgré la misère, la souffrance et les larmes, Sara ne perd pas espoir…

La longue route d'une Zingarina
Sandra Jayat

Stellina, quinze ans, ne peut accepter le mariage arrangé que lui impose la coutume tzigane. Choisissant la liberté, elle quitte sa tribu, un matin à l'aube. Sans argent, avec pour tout bagage un petit ours en peluche, elle effectue un interminable voyage à pied qui la conduit des bords du lac Majeur à la frontière française.

Robinson et Juliette
Klaus Kordon

Jo s'ennuie : ses parents ont le toupet de profiter des vacances pour travailler. Heureusement qu'il a son livre, Robinson Crusoé, *et ses excursions en canot pneumatique. Quand Stane débarque sur son île, il trouve ça très amusant de le surnommer Mercredi. Mais lorsque Juliette y accoste à son tour, les choses se compliquent…*

Laisse ton cœur s'ouvrir à la vie

John Lowry Lamb

À douze ans, Nick n'aime plus la compagnie des hommes. Il s'intéresse davantage aux esprits des Indiens et aux animaux, avec lesquels il dialogue. On le croit fou. Alors, le jour où il entend une voix monter d'une flaque d'eau, il comprend qu'il vaut mieux n'en parler à personne. C'est le début d'un dialogue intérieur qui va permettre à Nick de laisser, peu à peu, son cœur s'ouvrir à la vie.

Le matin est servi

Eric Malpass

Gaylord a sept ans. Il est le seul enfant dans une famille de huit grandes personnes. Les adultes ont tendance à l'oublier, mais lui, à sa façon, sait leur rappeler qu'il existe. S'il lui arrive de provoquer des grincements de dents et des pleurs, tout se termine heureusement avec le sourire.

Moonfleet

John Meade Falkner

Sur les rivages de l'Angleterre du XVIIIe siècle, Moonfleet : un village battu par les vents. John, jeune orphelin de quinze ans, part à la recherche du trésor perdu de Barbe Noire... Contrebandiers patibulaires, falaises vertigineuses, cryptes et passages secrets... Ce livre de mystère et de brume est aussi un formidable roman d'aventures.

A comme Voleur

Jean-Claude Mourlevat

À quatorze ans, Arthur se retrouve seul dans un appartement de HLM. Sa mère vient de partir, son père ne donne plus signe de vie depuis longtemps. Pour survivre, Arthur se fait voleur. Et par amour pour Florence, la fille à la jolie bouche qui tient une caisse au supermarché du coin, il imagine le plus beau projet de sa vie, un projet lumineux.

La balafre

Jean-Claude Mourlevat

Olivier, treize ans, vient d'emménager à La Goupil, un hameau perdu. Un soir, l'adolescent est attaqué par le chien des voisins qui se jette sur la grille avec une rage terrifiante. Ses parents pensent qu'il a rêvé, car la maison est abandonnée depuis des années. Olivier est le seul à croire à l'existence de l'animal, le seul à voir une petite fille jouer avec ce chien. Obsédé par ces apparitions fantomatiques, Olivier veut comprendre.

La vallée des mammouths

Michel Peyramaure

Entrez dans le monde ancestral de la vallée des mammouths. La tribu des Grandes Falaises vous entraîne dans une aventure semée d'embûches, sur les traces de « l'homme qui a fait alliance avec les bêtes ». Un récit mené au rythme de la vie des hommes, dans la vallée de Rouffignac, en Dordogne, à l'époque de la préhistoire.

Alice entre deux eaux
Phyllis Reynolds Naylor

Difficile d'avoir treize ans, l'âge où l'on n'est plus une petite fille et pas tout à fait une adulte, l'âge où l'on nage entre deux eaux. Alice navigue à vue entourée par son coquin de grand frère et son adorable père. Et, avec ses deux meilleures amies, elle refait le monde en attendant impatiemment de devenir une vraie beauté fatale !

La vie sans May
Cynthia Rylant

Pour Summer, douze ans, perdre May, celle qui a remplacé sa maman, est un événement très difficile à surmonter. Mais redonner le goût de la vie au vieil Ob, le mari de May, est encore plus difficile, malgré tout l'amour et la compréhension qu'elle y met. Heureusement, elle est aidée par Cletus, un garçon de sa classe. Lui seul distrait Ob de son chagrin.

L'esclave du tapis
George Selden

Orphelin à douze ans, Tim doit dire adieu à sa vie de bohème, auprès d'un père fou de sciences occultes et d'une drôle de voyante. Il s'installe chez tante Lucie, qui se déclare allergique à son chien Sam. Pour le garder, Tim s'en remet à la magie et convoque un Génie, enfermé dans une tapisserie. Celui-ci sauve Sam de la fourrière en le changeant... en homme !

Le soleil d'Olympie
Jean Séverin

Alors que la guerre vient d'éclater entre Athènes et Sparte, les plus fameux athlètes de la Grèce se préparent aux jeux d'Olympie : parmi eux, le jeune Athénien Philippe rêve de remporter la victoire à la course de chars. Mais avant de parvenir dans l'enceinte sacrée, il va affronter bien des dangers tout en découvrant les tendres chemins de l'amour.

Le secret
Jacqueline Woodson

Marie a douze ans. Elle est noire. Sa famille vit dans l'aisance. Lena, elle aussi, a douze ans. Elle est blanche. Et pauvre. Au collège tout le monde la rejette. Sauf Marie. Une amitié profonde, faite de moments de bonheur, de complicité, de confidences. Mais les choses insoutenables que Lena finit par raconter à Marie sont-elles vraiment possibles ? A-t-on le droit de les tenir secrètes ?

Composition : Francisco *Compo*
61290 Longny-au-Perche

Achevé d'imprimer en août 1999
par Maury-Eurolivres S.A.
45300 Manchecourt

Dépôt légal : septembre 1999.

POCKET jeunesse
12, avenue d'Italie • 75627 PARIS Cedex 13
Tél. : 01.44.16.05.00